第1章 貧困ビジネス被害とは

1 貧困の急増と貧困ビジネス……………………………………………1
2 消費者被害と貧困ビジネス被害………………………………………2
  (1) 消費者法の考え方……………………………………………………2
  (2) 市場に登場する貧困者像……………………………………………2
3 悪質な貧困ビジネスの横行とその類型化……………………………5
  (1) 従来型貧困ビジネス…………………………………………………5
  (2) 新規貧困ビジネス……………………………………………………6
4 貧困ビジネス被害の発生原因と特徴…………………………………10
  (1) 行政サービスの不足部分へつけ込む貧困ビジネス………………10
  (2) 貧困者の無知・無抵抗を狙う………………………………………10
  (3) 外部からの遮断………………………………………………………11
  (4) 「合法」「適法」を仮装する…………………………………………11
5 法律実務家の役割と課題………………………………………………11

第2章 貧困ビジネス被害の現状と社会的背景

Ⅰ 居住をめぐる貧困ビジネス……………………………………………14
  1 住まいと貧困…………………………………………………………14
  2 居住をめぐる貧困ビジネスの類型…………………………………16
    (1) 「ゼロゼロ物件」業者………………………………………………16
    (2) 家賃保証会社――フォーシーズなど……………………………16
    (3) 野宿者を狙う宿泊所ビジネス……………………………………17
    (4) 生活保護費を搾取するアパート…………………………………19
  3 安心できる住まいの確保に向けて…………………………………19

Ⅱ 貧困ビジネスとしての労働者派遣……………………………………20
  1 労働者派遣法の経緯…………………………………………………20

目 次

　　2　派遣労働者の貧困 ·· 21
　　　(1)　Aさんの場合 ··· 21
　　　(2)　Bさんの場合 ··· 22
　　　(3)　Cさんの場合 ··· 23
　　3　貧困ビジネスとしての労働者派遣 ······································ 24
　　　コラム　釜ヶ崎を基点とした日雇い労働者の就労実態〜長年の
　　　　　　　取組みのおかげで踏みとどまっている〜 ·················· 24

Ⅲ　医療をめぐる貧困ビジネス ·· 29

　　1　はじめに ·· 29
　　2　「貧困ビジネス」としての山本病院事件 ······················ 30
　　3　連携し成長する「行路病院グループ」 ·························· 31
　　4　1980〜1990年代の「行路病院」事件 ····························· 32
　　5　「医療貧困ビジネス」の背景 ·· 34

Ⅳ　金融をめぐる貧困ビジネス ·· 36

　　1　貧困と多重債務 ·· 36
　　2　貧困ビジネスとしての消費者金融・信販 ······················ 37
　　3　違法金融によるさらなる多重債務と貧困の醸成 ············ 38
　　4　法律専門家の役割 ·· 38
　　　(1)　貧困問題の解決 ·· 38
　　　(2)　多重債務問題の重要性 ·· 39
　　　(3)　「生活再建」の意識を ··· 39
　　　コラム　債務整理をめぐる法律家による二次被害 ··············· 40

Ⅴ　風俗・キャバクラ関連の貧困ビジネス ································· 42

　　1　キャバクラの違法営業とトラブル処理 ·························· 42
　　2　違法ＤＶＤ店長という仕事 ·· 44
　　3　援助交際デリバリー ·· 45

Ⅵ　保証をめぐる貧困ビジネス ·· 48

　　1　はじめに ·· 48
　　2　保証人被害の概要 ·· 48

4

(1) 分　類……………………………………………………48
　　(2) 就職保証被害………………………………………………49
　　(3) 賃貸借契約保証被害………………………………………50
　　(4) 進学保証被害………………………………………………51
　　(5) 保証人紹介登録被害………………………………………53
　3　おわりに…………………………………………………………56

第3章　貧困ビジネス被害の実情と法的対応策

Ⅰ　戸籍売買——偽装の養子縁組・国際結婚の当事者となる…57
　1　戸籍売買とはどのようなビジネスか……………………………57
　2　被害事例…………………………………………………………58
　3　弁護士に依頼するに至った経緯…………………………………59
　4　戸籍を元に戻すために①——養子縁組を無効にする方法………60
　　(1) 事前調査……………………………………………………60
　　(2) 養子縁組無効確認調停の申立て……………………………60
　　(3) 養子縁組無効確認訴訟………………………………………61
　　(4) 判決に基づく戸籍訂正の申立て……………………………62
　5　戸籍を元に戻すために②——国際結婚を無効にする方法………62
　6　身に覚えのない借金をなくすために……………………………63
　　(1) 債務状況の調査……………………………………………63
　　(2) 債務不存在確認の交渉………………………………………63
　　(3) 債務不存在確認訴訟…………………………………………63
　　(4) 破　産………………………………………………………64
　7　刑事告訴…………………………………………………………64
　8　民事法律扶助の活用……………………………………………65
　9　戸籍法2007年改正………………………………………………65

Ⅱ　追い出し屋被害……………………………………………66
　1　「追い出し屋」とは………………………………………………66
　　(1) 追い出し屋被害の実情と背景………………………………66

目 次

  (2) 家賃債務保証業者とは………………………………………………68
  (3) 管理業者・サブリース業者による「追い出し」………………70
 2 「追い出し」被害救済の実務…………………………………………71
  (1) 「追い出し」状態の解消……………………………………………71
  (2) 取立てや「追い出し」行為に対する慰謝料請求………………72
  (3) 動産の処分に対する損害賠償請求………………………………74
  (4) 賃貸人の責任…………………………………………………………74
 3 「追い出し屋」規制法案の制定へ……………………………………75
  (1) 追い出し屋規制法案をめぐる情勢………………………………75
  (2) 追い出し屋規制法案によって何が変わるのか…………………75
 4 賃貸住宅における公的役割……………………………………………78

Ⅲ 無料低額宿泊所商法――ホームレスから生活保護費のピンハネ………………………………………………79

 1 無料低額宿泊所の現状…………………………………………………79
  (1) 無料低額宿泊所施設数と入所者数の推移………………………79
  (2) 国のホームレス対策と無料低額宿泊所…………………………81
  (3) 無料低額宿泊所に関する平成15年社会・援護局長通知………83
  (4) 都道府県・指定都市・中核市調査…………………………………83
  (5) 社会福祉法上の無料低額宿泊所の位置づけ……………………85
  (6) 1種事業としての無料低額宿泊所と2種事業としての無料低額宿泊所…………………………………………………………87
  (7) 無料低額宿泊所に対する公的規制のあり方……………………89
  (8) 国（厚生労働省）の責任……………………………………………90
 2 「無料低額宿泊所商法」の被害事例と救済方法……………………91
  (1) 被害事例1……………………………………………………………91
  (2) 被害事例2……………………………………………………………92
  (3) 被害救済と法的責任追及の方法…………………………………93
 3 無料低額宿泊所問題と特定商取引法の活用………………………106
  (1) はじめに……………………………………………………………106
  (2) 特定商取引法の適用可能性………………………………………107
  (3) 特定商取引法による規律…………………………………………109

Ⅳ 医療をめぐる貧困ビジネスに対する法的救済……………111

- 1 医療をめぐる貧困ビジネスの特徴……………………………111
  - (1) 大和川病院・安田病院事件……………………………111
  - (2) 山本病院事件……………………………………………112
  - (3) 医療をめぐる貧困ビジネスの特徴……………………113
- 2 医療機関が収入を得るしくみ──医療費制度……………113
  - (1) 国民皆保険………………………………………………113
  - (2) 医療保険制度のしくみ…………………………………114
  - (3) 診療報酬制度……………………………………………114
  - (4) 診療報酬制度のメリットとデメリット………………115
- 3 医療をめぐる貧困ビジネスのしくみと問題点……………115
  - (1) 医療をめぐる貧困ビジネスとは………………………115
  - (2) 医療貧困ビジネスのしくみ……………………………116
  - (3) 問題点……………………………………………………117
- 4 医療貧困ビジネスに対してとりうる法的対応策…………117
  - (1) 民事上の手段……………………………………………118
  - (2) 刑事上の手段……………………………………………121
  - (3) 行政上の手段……………………………………………122

Ⅴ 貧困ビジネスとしての違法金融の実態と対策
　　──ヤミ金融・違法年金担保融資──………………125

- 1 はじめに………………………………………………………125
- 2 ヤミ金融………………………………………………………125
  - (1) 直接金融型（業者から被害者に対し、直接に融資を行うもの）……125
  - (2) 取引仮装型（実態としては金融だが、取引を仮装するもの）………127
  - (3) ヤミ金融対策……………………………………………130
  - (4) 銀行口座と携帯電話……………………………………131
- 3 年金担保融資…………………………………………………131
  - (1) 違法年金担保融資………………………………………131
  - (2) 質屋による年金担保融資………………………………133
  - (3) 公的年金担保融資………………………………………133
  - (4) 信用金庫、信用組合、農業協同組合等の年金担保融資………134

目　次

4　その他の違法金融 …………………………………… 134
(1)　整理屋 ……………………………………………… 134
(2)　クレジットカードの現金化 ………………………… 135
(3)　紹介屋 ……………………………………………… 135
(4)　縁組屋 ……………………………………………… 135

Ⅵ　クレジットカード現金化商法 ……………………… 136

1　概　要 …………………………………………………… 136
(1)　現金化の手法──「買取屋方式」と「キャッシュバック方式」 ……………………………………………………… 136
(2)　ターゲットとなるのは資金需要者 ………………… 136
(3)　クレジットカード現金化商法の問題点 …………… 137

2　買取屋方式の概要 …………………………………… 138
(1)　典型的な手口 ……………………………………… 138
(2)　その他の手口 ……………………………………… 138

3　キャッシュバック方式の概要 ………………………… 140
(1)　キャッシュバック方式の流れ ……………………… 140
(2)　法的な問題点 ……………………………………… 141

4　クレジットカード現金化商法の利用者が被るおそれがある不利益 …………………………………………………… 142
(1)　カード会員規約違反（買取屋方式） ……………… 142
(2)　刑法上の横領罪や詐欺罪（買取屋方式） ………… 142
(3)　支払不能による経済的破綻（買取屋方式・キャッシュバック方式） ……………………………………………… 142
(4)　破産手続における免責不許可事由に該当するおそれ（買取屋方式） ……………………………………………… 142

5　クレジットカード現金化業者に対する責任追及 …… 143
(1)　買取屋方式における現金化業者の責任 ………… 143
(2)　キャッシュバック方式における現金化業者の責任 …… 144
(3)　まとめ ……………………………………………… 146

6　利用者の救済に向けて ……………………………… 147
(1)　クレジットカード現金化商法を利用する人の特性 …… 147
(2)　利用者の救済へ向けた対策①──クレジット会社との関係 …… 147

(3)　利用者の救済へ向けた対策②——現金化業者との関係……………147
　7　クレジットカード会社の加盟店管理の徹底と立法的解決の必
　　　要性………………………………………………………………………150
　　コラム　大阪いちょうの会の西成（釜ヶ崎）での活動〜
　　　　　　ヤミ金融被害の回復〜……………………………………………151

Ⅶ　売春ビジネスの実態と対応策……………………………………153
　1　日本の風俗ビジネスの特徴……………………………………………153
　2　売春に対する法的規制…………………………………………………155
　3　貧困問題と売春…………………………………………………………155
　　(1)　A子さん………………………………………………………………155
　　(2)　B子さん………………………………………………………………156
　　(3)　C子さん………………………………………………………………156
　　(4)　D子さん………………………………………………………………157
　　(5)　E子さん………………………………………………………………157
　　(6)　貧困につけ込んで個人の尊厳を侵害する風俗ビジネス…………157
　4　風俗ビジネスの悪行・人権侵害行為の実態…………………………159
　　(1)　個室付き浴場は売春防止法12条違反①——大阪高判昭
　　　　60・2・8……………………………………………………………159
　　(2)　個室付き浴場は売春防止法12条違反②——東京高判昭
　　　　58・5・19……………………………………………………………160
　　(3)　売春あっせん（職業安定法違反、売春防止法違反）——
　　　　岡山地判平14・6・14………………………………………………160
　　(4)　強要罪、売春防止法違反——神戸地判平16・12・22…………160
　5　ルールなき社会の貧困と買春…………………………………………161
　6　売春業の餌食にされる女性たちへの対応策…………………………162
　　(1)　「相談できるところ」「生活場所を無料（あるいは安く）
　　　　提供してくれるところ」を広報すること………………………162
　　(2)　困っている女性に対して「救済する」姿勢を国にとら
　　　　せること……………………………………………………………162

Ⅷ　保証人紹介業被害の実情と法的対応策…………………………163
　1　はじめに…………………………………………………………………163

目 次

 2 「保証人紹介業」とは……………………………………………………*164*
 3 保証人紹介業による被害の実態………………………………………*165*
  (1) 保証人の紹介を申し込んだ者が受ける被害……………………*165*
  (2) 保証人として名義を貸した者が受ける被害……………………*165*
 4 被害に対する対応………………………………………………………*166*
  (1) 保証人の紹介を申し込んだ者の被害への対応…………………*166*
  (2) 保証人として名義を貸した者の被害への対応…………………*169*
 5 保証に関する法規定……………………………………………………*170*
  (1) 民法上の保証人…………………………………………………*170*
  (2) 身元保証…………………………………………………………*170*
  (3) 賃貸借契約に関する保証、融資に関する保証…………………*171*
 6 まとめ……………………………………………………………………*171*

資　料

Ⅰ 貧困ビジネスをめぐる裁判例（要旨）…………………………………*174*
 1 金融関係……………………………………………………………*174*
 2 居住関係……………………………………………………………*179*
 3 医療関係……………………………………………………………*192*

Ⅱ 参考書式例………………………………………………………………*199*
 【参考書式例1】ヤミ金融に対する請求書………………………………*199*
 【参考書式例2】預金口座の不正利用に関する情報提供シート（財務
      局宛）…………………………………………………*201*
 【参考書式例3】訴状（養子縁組無効確認請求訴訟）…………………*202*
 【参考書式例4】無料低額宿泊所商法業者に対するクーリング・
      オフ通知………………………………………………*204*
 【参考書式例5】訴状（無料低額宿泊所商法業者に対する損害賠償
      請求訴訟）……………………………………………*206*
 【参考書式例6】病院に立入検査を求める申入書………………………*218*
 【参考書式例7】訴状（貧困ビジネス医療機関に対する損害賠償請

　　　　求訴訟）……………………………………………………*220*

Ⅲ　「無料低額宿泊所」問題に関する意見書（日本弁護士連合会）…………*225*

Ⅳ　大阪府被保護者に対する住居・生活サービス等提供事業の規制
　　に関する条例（案）に対する意見書（大阪弁護士会）………………*236*

Ⅴ　大阪府被保護者等に対する住居・生活サービス等提供事業の規
　　制に関する条例……………………………………………………*243*

　編者・執筆者一覧……………………………………………………*249*
　あとがき………………………………………………………………*250*

凡　例

〈法令〉

憲法	日本国憲法
ＤＶ法	配偶者からの暴力の防止及び被害者の保護に関する法律
旧貸金業規制法	貸金業の規制等に関する法律
携帯電話不正利用防止法	携帯音声通信事業者による契約者等の本人確認等及び携帯音声通信役務の不正な利用の防止に関する法律
景表法	不当景品類及び不当表示防止法
出資法	出資の受入れ、預り金及び金利等の取締りに関する法律
特定商取引法	特定商取引に関する法律
犯罪収益移転防止法	組織的な犯罪の処罰及び犯罪収益の規制等に関する法律
風俗営業法	風俗営業等の規制及び業務の適正化等に関する法律
振り込め詐欺被害救済法	犯罪利用預金口座等に係る資金による被害回復分配金の支払等に関する法律
身元保証法	身元保証ニ関スル法律
労働者派遣法	労働者派遣事業の適正な運営の確保及び派遣労働者の就業条件の整備等に関する法律
女子差別撤廃条約	女子に対するあらゆる形態の差別の撤廃に関する条約

〈判例集〉

民集	最高裁判所民事判例集
判時	判例時報
判タ	判例タイムズ
金商	金融・商事判例
高検速報	高等裁判所刑事判決速報集
労判	労働判例
裁判所HP	裁判所ウェブサイト判例検索システム
兵庫県弁護士会HP	兵庫県弁護士会ウェブサイト消費者問題判例検索システム

第1章　貧困ビジネス被害とは

▶弁護士　木村　達也

1　貧困の急増と貧困ビジネス

　日本社会では、格差の拡大と貧困者の急増が大きな社会問題となっている。日本政府は最近、日本の貧困率は16.0％であると発表した（2011年7月12日厚生労働省「国民生活基礎調査の概況」）。民間の研究団体も、すでに貧困に関するさまざまな統計を発表して、日本の貧困者の急増に対して警告を発している。

　高齢者が増えれば高齢者を対象にするビジネスが増加するのと同様に、貧困者が増加すれば、貧困者を対象とするビジネスが台頭する。

　ただし、富める者や中流階級の者を相手とするビジネスと、貧困者を相手とするビジネスとでは、おのずとその方法や姿勢が違う。そういった視点から、近時マスコミなどで「貧困ビジネス」、「貧困商法」という用語が使用されるようになった。本来、「貧困ビジネス」は発展途上国の貧困者を相手とする小額の取引を指していたが（BOPビジネス。笹沼弘志「貧困ビジネス──憲法学からの考察」現代消費者法10号52頁）、日本では、貧困者だけを対象に選んで契約を行う事業やサービスを提供する事業を指すようになっている。

　格差が拡大し、貧困者が急増する社会では、取引の公正・適正化を確保するためにも、貧困ビジネスの態様、現場の実情を捉え、適切な対策を講じることは重要である。

　貧困ビジネスには、貧困者を対象とした、衣食住の提供、医療、介護、雇用、教育、娯楽、ギャンブル、金融などのサービス提供、その他公的手続の申請代行などの事業が含まれうる。そして、貧困者がその取引の対象となる場合には、その取引の特質・特徴が浮かび上がってくるし、事業者がなぜ貧

因者を取引の相手方に選んでいるのかについても研究する必要がある。私たちの暮らす社会が、そのような事業者によって行われる取引を、安全・公正・妥当なものとして許容するか、または、違法・不当なものとして排除・規制すべきか、判断を迫られることになる。

2 消費者被害と貧困ビジネス被害

(1) 消費者法の考え方

従来、消費者と事業者との取引において消費者側に発生するさまざまな取引被害を、講学上、「消費者被害」と呼んできた。消費者被害が発生する要因は、事業者側と消費者側との情報や交渉力の格差、事業者側のセールス活動の巧みさ、時にはその不公正な取引方法などにある。

消費者被害の救済に向けて取り組む際、事業者側から、取引における自己責任原則や消費者の自律が反論として主張されることがあるものの、近時、消費者基本法、消費者契約法、特定商取引法をはじめとする消費者保護法令の整備や、消費者庁の発足とその取組みなどによって、徐々に消費者保護（すなわち消費者・事業者間における公正な取引の実現）の意義が周知されてきている。

そうして、消費者取引においては、両者間の経済的・社会的な力関係、事業者側の積極性・専門性、消費者側の情報不足・軽率性などを考慮し、消費者取引において消費者が不測の損害を被ることを予防するため、事業者に説明義務、安全配慮義務を課すなど「売り主注意の原則」を重視するのが一般的となってきている。

こうして各種商品やサービスの属性、取引ごとに登場する消費者像と事業者像を考慮し、かつ取引現場の実情を考慮して、消費者被害の予防と救済を図ろうとする法規制が行われてきた。各種消費者保護法規におけるクーリング・オフ、無効・取消し、業者に対する行為規制の規定などがこれに当たる。

(2) 市場に登場する貧困者像

ところが近時、従来のビジネス世界の消費生活における消費者像だけでは把握しきれない特徴を有する消費者、すなわち貧困者が、市場に登場し始めたのである。
　まずは、この「貧困者」像を探ってみたい。

(A)　経済的貧困

　貧困者は、経済的には生活を支えうる十分な資産や収入を持たない。収入が全くないか、あっても生活を支えるだけのものではない。貯えなどの資産もないことがほとんどである。さらに、高利の借金や過大な債務の返済に追われていることも少なくない。

　稼働能力を有する者は、1日も早く仕事を得て、何とか自立した生活を送ることができるように努めているが、仕事が見つからないか、仕事はあってもその収入は日々の生活に費やされてしまう。

　他方、高齢者や障害を持つ人など、稼働能力を持たず、身寄りからの援助が得られないなど、最低限の生活を維持できない者については、申請さえすれば、公的扶助（生活保護等）により、定期的に、最低限の生活を維持するための生活費が支給される。また、医療費は国・地方自治体が全額を負担する。このような「公的扶助」は、事業者側から見れば、貧困者の定期的収入となる。

(B)　社会的貧困

　次に、貧困者は、貧困生活を続けているうちに、徐々に家族との縁（血縁）、職場との縁（社縁）、地域との縁（地縁）が薄くなる。貧困であるがゆえに、日々生活に追われ、広く社会との絆を持ちたいと考えても、時間やお金（交際費）、心の余裕が持てなくなるためである（無縁社会）。

　このような他者とのつながりの希薄化により、貧困者は、事実上の「社会的排除」を受けることにもなる。すなわち、今日の社会で、家族、職場、地域社会とのつながりを持たない人は社会的に孤立し、生活するうえで必要な情報も入らず（無知）、周辺の者から協力や援助を受ける機会を失っていく

(孤立)こととなり、社会生活を営むうえで必要な生活情報から疎遠になりがちである。そのような彼らに、消費者法においていわれる自己責任や自律を訴えても、必要な生活力・社会的対応能力を持つことができない。

(C) 貧困の再生産と格差の拡大

貧困者は、一時的な失業、病気などにより貧困状態に陥るといったケースもあるが、慢性的・継続的に貧困状態におかれていることも多い。こうした人は、生まれたときからずっと貧困階層であった（貧困の再生産）し、また、貧困から自力で抜け出す意思や手段を持っていないことも少なくない。

このような状況からは、貧困者自身が、貧困状態から脱することが不可能または相当に困難であることを経験的に知っており、そこから抜け出す努力や意思を放棄させられてしまっているかのようにみえる。

たとえば、ホームレス状態にある人々は、駅舎、公園、炊き出し場所などに集団を形成する。彼らにとって、そこは唯一の居場所・生活の場となるが、同時に外部との交流が極めて限られ、情報の取得なども困難とならざるを得ず、ますます社会的排除が強まることになりかねない。

(D) 貧困であるがゆえのさまざまな制限

今日の社会において、お金を持たない者は、顔を持たない者と同視されるほど、出入りする場所も交際する相手も制約を受ける。契約当事者として登場することのできる場も極めて限られ、何をするにおいても選択肢に大きな制約を受けている。また、前述した社会的貧困が要因となり、取引の場での交渉能力も弱く、低い。取引における当事者能力の存在自体が危うい場合さえ出てくるのである。

憲法上、すべて国民は、居住の自由、職業選択の自由、表現の自由、苦役からの自由、婚姻の自由などの基本的人権が保障されている。しかし貧困者の基本的人権は保障されているといえるのか。食べる物がなく、寝る場所がなくては1日も生きていけない。仕事もお金も持たない者が結婚し、家族を持つことは、極めて難しい。「3K」と呼ばれる「キツイ」「キタナイ」「キ

ケン」な労働であっても、また自分に向かない仕事であっても、否が応でも就業し、日々の糧を得なければならない。その労働環境・条件は、貧困者同士の競争となるためにダンピング状態となり、最も不公正・劣悪な労働市場となっている。貧困者が苛酷な労働を終えて、束の間の安息所に身を横たえ、明日への活力を養おうとしても、「銭なし」では、その場所すら十分には与えられない。ともすると、安易な飲酒、ギャンブルに走らざるを得ない。その結果、アルコール、ギャンブル、薬物などの依存症に陥っていくこともある。

彼等の生活スタイルや思考の道筋は、貧困であるがゆえに大きな制約を受けているのである。

3　悪質な貧困ビジネスの横行とその類型化

国全体がいまだ豊かとはいえない状態の国々では、ビジネスの対象は、国民の大多数を占める低所得者が相手となる。一人ひとりから得られる利益は少なくとも、数をこなすことによってビジネスを成り立たせようとするのである。

しかし日本のように、国全体としては経済成長を遂げ、経済大国といわれ、多くの人が豊かな生活を送っている国で、格差の拡大が進み、2で述べたような貧困者が急増してくる。このような貧困者を対象とするのが貧困ビジネスである。貧困ビジネスは、貧困者の生活状態・意識・環境につけ込み、不公正・不当・違法な方法で貧困者の持つわずかな資産を奪い取ろうとする動機から発生するものであり、近時、このような貧困ビジネス「被害」が急増している。

日本社会で問題となっている貧困ビジネスには、主として次のようなものが存在する。

(1) 従来型貧困ビジネス

従来から存在する貧困ビジネス被害の典型は、消費者金融被害である。こ

れは、典型的な消費者被害の一種でもある。

　いわゆる高利貸被害・消費者金融被害は、中世・近世から絶えることなく存在していた。貧困者の無知・窮迫に乗じて、違法な高利を徴求する内容の契約を締結する。貸主は「契約の名の下に」違法な高金利を借主から徴求して、借主をますます貧困・窮乏化させる。時には暴力的な取立てを行うが、借主は貧困・窮迫・無知であるがゆえに、貸主の違法な行為に対しても無抵抗である。貸主は借主の無抵抗につけ込み、違法行為の程度をますます高めていくというパターンである。

　消費者金融業者が借主から確実に返済を受けるために作り出されたのが、社会保障給付を担保とした貸付けである。違法な年金担保融資制度が横行したこともあったが、これは運動団体の告発があり、法規制によって沈静化した。生活保護費を事実上の担保にした融資も横行している。

　貧困者の急増は、これら消費者金融業者のビジネスチャンスを飛躍的に増大させることになるはずだったが、2006年12月の改正貸金業法の成立・2010年6月18日の同法完全施行により、目下のところは鳴りを潜めている。

　また、困窮した女性を風俗で働かせ、時に売春までさせるというビジネスは、今や発展途上国から日本に性産業や売春を目的として入国する女性たち、いわゆる「ジャパゆきさん」なども含め、国際的となっており、暴力団関係者らによって営まれる伝統的な貧困ビジネスである（売春防止法、風俗営業法の規制がほとんど無視されている現状がある）。以前は「売血」（文字どおり血を売る）というビジネスがあったが、法の整備により今日では姿を消している。手配師なども、人夫の賃金を搾取するいわゆる貧困ビジネスの一種として旧来から存在してきたものである。

(2) 新規貧困ビジネス

　従来型の貧困ビジネスとは別に、最近になって登場した新しい形の貧困ビジネスがある。具体的には、以下のようなものをあげることができる。

(A) 無料低額宿泊所ビジネス

「無料低額宿泊所ビジネス」は、街角や川辺でホームレス生活を続けている人に「食事も住居も世話をする」と甘い言葉で誘って、これら貧困者を自らの設置する宿舎に集め、彼らに代わって生活保護申請手続を行い、彼らに支給される生活保護費を全額代理受領したうえ、食費、住居費、その他手数料名目で高額の費用を天引し、本人には月に2万～3万円の小遣いを渡すのみという、生活保護費天引ビジネスである。

知識・経験が十分でなく、違法行為に対する抵抗能力もない貧困者は、このような貧困ビジネス業者の手にいったん陥ると、生涯にわたってその餌食となり続けうる。これらの被害は、行政が本来、生活保護費を支給するだけでなく、彼らの生活の支援まで視野に入れたきめ細かいサービスを行うべきであるのに、これを怠っているがゆえに発生しているものである。最近では、民間の運動団体やマスコミの摘発を受け、福祉事務所もその適正化に乗り出しているが、違法と認める要件が微妙であり、新しい判例が待たれるところである。

(B)　追い出し屋

「追い出し屋」被害は、住居の賃貸に際し、保証人を得ることができない貧困者との間で、賃貸保証業者による保証を条件として、入居契約させるが、家賃の支払いが1日でも遅滞すると、たちまち以前のサラ金業者同然の早朝深夜の違法な取立てを行い、延滞家賃や高額の遅延損害金を徴収し、さらには、その支払いがないと住居の鍵を一方的に交換して借主が部屋に入ることのできないようにしたり、家財道具を戸外に搬出するなどして、強引・違法な手段で借主を住居から追い出してしまう、というものである。被害者はいずれも賃貸借契約を不履行している（家賃を延滞している）という弱みから、無抵抗のまま彼らの違法行為に泣き寝入りしてしまう。

(C)　労働者派遣法違反の人材派遣

「雇用の流動化」の美名の下、近年、パート、アルバイト、フリーター、契約社員、派遣社員などの非正規労働者が急増している。このような非正規

労働者は、正規労働者に比べて低賃金であり、雇用が不安定であることが一般的である。同じ労働をしながら、雇用システムの違いのみで賃金が正規労働者の2分の1や3分の1以下という労働実態が当たり前のように行われている。中でも派遣労働者の場合は、派遣先の職場における差別的な処遇だけでなく、正規社員と全く同じ労働に従事しているのに、派遣業者によって2〜4割もの賃金が天引されるなど、不当な徴収を受けている。そのため、劣悪な生活を強いられている派遣労働者も少なくない。

人材派遣サービス業は、近年、急速に成長している。その陰には、労働者派遣法の脱法行為の横行や、労働基準監督署、労働局の弱腰・怠慢があり、労働者を食いものにする産業だとも指摘されている。特に、2009年に発生したリーマンショックを契機とする未曾有の不況時に、大企業による派遣切りが大量に発生し、大きな社会問題となった。

(D) 医療関係

生活保護受給者の医療費は全額公費で負担される。このシステムを悪用し、医療扶助を食いものにする医療関係者らによる過剰な診療行為や不当な水増し請求が、関西を中心に発生し大きな問題になっている。医療関係者に対する国民の高い信頼を悪用したもので、許されるものではない。関係当局の適正な監督処分が求められる。

(E) 保証人ビジネス

前述のとおり、貧困者は、家族、友人、知人、地域などとの絆が切れていることが多い。こうした貧困者が就職、賃貸借など、契約の当事者になろうとするときに、保証人を求められることがあるが、無縁社会の中でその身元を保証してくれる者がいないために契約を結べないという不都合が生じる。このような人間関係の貧困さに付け込んで展開されているのが、「保証人になります」というビジネスである。しかし、保証料が本人の困窮につけ込み高額であったり、結果的に保証をしなかったり、他人の保証を保証条件とするなど、トラブルが多い。

こうした人間関係の希薄な人たちについての人的保証は、公的機関がその役割を果たすべきものと考えられるが、目下その整備がなされておらず、ボランティア団体などがやむなく、これら貧困者のためにリスクを冒して保証人になったりすることもある。

　(F)　臓器売買

　貧困者の臓器を高額で買い取り患者に移植するということは、日本では認められていない。しかし、現実には闇で行われているであろうことはつとに指摘されているところである。現に「中国で移植詐欺　告訴」(朝日新聞2011年1月5日)として、海外で1000万円余をかけて臓器移植が行われていることが示されている。国際化の中で、貧困ビジネスは海外の貧困者にまで目をつけた業と化している。

　(G)　戸籍売買

　中国など海外からの出稼ぎ労働者は、就労制限のない在留資格を取得すれば日本で就労しながら生活することが可能となる。そのためには、結婚という形式をとることが最も容易である。

　また、他人の養子となることで新しい氏を取得すれば、新しい人格を生み出し、消費者信用などで新しい信用を取得することができる。

　このような悪用を目的として、戸籍ブローカーが介在した戸籍売買という不正行為が多発している。いずれも詐欺、公文書偽造などの不正行為であり、その協力者は犯罪の片棒を担ぐことになるが、名誉も信用も失った貧困者の中には、お金になるなら、犯罪の片棒を担ぐ「ヤバイ仕事」さえ厭わない者も少なくない。貧困者は経済的・社会的に追いつめられる中で、彼らの持つ名誉、信用、戸籍、身体、労働のすべてが買い叩かれ、不法取引の対象とされているのである。また、この貧困者の増加が続けば、さらに多様な貧困ビジネスが開発され、貧困者がその犠牲となることは必定である。

4 貧困ビジネス被害の発生原因と特徴

(1) 行政サービスの不足部分へつけ込む貧困ビジネス

　こうした貧困ビジネス業者の暗躍を防止するためには、行政が貧困者に対して、生活保護費を支給するだけでなく、本人が自立した生活を送り、生活に応じた人間関係の中で暮らすことのできるよう、雇用・生活・住居・医療・介護などの生活全般についてきめ細かい配慮や積極的なサービスを行えばよかったはずである。しかし行政においては、福祉行政の多忙さ（もしくは無責任）のゆえに、生活保護受給者に対するきめ細かいサービスの不足、「生活保護費を支払えばそれでよい」という姿勢があるように思われる。その結果、本来なされるべき「配慮」、「きめ細かいサービス」の空いた部分に、貧困ビジネスがさまざまな形で入り込んできているのである。

　生活保護受給者には、高齢や障害などの特性のために、成年後見人等の選任、ボランティア団体の援助などを受けなければ、自立した健全な生活を成り立たせることのできない人も少なくない。しかし他方では、悪質な貧困ビジネスと必要なボランティア団体のサービスとの限界を画することも、また困難となっている。

(2) 貧困者の無知・無抵抗を狙う

　貧困者は一般に、情報が乏しく、援助者が少ない（中には、文字の読み書き、計算、人との会話ができない人もいる）。権利意識に乏しく、違法行為に対しても無抵抗である。そのような貧困者が、仮に貧困ビジネスの違法行為を認識することができたとしても、行政、弁護士やボランティア団体に救済を求めたり、裁判所、警察、その他行政機関に損害賠償請求や刑事告訴・告発・申告行為を行うなどして、自らの権利の回復・救済を図る力は、極端に低い。そのため、貧困ビジネス業者の違法行為が外部に発覚する機会は極めて少ないのである。貧困ビジネスは、貧困者のこうした特性に乗じたものである。

貧困者は、日々窮迫した生活を送っており、事業者との契約締結を慎重に考慮する時間や余裕、情報が少ないため、貧困ビジネス業者の甘い勧誘や誘惑を調査し、相手方の業務内容の正確な情報を収集したり、他の業者のサービス内容と比較検討したり、相手方から示された契約条件を第三者に相談したりして、契約内容を有利なものとする交渉をすることができず、無抵抗・無条件の下に不当な契約をさせられることが多い（そもそも契約当事者としての能力に欠ける人も少なくない）。

(3) **外部からの遮断**

　貧困ビジネス業者は、一度でも甘い味をしめると、徐々にその方法をエスカレートさせ、貧困者から徴収する費用や手数料を高額化させる。そして、マスコミや世間がこれら契約内容の違法性を告知しても、貧困者が権利救済の申立てをしないよう、外部の関係者や情報から遮断し、囲い込んでしまう。

(4) **「合法」「適法」を仮装する**

　貧困ビジネス側は、自らの行為が違法もしくは不当行為であることを十分認識しているがゆえに、「NPO法人」を騙ったり、契約書に不公正な契約条項を挿入し、貧困者に対してあらかじめ不当な契約内容についての条項の承諾や署名をさせるなどして、万一外部に発覚したときにも、合法な契約である、と主張する方策（契約書など）を講じたりしている。

　最初から告訴・告発を恐れて、偽名や他人名義で業務を行っている場合もある。また、行政と癒着して行政のお墨付きを得ようとしたりする。

5　法律実務家の役割と課題

　弁護士や司法書士などの法律実務家が貧困ビジネスの違法行為を告発するまでは、被害者側に、違法な行為により被害を受けているという認識は必ずしもない場合もあり、泣き寝入りさせられてきた。法律実務家、消費者団体などの告発や、マスコミ報道によりはじめて権利侵害・貧困ビジネス被害として社会に認知され、問題が表面化したのである。

消費者には自己責任・自律を強調して問題解決を図ることができるかもしれない。しかし、すでに述べたように、貧困者に自己責任や自律を強調しても問題の解決にはつながらない。貧困者は社会的・経済的弱者であり、また精神的にも弱者である場合にもあって、社会で自律することが困難なゆえに、貧困者になっているのである。

憲法25条は、すべての国民に健康で文化的な最低限度の生活を保障している。国・自治体はこの規定に基づき、貧困者に対し、単に生活保護費の支給だけでなく、行き届いた行政サービス（生活援助、就業、教育、医療、介護など）を、その生活の全面にわたって支援することが求められる。

「消費者保護」と「貧困者保護」の違いはここにある。貧困者は行政サービスによる援助を受けなければ、自律することが困難な人なのである。

さまざまな貧困ビジネス業者の跳梁跋扈は、行政の怠慢、手抜き、無責任に起因しているところも少なくない。わが国の福祉行政をはじめとする行政全般において、社会的弱者、貧困者へのきめ細かい行き届いたサービスが不足している。サービスのあり方に根本的な再検討が求められているのではないだろうか。行政は貧困者に対し、悪質な貧困ビジネス業者の実態を伝え、注意し、警告を発するだけでは不十分である。悪質な貧困ビジネスが貧困者を食いものにしないよう看視することはもちろん、必要な法規制を迅速に行い、また貧困者がそのようなビジネスを利用しなくても済むような社会システムを作り上げていく必要がある。

悪質貧困ビジネスへの対処・取組みは、行政、民間運動団体、法律実務家にとって、始まったばかりである。関係者やマスコミが連携・協力して早急な対処をしていくことが求められる。それゆえ、法律実務家は、
① これらの被害を早期に発見・告発し、被害が潜在化することを防止し、被害を根絶しなければならない。そして、
② 必要ならば裁判所に契約の違法・無効確認や損害賠償の請求をしたり、
③ 警察当局に刑事告訴、告発を行うことが求められる。

取組みの中では手を変え品を変えて生き残りに必死な貧困ビジネス業者からの反撃を受けることもあるだろう。貧困ビジネス事業者が法律実務家に対し、名誉棄損や業務妨害などで訴えを提起してきた例もある。

　日本弁護士連合会や各地の弁護士会は、全国の法律実務家や消費者運動団体と連携・協力して、積極的に無料電話相談を実施し、さらには、夜回りなどを行って、被害の発掘（告発）、マスコミ公表、官公庁との情報交換などの協力関係、被害者救済、被害の根絶に向け、早急に、そしてひるむことなく、取組みを進めていかなければならない。また、こうした貧困ビジネスの防止のため必要な法規制を関係当局に求めていかなければならない。

第2章　貧困ビジネス被害の現状と社会的背景

Ⅰ　居住をめぐる貧困ビジネス

▶ NPO法人自立生活サポートセンター・もやい　稲葉　剛

1　住まいと貧困

　2008年秋のリーマンショックに始まった世界同時不況は、日本中に「派遣切り」の嵐を巻き起こした。同年末に東京・日比谷公園に開設された「年越し派遣村」では、派遣会社の寮を追い出され、仕事と同時に住まいを失った大量の派遣労働者の存在がクローズアップされた。

　同じ年の春から、国は「ネットカフェ難民」をめぐる一連の報道を受け、大都市圏の自治体とともに「住居喪失不安定就労者」への支援策を開始していた。低賃金であるがゆえに安定した住まいを確保できず、ネットカフェなどの不安定な居所を生活の拠点とせざるを得ない若者たちの存在が看過できない社会問題として認知されていたからである。

　これらの事実は、現代日本の都市における貧困が生活困窮者本人にとって「住まいの貧困」（ハウジングプア）という形で顕在化しやすいことを意味している。

　「衣食住」という言葉があるように、「住まい」は、言うまでもなく、人々の暮らしを支える基盤である。現代社会において住居や住民票を喪失することは、日常生活上での困難を増やすだけでなく、社会的信頼を失い、携帯電話の取得も困難になるなど、求職活動においても不利な立場に追いやられることを意味している。「貧困であるがゆえに住まいを失い、住まいを失っているがゆえに貧困から抜け出せない」という悪循環に陥ってしまうのである。

それゆえ、多くの先進国では「派遣会社の寮」に見られるような労働型の住居を避け、低廉な賃貸住宅を労働者に供給する政策をとっている。国際労働機関（ILO）は1961年、「労働者住宅に関する勧告」を採択し、「すべての労働者及びその家族に十分かつ適切な住宅及び適当な生活環境を提供することを確保するため、一般的な住宅政策の範囲内で住宅及び関連共同施設の建設を促進することを国の政策の目的とすべきである。困窮度の非常に高い者には、ある程度の優先順位を与えるべきである」という原則を述べたうえで、「使用者がその労働者に直接住宅を提供すること」は、「やむを得ない事情のある場合を除き、一般的に望ましくないことを認識すべきである」と指摘している。つまり、派遣会社の寮などといった労働型の住宅は、仕事と同時に住まいを失う危険性が高いから、国が率先して低所得者向けの住宅を整備するよう勧告しているのである。

政府が半世紀前に出されたこの勧告に従っていたならば、派遣切りにより多数の人々が住宅も失うという状況は避けられた可能性が高い。「住まいの貧困」の背景には、中間層の持ち家取得推進のみを重視し、低所得者層への住宅支援を置き去りにしてきた「住宅政策の貧困」という問題が存在しているのである。

その「低所得者向け住宅政策の不在」を突くように拡大しているのが、居住系の貧困ビジネスである。そのため、安心して暮らせる住まいを求めていくことと、貧困ビジネスの告発は、裏表の関係にある。

こうした問題意識のもと、2009年3月、東京で「住まいの貧困に取り組むネットワーク」が誕生した。ネットワークには、野宿者支援活動、借家人運動、ワーキングプアの労働運動など、さまざまな活動にかかわる人々が参加している。その活動を通して見えてきた居住系貧困ビジネスの状況を以下で述べていきたい。

2 居住をめぐる貧困ビジネスの類型

「住まい」にかかわる貧困ビジネスで、ここ数年で社会問題化した事例を類型化すると、以下の4つに分けられる。

(1) 「ゼロゼロ物件」業者

2008年、東京の中央線沿線を中心に「敷金ゼロ・礼金ゼロ」という「ゼロゼロ物件」を提供していたA社が、家賃を滞納した入居者の鍵交換、荷物撤去、居室への侵入等で入居者ら9名より提訴された（後に和解が成立）。同社は一時期、入居者との間に「施設付鍵利用契約」という名称の契約を結んでおり、「賃貸権ではありませんので、居住権、営業権については認められません」と記載するなど入居者の居住権を著しく侵害する内容になっていた。批判を受け、現在は1年間の定期借家契約に変更している。同社は別会社を名乗って事実上、営業を続けている。

同様の「ゼロゼロ物件」では、東京都三多摩地域を中心に物件を展開する不動産業者B社および関連会社のC社も問題になっている。2009年4月、東京都内の男性が家財道具をすべて撤去されたとして、両社を提訴した。両社が家賃滞納時の「督促手数料」（3000円）や退去時の退室立会費など法的根拠のない金銭の徴収を行っていること、連帯保証人を立てられない入居者に対して「居住権がない」という記載のある1カ月単位の短期一時使用契約を締結していたことに対して、入居者からの批判が高まり、入居者を支援する「住まいの貧困に取り組むネットワーク」は、2009年8月、これらの契約内容の改善を求める要求書を両社に提出した。こうした動きを受けて、東京都は2010年6月、B社に対し、宅地建物取引業法違反を理由に29日間の営業停止処分を課している。

(2) 家賃保証会社──フォーシーズなど

家賃保証会社は、入居者から保証料を受け取る代わりに、家賃滞納時に貸主に家賃を代位弁済することを業務とするが、損失を抑えるために入居者の

居住権を侵害して追い出し行為を行うことも多く、「追い出し屋」の温床になっているとして批判が高まっている。中でも株式会社フォーシーズは悪質な取立てで知られ、2009年2月17日、福岡簡易裁判所はフォーシーズが福岡市内の男性に対して午前3時まで取立てを続けた行為に対して慰謝料の支払いを命ずる判決を言い渡した（判例集未登載）。また、フォーシーズは2009年1月まで、家賃を1回でも滞納すれば連帯保証委託契約を自動的に打ち切り、「再契約保証委託料」として1万円を入居者に支払わせるという契約書を使っていた。東京都豊島区内に暮らす女性がこの契約について「公序良俗に反し違法だ」として内容証明郵便で返還を要求したところ、2009年6月、一部が返還されている。

　こうした追い出し行為に対して、法律家で構成される「全国追い出し屋対策会議」が全国各地で相談活動や家賃保証会社等に対する損害賠償請求訴訟を行っている。

　追い出し行為に対する世論の高まりを受けて、政府は2010年2月、悪質な家賃の取立てから賃貸住宅の入居者を保護する新法案、通称「追い出し屋規制法」案を国会に提出した。同年4月には参議院を通過し、2011年6月末現在、衆議院で継続審議となっている。一方、家賃保証会社の協会は家賃滞納履歴のデータベース作成を開始し、家賃滞納歴のある入居希望者が民間賃貸住宅市場全体から締め出される危険性が懸念されている。

(3) 野宿者を狙う宿泊所ビジネス

　民間賃貸住宅の入居者だけでなく、ホームレス状態にある生活困窮者をターゲットにした貧困ビジネスも後を絶たない。その手法は、公園等で野宿者に声をかけて宿泊施設に囲い込み、生活保護を申請させて、保護費の大半を食費・宿泊費名目で徴収するというものであり、公的な宿泊施設の不備を突く形で大都市圏を中心に広がっていった。

　2009年10月、千葉市内の宿泊所の元入所者が約12万円の生活保護費のうち約9万円を不当に天引されたとして、NPO法人Dの代表者（当時）らを告

訴した。告訴状によると、代表らは銀行口座を開設するため、本人が書くべき「生活保護受給証明書」の申請書を本人の同意を得ずに作成・押印し、稲毛区役所に提出して証明書を入手したという。2011年2月には千葉地方裁判所で、元入所者2名が約908万円の損害賠償と不当利得の返還を求める民事訴訟をDに対して起こしている。代表者は、関連団体の脱税事件でも2010年3月26日に名古屋地方裁判所で有罪判決を受けている（判例集未登載）。この関連団体は首都圏を中心に約20カ所の宿泊施設（総定員数約2000人）を運営しており、以前から不透明な資金の流れが指摘されていた。

　2011年1月には、東京を中心に14カ所の宿泊施設を運営しているNPO法人東京サポートセンターの理事兼事務局長の男性が数年間にわたり、元入所者2人の生活保護費計約1180万円を着服していたと、生活保護の実施機関である八王子市が発表した（読売新聞2010年1月17日）。代理受給のための委任状を偽造していたものとみられており、八王子市は刑事告訴する方針であるという。

　これらの事例にみられるように、宿泊所ビジネスでは入所者の身柄が施設内に囲い込まれているために、保護費が本人の手に渡らないよう書類が偽造されてしまうケースがみられる。また、劣悪な居住環境や食事の対価として高額の宿泊費・食費を保護費から差し引く契約内容にしてあるなど、合法性を装っているために行政機関も問題を認識しながら放置してしまっている事例も多い。

　こうした宿泊所ビジネスの中には、社会福祉法に基づく無料低額宿泊施設の届出をしているものと無届けのものがあるが、一方で届出の有無にかかわらず、生活保護受給者を対象とする宿泊施設の中には良心的な運営をしているところもある。こうした状況が規制の実施を困難にしている面がある。

　2009年3月に火災が発生して10名の生活保護受給者が死亡し、安全管理を怠っていたとして2010年2月に理事長と施設長が逮捕された「静養ホームたまゆら」（群馬県渋川市）のように、高齢の生活保護受給者をターゲットにし

た貧困ビジネスもみられるようになった。こうした高齢者施設の多くは、本来の生活保護の実施機関から遠隔地に設置されているため、そのことがさらに問題の露見を困難にしている。

(4) 生活保護費を搾取するアパート

2010年以降に判明した新たな貧困ビジネスの手法として、野宿者をアパートに住まわせたうえで、その生活保護費の大半をピンハネする団体の存在が明らかになっている。千葉県内に展開するＥという団体は、千葉県内や東京都内で野宿者に「生活保護が受けられ、3食も大丈夫」などと声をかけ、千葉市内でアパートを借りさせたうえで生活保護費を申請させていた。Ｅは、支給された生活保護費の中から、月4万～5万円の家賃のほかに、5万円程度を食費などの名目で徴収していたが、食料は月に白米が10kg届けられるだけであったという。被害者は約200人いるとみられており、2010年2月以降、8人の入居者らが損害賠償請求訴訟を提起している。

住まいのない生活困窮者にアパートをあっせんして入居させ、生活保護費から高額の家賃や弁当代を徴収する業者は、関西では「囲い屋」と呼ばれており、法律家らによる「関西囲い屋対策会議」が被害の掘り起こしを行っている。大阪市は、「囲い屋」を生活保護申請の入口で排除するため、住まいのない生活保護申請者に公的な施設を提供するなどの支援を2010年4月から実施している。

3　安心できる住まいの確保に向けて

このように、居住をめぐる貧困ビジネスの業態はさまざまであるが、共通しているのは、「安心できる住まいが欲しい」という生活困窮者の正当な欲求を、業者が悪用している点にある。「貧困ビジネス」であるとの批判に対して、こうした業者は「敷金・礼金なしで住まわせてやっているのだから、契約内容に文句を言うな」、「保証人になってやっているのだから、我慢しろ」、「屋根があるところに住まわせてやっているのだから、野宿よりマシだ

ろう」と主張するのであろう。

　そうであれば、批判の矛先は個々の業者だけでなく、こうした業者を存在させる温床となっている社会の構造にも向けられなければならない。

　その構造とは、多くの生活困窮者にとって「安心して暮らせる住まい」へのアクセスが阻害されていることである。具体的には、住宅行政において公的住宅政策が貧弱であること、民間賃貸住宅市場において入居差別が野放しになっていることや住居確保のために高額な家賃や初期費用を要求されること、生活保護行政において「居宅保護」の原則が徹底していないことなどがある。

　これらの問題を「住まいの貧困」の問題として一体的に捉え、政府に住宅政策の転換を求めていくこと、居住系貧困ビジネスの告発や規制強化を求める運動とともに「住まいの貧困」そのものの解消に向けた運動をしていくことが、今、求められている。

Ⅱ　貧困ビジネスとしての労働者派遣

▶ 首都圏青年ユニオン書記長　河添　誠

1　労働者派遣法の経緯

　1985年に労働者派遣法が成立したとき、派遣労働の対象が専門的な職業技能の高い業種・労働者のみに限られるために問題が少ないとされていた。職業技能が高い労働者だけを派遣するため、その賃金水準は低くないことから、労働者の権利が大きく侵害されるおそれはないとされたのだ。

　しかし、実際には、女性を中心とした事務請負が労働者派遣に置き換えられた際に、いわゆる一般事務労働について、労働者派遣法のいう「専門26業務」を偽装するという形で導入され、事態は一変した。女性労働のもつ構造的な低賃金がそのまま派遣労働に重なることとなった。

さらに、1999年の労働者派遣法改正を機に職種の制限がほぼ撤廃され、無限定に「ハケン」という働き方が広がった。加えて、2003年の改正により、2004年からは製造業分野にも労働者派遣が解禁されたことで、労働者派遣法の成立時に説明されていたような「常用代替の禁止」などは吹き飛び、派遣労働者は製造業に不可欠な労働力として「活用」されることとなった。

そして、2006年頃から「偽装請負」が社会問題化する中で、指揮命令を就業場所で行うことのできる労働者派遣は、ますます使いやすいものとして広がることとなった。

2　派遣労働者の貧困

さて、言うまでもないが、日本社会に貧困が拡大したことを労働者派遣法の成立のみに求めることは無理がある。現在においても非正規労働者の圧倒的多数はパート・アルバイトなどの直接雇用労働者であり、労働市場における賃金決定機構の底辺には、これらの労働者の占める位置が極めて高いからだ。しかし、それは、派遣労働者が貧困に陥ってはいないということとは別の話である。

(1)　Aさんの場合

あるメーカーで専門26業務の派遣労働者として働いていた女性Aさんは、ゴールデンウィークや年末年始のような長期の休暇になると生活に困窮した。時給制で働く派遣労働者にとって、長期にわたる休暇は収入の大幅な減少に直結する。Aさんは、長期の休暇になると、生活のために他の仕事を探して収入を確保するしかなかった。仕事の内容も、パソコンを操作する経理分析の仕事とされていたが、実際にはありとあらゆる庶務一般であり、コピー機が詰まったときの修理や弁当の注文など、およそ契約内容とは違う仕事だった。女性の事務系派遣労働者の多くは、かつては一般事務職として正社員として雇用されていた労働者が事務請負労働に切り替えられ、さらに派遣に切り替えられたために、専門職というようなもののほとんどは偽装にすぎな

った。賃金が上がることもほとんどなかった。職務の技能が高まるような仕事でもないために、次の仕事につくときも同様の賃金しかもらえなかった。派遣で切られてから次の仕事を探したが、大企業で働いていたとはいえ派遣労働の経歴は何の評価もされず、正社員の仕事を見つけることは困難だった。

(2) Bさんの場合

　高校を中退してからアルバイト生活を続けていた30歳代の女性Bさんは、実家で両親と暮らすのではなく自立したいと、寮付きの製造業派遣の仕事を見つけて家を出た。寮の家賃は4万円ほどで、その周辺のアパートの家賃相場と全く変わらなかった。寮には、電気製品や布団が入居前から揃っていた。ただ、それらはすべてレンタルであり、家賃とともに電気製品や布団のレンタル料が賃金から天引された。毎月20万円にも届かない賃金からそれらを天引されてしまうと、手許には数万円しか残らなかった。労働時間が極端に少ない月には2万円ほどしか残らないこともあった。そうして生活に困るようになると、Bさんは、消費者金融を利用して生活費を工面するしかなかった。

　携帯電話の組立てなどといった製造業の派遣は、時期によって労働時間が大きく変動することが多かった。派遣先工場の生産量が変動するからだ。Bさんも、仕事がほとんどなくなって寮に待機するようなことも少なくなかった。そうこうしているうちに、仕事が全くなくなり、派遣も切られてしまった。仕事が切れて寮を出なければならなくなったが、引っ越すお金もBさんにはない。しばらくは寮に居座って、日雇い派遣の仕事などで食いつないだ。派遣会社から次の派遣先を紹介されるまで待とうと思ったのだが、結局、次の派遣先が紹介されることはなかった。実家に帰るしかなかったが、Bさんの両親は、30歳代になっても生活の自立ができない娘を理解し受け止めることはできなかった。

　Bさんには居場所がなくなった。家があるのかないのかわからない生活になった。両親が働いて外にいる日中に家に帰り、風呂や着替えを済ませ、あとは外で過ごすようになった。お金があるときにはネットカフェなどで夜を

過ごした。お金がないときには外を歩き続けた。外にいると寒くて危険なのでコンビニで夜を過ごすことも多かった。1つのコンビニに長時間いると怪しまれるので、いくつものコンビニを渡り歩いた。

　手に職もないBさんには、なかなか仕事が見つからなかった。だんだんお金もなくなってきて、日々を過ごすための日銭を稼げる仕事につくしかなくなる。Bさんも、日銭を稼ぐため、日雇い派遣の仕事につくことになった。100円ショップのレジ打ちや工場での箱詰め作業、カラオケ店の店員などの仕事をしたという。日雇い派遣の就労現場では、日雇いの労働者に仕事を教えることは、ほとんどない。「今日限り」で来ている臨時の労働者なので、その人に見よう見まねで仕事をやってもらえればよいのであって、それ以上のことは期待されない。名前も覚えてもらえない。自分自身も仕事を覚えていこうという気力を喪失していく。明日はやらない仕事について、仕事を覚えようと思えないのは当然のことだ。日雇い派遣の現場では、「仕事からの排除」が日常化している。Bさんは、自分がどうすればよいのか見えなくなっていった。Bさんは自分自身からも排除されていた。

(3) Cさんの場合

　30歳代の男性Cさんは、トラックの大手自動車メーカーの工場で、4年近く働いていた。その間に、何人もの派遣労働者が仕事についていけずに辞めていった。仕事の覚えがよくない派遣社員は、居づらくなって辞めていったのだ。Cさんは仕事ができたので、2008年の暮れまで働くことができた。しかし、11月半ばの昼休み、派遣会社の担当者に呼ばれて、こう言われた。「この工場での仕事は12月26日で終わります。次の仕事の紹介はできません。12月29日までに、同社の寮からも出て行ってください」。

　どれほど有能な労働者であろうと、派遣社員は正社員と違って使い捨てにされる。

3 貧困ビジネスとしての労働者派遣

　労働者派遣が貧困ビジネスの一種であるというときに、派遣会社による中間搾取が中心的に語られることが多いように思うが、それだけでは十分ではない。もちろん、雇用の実態がないままに、労働者と使用者との間の単なる職業紹介にすぎない派遣会社も多数存在しており、それが貧困ビジネスであることは言うまでもない。しかし、労働者派遣の貧困ビジネスの本体は別にある。

　この労働者派遣という制度を活用しているのは、大量に派遣社員を受け入れながら会社の一方的都合で切り捨てている大企業である。派遣先企業も含めた労働者派遣という制度の総体が貧困ビジネスというべきである。

　この貧困ビジネスを根絶するためには、当面は労働者派遣法の抜本的な改正が求められるし、できるだけ早期に労働者派遣法を廃止し、直接雇用と期間制限のない雇用とを原則とした雇用システムを構想する必要がある。

コラム　釜ヶ崎を基点とした日雇い労働者の就労実態
～長年の取組みのおかげで踏みとどまっている～

▶ 釜ヶ崎のまち再生フォーラム・漫画家　ありむら　潜

1　総論

　釜ヶ崎周辺はいわゆる「貧困ビジネス」の巣として世間からはイメージされているようだ。それもあって、「(タコ部屋と呼ばれる劣悪な労働環境や不当なピンハネを内容とする) 搾取労働の実態についてレポートをお願いしたい」との依頼が回ってきたのだろう。

　しかし、少なくとも釜ヶ崎の日雇い寄せ場を基点とする伝統的な日雇い労働者 (とりあえず「オールド日雇い派遣」と呼ぶ) の世界では、少なくとも私たちが日常的に知りうる範囲内では、かつてのタコ部屋あるい

は半タコ部屋・強制労働・強制天引・暴力による引き留めなどの実態はほとんど見かけない。話を聞かない。確かに、無断での中途退職（いわゆるトンコ）等に起因する賃金未払いや不当控除、「仕事にならんから帰れ」的な一方的な解雇の問題は相変わらず絶えない。しかし、それは今日の世間にある、派遣等の非正規雇用労働者（ニュー日雇い派遣）の世界の複雑で不透明な状況よりマシかもしれない。世間には意外かもしれないが。

　理由は簡単だ。労働者当事者も労働組合も行政サイドも、半世紀近くにわたって苦しみ、もがき、闘ってきて、状況を改善させたからである。

　しかし、逆にいえば、油断するといくらでも労働環境は悪化する不安定さもあるといえる。2000年前後に労働相談や殺人事件が続出した朝日建設（山梨県）のように、モンスターのような会社が復活しないとも限らない。しかし、今のところ「平静」である。

　ただ、建設飯場（作業員宿舎）に入ったのち、仕事がなかなか回ってこないのに宿舎代と食費だけは確実に控除される結果、「取り分がほとんどなかった」「明細書をきちんと見せてもらえなかった」等の苦情はよく聞かれる。加えて、そうした飯場を「生活保護住宅」に転業して密室に囲い込む傾向は貧困ビジネスの萌芽として監視が必要である。

　もう少し具体的に報告しよう。

2　「オールド日雇い派遣」の場合

(1)　労働者数

　釜ヶ崎を拠点にしている日雇い労働者は、2011年現在では5000〜8000人にまで減少している（8〜9割が建設部門）。なお、2万人とか2万5000人といった数字はもはや古い数字である。未曾有の求職難の中で、稼働層までが生活保護へ回ったことが激減に拍車をかけた。

(2)　就労ルートや労働環境

　長年の取組みの中で一定のルールが定着している。釜ヶ崎で求人する会社はあいりん総合センター内にある財団法人西成労働福祉センターに登録する。彼らの就労ルートは、そこの窓口掲示の求人票を通じてであ

ったり、同ビル1階のいわゆる日雇い寄せ場およびその周辺路上の求人車（求人担当従業員や手配師）を通じてであったりする。きちんと登録したり、雇用会社名や労働条件は求人票やプラカード等によって明示するよう、長年にわたる努力や社会的監視が続けられている。

　労働者たちは仕事が安定してくると、そこをいちいち経由せず（携帯電話などを使って）現場への「直行労働者」となる傾向は拡大している。

　本稿の目的に照らすと、雇用主と労働者による求人求職活動が、公開された狭い寄せ場空間で集中的・可視的に展開されることは重要なポイントだ。つまり、西成労働福祉センターという公的機関が（いくらかはあいりん職安も）介在し、問題が起これば複数の日雇労働組合が介入し、日常的に労働者同士は情報交換ができ、いつのまにか労働基準法等の最低限の法律知識や相談窓口の所在を知り、それなりに啓発されていく。

　日雇労働者たちが遠隔地に就労する（出張と呼ばれる）場合は、出発前に大阪で聞いていた労働条件と到着後のそれとが食い違う問題や、それによる帰りの交通費の問題などが引き起こされやすい。その場合でも、問題や事件があれば、労働基準監督署や西成労働福祉センターなどの関係機関に相談が持ち込まれたり、情報がクチコミや支援団体の情宣ビラで短時日に釜ヶ崎内外に伝わり、やがて問題業者は釜ヶ崎地域内では求人困難になる。2011年3月、「宮城県、女川町、10トンダンプ運転手、日当1万2000円、30日間」という求人に応募した男性から、福島第一原発付近でのガレキ撤去作業に従事させられている、という相談もこのようにしてもたらされたものである。

　日雇い寄せ場とはそのような「システム」を持つ、底辺労働者にはむしろ住みやすい都市空間なのである。だから、住み続けてもいる。

　居室についても世間の人々はいまだにチャップリン映画のような大部屋だと誤解しているようだが、1980年代後半のバブル期に一気にビル化・個室化が進んだ。釜ヶ崎内の簡易宿泊所の一斉個室化と歩調を合わせた動きだった。そうしないと労働者が集まらないからでもあった。そこには健全な市場の機能も働いていた。

ただし、そのような飯場に入っても仕事が少ないときには、経営者は飯場代つまり食費や部屋代などの寮費のつり上げで収益を上げようとする傾向が出てくる。しかし、これも今のところ「ぼったくり飯場」は例外的存在にとどまっている。つまり、多くがバブルの頃からの日額3000円水準で推移している（本当はもっと下がってよい）。ちなみに賃金は、一般土工だと、1990年代に1万3500円だったものが今は9000〜1万円前後まで落ち込んでいる。これはピンハネが強まったからではなく、請負工事単価の大幅下落によるものである。1万3500円時代はむしろ高賃金として遠隔地などからは求人が来なくなりかけたが、今の水準は低賃金といえる。

　こうしたオールド型の労働者の生活構造は、整形手術をして逃亡していた「市橋達也事件」で、メディアによって脚光を浴びた（2009年11月）。偽名で1年間就労し、それなりの個室に住み、3食ついて、100万円余を貯金できたという事実は、本稿のリアリティを裏づけることにはなるだろう。なお、この生活構造がよっぽど「未知の世界」なのか、その後もあいりん総合センター周辺にはメディアが徘徊したものだ。

(3) **懸念はある**

　日雇寄せ場への集中機能がさらに低下し、携帯電話等を使っての分散型就労ルートが主流にまでなっていくと問題が見えなくなり、劣悪な労働環境に退化していく、切り崩されていくおそれはおおいにある。

　運動論的には、牽制力や監視機能としての日雇い労組の力（NPOにはできない役割）が著しく衰退しつつある点は心配である。これにより上述の寄せ場システムのオープン性・透明性が徐々に崩れていく危険があるからだ。

　もともと「釜ヶ崎圏」から外れた大阪駅などで、地方からの家出人などに対する「駅手配」というものが昔からあり、これは実態がつかめない。会社名もはっきりしない半タコ部屋の話が聞かれることはある。数は少ないが今もあると思う。

　建設業全体の衰退の中で飯場経営に行き詰った経営者が、長期間継続

雇用し高齢化した日雇い労働者の処遇問題をきっかけにして、その個室を「活用」して生活保護アパートに転業する傾向が一部にある。今さら釜ヶ崎にも帰れない、行き場のない高齢労働者には助かる面もある一方、それが密室的に経営されるとたちまち貧困ビジネスに転化するので、おおいに警戒と監視が必要だ（もちろん、近隣のアパートでの居宅保護移行を助言・支援し、軽作業も与え、つながりを維持している善意の経営者も少なくなく、そのことは社会ももう少し評価してもよいのではないかと思う）。

以上の流れが、以下のニュー日雇派遣の不透明な流れと重なって事態を複雑・悪化させていく側面はあるかもしれない。要注意である。

3　「ニュー日雇い派遣」の場合

(1)　流入労働者数

2009年初頭から派遣切り労働者の釜ヶ崎圏への流入が断続的に続いている。しかし、その数はイメージほど多くはなく、筆者の経験則で推計すれば（2011年3月末現在までに）500人に満たない数ではないかと思われる。

(2)　通過型

しかも、（釜ヶ崎の求人の9割が建設業であるのに）建設業の経験がない人が多く、伝統的な日雇い寄せ場から就労することはあまりない。むしろ多くが製造業やサービス産業での常用での就労自立をめざして、ホームレス自立支援センターへの入所か、2009年初夏からは生活保護へ回ってしまうことが多い。

(3)　労働環境

この街にくるまでに彼らが働いてきた就労ルートや労働現場は全国に分散し、釜ヶ崎のように可視化されていないため実態はつかみにくい。彼ら当事者への支援活動を通してそれらを把握しようとするがはっきりしない面も多い。当事者たちの自己防衛意識も、ある意味で鍛え抜かれたオールド日雇いに比べれば実に弱々しい。オールド型がやってきたような反逆や闘争が組めない構造になっているようだ。

住居についても、オールド日雇いの場合は飯場を解雇されても（いく

らかの宿代があれば）釜ヶ崎に帰って住み慣れた簡易宿泊所に一定期間「避難」し、気持ちを立て直す時間的余裕（これもいわゆる「タメ」の一種か）ができる。しかし、ニュー日雇いはたちまち行き場を失う。貧困ビジネスのワナに陥りやすいであろう。

4　最後に──生きる力をどうつけるかがポイント

　以上、両者とも「低賃金の日雇い派遣労働者」という貧困の系譜の中にある点では仲間であると同時に、その違いがあることを述べた。

　しかし、最も大きな違いを労働現場に着目して言おう。

　オールド日雇派遣は先輩たちとの共同作業を通して現場で技術を習得し、鉄筋工やとび職などの職人になっていくことができた。生きる力をつけることができた。

　しかし、ニュー日雇派遣の場合は、たとえば製造工場ではあまりにマニュアル化された作業であり、スキルと呼べるようなものは不要であると聞くし、身につかない。しかも、生産ラインが更新・廃棄されればたちまちゼロに戻る。生きる力にはならないようである。

　違いといえばこの点が最も違う。後者は、なんと殺伐とした、恐ろしい貧困であろう。

　それが、釜ヶ崎のまち再生フォーラムが主催した、ある「新旧」当事者座談会での結論だった。

Ⅲ　医療をめぐる貧困ビジネス

▶野宿者ネットワーク代表　生田　武志

1　はじめに

　医療に関する「貧困ビジネス」の規模の大きさは想像を絶する。2009年度の生活保護の支給総額は3兆72億円と、ついに3兆円を超えた。だが、医療

費補助は実にその約半分を占める。ここに目を付け、時には犯罪的な手段を駆使して医療費を稼ごうとする病院が増加しているのだ。

2 「貧困ビジネス」としての山本病院事件

2009年7月、奈良県大和郡山市の「山本病院」の理事長と事務長が詐欺容疑で逮捕された。山本病院では、入院患者の6割が生活保護による医療扶助を受けており、病院に入院していた生活保護受給者45人のうち大阪市内にいた野宿者が15人だった。理事長は、入院した生活保護受給者に病状説明をするとき、心筋梗塞や狭心症などの症状がなくても心臓カテーテル手術を強い口調で促し、整形外科手術のために入院してきた生活保護受給者にも「術前検査だから必要」と説明して心臓カテーテル検査を実施していた。カテーテル手術では、1回で60万〜1000万円の診療報酬が病院に入る。また、理事長はカテーテル納入業者から1カ月に200万円のリベートを受け取っていた。

山本病院で行われていた心臓カテーテル手術の数は年間約300件で、同規模の病院の80件程度と比べ、明らかに突出していた。この病院で勤務していた看護師は、「いちばん問題なのは、治療しなくてもいい治療をしていること。患者は、別の病院から転院してくるのですが、向こうから来た紹介状の『ドクターサマリー』には心臓が悪いとか、どこが悪いとか書かれていない。だけど、その人たちのすべてが『心カテ』の対象になります。私が実際に見たのは、朝とても元気のいい生活保護の患者が、心カテが終わって戻ってきたら呼吸停止の状態で、理事長が心臓マッサージをしていたけど、『もういいわ』と言って、結局、患者さんが死んでしまった」と言う（NHK取材班『逸脱する病院ビジネス』37頁）。事実、複数の専門医がカルテや手術の記録映像を確認した結果、記録が残る患者116人のうち98人に行われた心臓カテーテル手術や検査が「不必要」と判定された。しかも、入院が1カ月を超えると診療報酬の加算がなくなるため、山本病院は、タクシー運転手に、入院していた受給者を大阪市内などに放置してくるように何度も依頼していた。

驚くべき事件だが、この背景には野宿者の「貧困」と「健康」の問題がある。たとえば、野宿者のほとんどは保険証など作れないし、当然、通院もできない。痛くても苦しくても我慢して、最後に救急車を呼ぶ。そして、野宿者が救急車を呼ぶと、近隣に救急病院があってもそこを素通りして（野宿者専門の）「行路病院」に運ばれるが、その多くが生活保護の医療扶助をあてこんだ「貧困ビジネス」を展開している。山本病院はそうした「行路病院グループ」の一角だったのだ。

3 連携し成長する「行路病院グループ」

　大阪では野宿者の急増に伴い、1990年代後半以降に、一般病院から行路中心の経営に切り替える病院が目立って増えた。読売新聞の原昌平氏によれば、「この種の病院は、精神科を別にして、大阪市と周辺に30から40ある。入院後も2、3ヶ月ごとに転院させられる。理由としては、入院が長引くほど個々の患者の入院基本料が下がる、入院患者全体の平均在院日数が短いほど高い単価の点数がとれる——という診療報酬上の二重の追い立てシステムのせいだが、転院のたびに、一から検査が行なわれ、医療費はかえってかさむ」（「社会的入院」日本住宅会議編『ホームレスと住まいの権利　住宅白書2004－2005』87頁）。

　行路病院の事務長たちは診療報酬を高く保つ目的で連絡を取り合い、患者を「トレード」するように交換して、転院させ続ける。そして、転院するたびに胃カメラや肝エコーといった検査をやり直す。中には、1年3カ月の間に9回転院し950万円の医療費が使われた人、3年半の間にのべ90の病名をつけられ2000万円の診療報酬が支出された人もいた。事実、われわれが行路病院を訪れると、1カ月や3カ月おきに行路病院を転々と移り、そのたびに「検査漬け」になっている現実を目の当たりにする。ある行路病院の事務員は「いつでも古い患者を追い出して新患を入れられるから、満床を維持できる。生活保護は医療費の取りはぐれがないうえ、健保に比べてレセプト審査

が甘い。安定収入が見込める」と言っている（朝日新聞1997年6月26日）。大阪市が、生活保護を受給している患者が入院している200の病院を調査したところ、2009年11月からの3カ月間、患者全員が生活保護受給者だった病院が34あったという。

　これは生活保護受給者が入院している病院だけの問題ではない。通院する生活保護受給者は激増しているが、高齢者専用のアパートに囲い込んだ受給者に診療を繰り返す、あるいは過剰な検査や投薬をして医療費を稼ぐといった病院の問題が現れ始めている。「病院全体が生活保護で生計を立てている」状況が進行しているのだ。

4　1980〜1990年代の「行路病院」事件

　1989年4月、当時年間8000人近い日雇労働者・野宿者が搬送されていたD病院に、胸痛を訴える釜ヶ崎の日雇労働者Mさんが救急搬送され、「肋間神経痛」と診断された。しかし実際には「狭心症」だったMさんは、「狭心症には投薬すべきでない鎮痛薬」を処方されて帰された。ドヤ（簡易宿泊所）に帰ったMさんは、夜中から明け方にかけて激痛を訴え、翌朝に再度救急車でD病院へ運ばれたが、数時間後に心臓が破裂して亡くなった。裁判の過程で、D病院のカルテ、看護記録類を裁判所の命令によって証拠保全することができたが、この記録の内容は予想をはるかに越えるものだった。

　たとえば、Mさんが二度目に入院した際には「狭心症と結核」との診断がされたが、その際に担当医師が投与したのは「出血改善剤」「肝疾患の薬」「消炎鎮痛剤」「脾臓の薬」「抗生物質」「消化性潰瘍治療剤」「消化機能改善剤」などだった。しかし、それらの病気についてはカルテに全く記載がなかった。当然、この点は法廷で問題になった（D病院の差別殺人医療糾弾実行委員会『日雇労働者Mさんの死をムダにしないために——D病院裁判記録集』87頁）。

III 医療をめぐる貧困ビジネス

> 弁護士「なぜ抗生物質を使うように指示したのですか」
> 医師「推測です、炎症があるんです」。弁護士「どこに炎症があったんですか」
> 医師「どこというか、体のどこかに炎症があるんです」
> 弁護士「炎症は全然どこにもなかったでしょう」
> 医師「そうです」
> 弁護士「あなたの渡した薬の中で、狭心症に効くものは、どれか1つでもありますか」
> 医師「その中にはないです」

　こうした「医療」の結果、Mさんは心筋梗塞に対する治療を全く受けられず、心臓を破裂させて亡くなった。この医療記録を見た医療関係者は「ごっつい高い薬ばかりやなあ」と言っていた。D病院は、おそらく日常的に、病状に関係なく、高価な薬を日雇労働者や野宿者にガンガン打ち込んでいたのだろう。それが、たまたまこの事件によって明るみに出たのだ。

　1997年には、大阪市の「安田病院」事件が大きく報道された。この病院は、医師は基準の4割、看護師は3割しか存在せず、年1回の医療監査の際には帳簿を改竄し、系列の他の病院の職員を駆り出して別人になりすまさせていた。看護師数があまりに足りないため点滴を予定の分だけ打つことができず、毎日大量の点滴液をバケツでトイレに捨てていたという。

　安田病院、系列の円生病院の入院患者600人（ほぼ満床）のうち、生活保護受給者は350人だった。近畿5府県から患者が来ていたが、中でも釜ヶ崎にある「市立更生相談所」と「西成区役所」担当の患者が多かった。病院グループの事務職員は、各地の福祉事務所や警察署、消防署に「渉外」に出て、付け届けをして入院患者を集めていた。ちなみに、この病院の院長は大阪の高額納税者番付の14位にランクされ、大阪府医師会理事などのポストを歴任した「偉い人」だった。

　こうした病院の問題は、寄せ場や野宿の問題にかかわる者にはよく知られている。そして、「10年に1回」程度、マスコミで取り上げられて話題にな

るが、全く問題が解決されてこなかった。

5 「医療貧困ビジネス」の背景

　本来、人々の健康を守るべき医療の中で、なぜこうした事態が起こるのだろうか。「生活保護は金になる」からだ。行路病院にいた医師は、「自宅のある人は、転院先の地域が限られるため、『トレード』しにくい。その点、ホームレスだった人たちは、どこに転院させようが、見舞いの人が来ることもないから便利です。しかも、生活保護の患者は、自分で医療費を負担しないから、どんな治療を受けているかに関心がないし、文句を言わない。だから病院側は、患者の状態と関係なく、好き勝手に治療や検査ができる」と言っている（NHK取材班・前掲書70頁）。

　たとえば、野宿者１人が生活保護で入院すると、費用として１年間に約700万円が病院から行政に請求される。野宿生活をしている人は極度の貧困状態にあり通院できないため、病気が重症化していることが多い。そして、福祉事務所の窓口で相談すると門前払いされる人でも、救急入院であれば、ただちに緊急の生活保護になる。重症化していると、病院は検査や手術などで多額の診療報酬を請求することができる。こうして「貧困であるために早期治療を受けられなかった」人たちを対象にしたビジネスが成立する。

　これは野宿者だけの話ではない。いま、自営業者などが加入する「国民健康保険」料を滞納している世帯は全体の２割を超えている（2009年度厚生労働省調査）。この20年で１人あたりの平均国民健康保険料が２倍になったうえ、困窮して保険料を支払うことのできない人が増えたためだ。たとえば、「世帯所得200万円で、40歳代夫婦と未成年の子２人の４人家族」の国民健康保険料は平均が年間32万8980円、最高の自治体は年間50万円を超える。つまり、自治体によっては、「年間所得200万」から「保険料50万円以上」を徴収されたうえ、医療費の３割も負担しなければならないのだ。

　野宿者と同様、無保険状態で早期の治療が受けられない人は、病状が進行

してさらに貧困に陥り、最終的に生活保護による医療扶助のもとで治療を受ける可能性が高い。病院による「生活保護ビジネス」は、これからますます拡大していく可能性が高いだろう。

　このようなビジネスにおける最大の問題の一つは、行政のチェック体制の不備である。「安田病院」「山本病院」についても繰り返し告発の声が寄せられ、病院への検査が行われたが、実態を暴くことはできなかった。あるレセプト審査の担当者は、「実際に申請通りの診療をやっているかどうかは、紙の上では絶対にわからない。悪意を持って意図的な形で請求をあげられると、見抜くことには限界がある」と言っている（ＮＨＫ取材班・前掲書228頁）。行政による病院検査は書類上の不備などに限定されることがほとんどで、不正医療の実態に迫ることができない。現在の診療報酬制度や審査制度は、医師に対する「性善説」に基づいて作られており、制度の裏をかくことは、やろうと思えばいくらでもできる状態だ。

　さらに、野宿者や生活保護受給者の入院先が、こうした「行路病院」に集中するという大きな問題がある。たとえば川崎市では、野宿者支援団体（川崎水曜パトロール）が市の医師会や行政に働きかけ、病院で野宿者が治療を受けた場合に、医師に対して協力謝金が給付される制度が作られた。一般の病院が野宿者や生活保護受給者を普通に受け入れていれば、貧困ビジネスとしての「行路病院」は存在することが難しくなるはずだ。

　貧困ビジネスは「セーフティネットの綻び」につけ込んだ産業といえる。その解決のためには、行政による厳密なチェック体制を作り、さらに「無料低額診療所」や「まともな医療保険」によって多くの人が早期に治療を受けられるようにすることが必要だ。そうでなければ、国民健康保険料を払えない人々が膨大な人数になり、生活保護受給者が激増している今、患者を利用して不必要な検査や投薬を行い、生活保護費を無尽蔵に食いものにしていく病院はさらに規模を拡大していくことになるだろう。

Ⅳ 金融をめぐる貧困ビジネス

▶ 弁護士　山田　治彦

1　貧困と多重債務

　自己破産者数が2002年から2004年まで年間20万人を超え（司法統計）、また、生活苦・経済苦を理由とする自殺者数が1999年以降、年間7000〜8000人の間で推移し続けている（警察庁「自殺の概要資料」）など、多重債務問題は、大きな社会問題となっているが、2006年の貸金業法等の改正（2010年6月18日完全施行）により、貸出しの上限金利が利息制限法所定の金利まで引き下げられるとともに貸金業者などからの借入額を債務者の年収の3分の1までに制限する総量規制が導入されたこと、また、政府により、多重債務者の生活再建などを目的とした「多重債務問題改善プログラム」が策定され（2007年4月20日）、実行に移されつつあることなどにより、解決に向けた方向性が示されるに至っている。

　しかし、多重債務問題の背景には、貧困という問題が存在している。

　すなわち、独立行政法人国民生活センター「多重債務問題の現状と対応に関する調査研究」（2006年3月22日）によれば、多重債務者が最初に借入れをした際の年収は、200万円未満が29.9％、200万円以上300万円未満が27.9％となっている。また、最初に借入れした頃の借入れの理由は、「収入の減少」が25.6％、「低収入」が20.0％、などとなっている（36頁・48頁）。ここから、多重債務者の多くが、生活費不足など貧困によって多重債務に陥っていることが推測される。

　また、多重債務の問題点は、「高金利」「過剰貸付け」「過酷な取立て」といういわゆる「サラ金3悪」に代表されるが、その根源は、高金利による貸付けにある。

　すなわち、多重債務は、高金利による貸付けを出発点として、金融に関す

る知識をもち経済的な強者の立場にある貸金業者と、「金利」のもつ具体的な効果に関する知識に乏しく経済的な弱者の立場にある利用者との間で、「高金利」「過剰貸付け」「過酷な取立て」という現象が、スパイラル状に連続して発生することによって生じるのである。

なお、多重債務に至る経緯においては、浪費だけがその原因であるというケースはほとんどないことが明らかになっている（国民生活センター・前掲報告書37頁・52頁）。

以上より、多重債務者の発生はいわば構造的な問題として捉えられるべきであるといえる。

このような状況において、貧困問題と多重債務問題とは、「貧困が多重債務を生み、多重債務がさらなる貧困を生む」という関係にあるといえる。

2　貧困ビジネスとしての消費者金融・信販

上述したところからも明らかなとおり、消費者金融・信販会社のカードキャッシングの利用者の多くは、低収入その他経済的な事情などにより生活に困窮している人、すなわち貧困者に該当している。貧困者が消費者金融や信販会社からの借入れにより多重債務に陥り、結局は法的な債務整理などをせざるを得なくなる、という意味において、消費者金融や信販会社は、貧困者をターゲットとして収益を上げ、結果として、貧困者の貧困からの脱却を妨げる、あるいは、貧困者をさらなる貧困に陥れるという貧困ビジネスの古典的かつ典型的な存在といえるだろう。

さらに、これらの消費者金融業者・信販会社の大半が、旧貸金業規制法に定められた規制を守らず、グレーゾーン金利の中で、法的手続を遵守せずに高金利を取得していたのであり、その点では、これまで、違法性のある貧困ビジネスが展開されていたと評価できるだろう。

今般の改正貸金業法の成立およびその施行により、グレーゾーン金利については是正されているが、貸付金利が下がり、違法であるとの評価がなされ

なくなったとしても、貧困ビジネスとしての消費者金融、信販会社の本質については、現状に鑑みれば、今後もそれほど大きく変化することはないものと思われる。

3 違法金融によるさらなる多重債務と貧困の醸成

前記のような「多重債務がさらなる貧困を生む」という状況については、多重債務に陥ることで新たな借入れが困難となること、あるいは、多重債務から脱却した後も生活再建ができずに貧困のままにおかれることなどから、違法金融によって犯罪被害を含む被害を受けることがあり、それがさらなる貧困を生み出しているという実態がある。

この点において、違法金融は、まさに、貧困ビジネスそのものであるというべきである。

4 法律専門家の役割

(1) 貧困問題の解決

違法金融の実態と対策については第3章Ⅴで詳述するが、違法金融への対応としては、徹底的な取締りの実施が最も重要であることはいうまでもない。

しかし、違法金融による被害を根絶させるためには、多重債務問題、ひいてはその背後にある貧困という問題の解決が不可欠である。

中でも、貧困者が高利で借入れをせざるを得ないという現状を改めることが急務である。

すなわち、生活に困窮する状態になった人たちについては、本来、生活保護などの公的支援がなされるべきところ、その代わりに、とうてい返済できないにもかかわらず、他に金員を得られる方法を知らないなどの事情で、消費者金融などで高利の借入れをしてしまう、という現状がある。このような現状が、消費者金融などによる過剰融資などと相まって、貧困ビジネスとしての消費者金融・信販会社を成り立たせているのである。このような現状は

早急に改められなければならない。

そこで、貧困対策、なかんずく、公的融資制度・社会福祉関連制度などの改善による使いやすい公的なセーフティネットの構築、利用、および、その広報が必要である。

多重債務問題に携わる法律専門家は、公的なセーフティネットについてその概要を知っておく必要があるだろう。

また、地方自治体には、年金・保険の減免、あるいは保育料の減免や就学援助など、公的な負担を低減することのできる制度がある。このような制度についても、その概要を知っておく必要があるだろう。

(2) 多重債務問題の重要性

多重債務問題は、必ず解決手段を見出しうる、解決可能な問題である。

にもかかわらず、多重債務者を放置すると、ヤミ金融被害、自殺（心中）、犯罪行為など、多重債務者自身のみならず家族や周囲の人々の生活までも破壊されてしまうおそれがある。

とりわけ自殺については、日本の年間の自殺者はここ10年にわたって3万人を超えており、うち「経済・生活問題」を原因・動機とするものがその約4分の1を占めている。すなわち、現在、生活苦による1年間の自殺者数が、同じく1年間の交通事故による死者数（約5000人）や、阪神・淡路大震災による死者数（約6400人）を上回っているのである。

よって、多重債務問題は、単なる経済的な問題ではなく、国民の生存の確保にかかわる極めて重大な社会問題である。

(3) 「生活再建」の意識を

多重債務問題に携わる法律専門家は、もちろん、個々の案件について、法的整理を含めた債務整理手続をきちんと行うことが必要である。ただ、その際、単に債務整理というだけではなく、貧困者の生活再建という意識をもたなければならない。債務整理後、借入れなしに依頼者の生活が成り立たないような状況であれば、債務整理の目的が果たされているとはいえないだろう。

第2章　貧困ビジネス被害の現状と社会的背景

法律専門家は、債務整理後に依頼者が生活できるかどうかを意識しなければならない。

そのような意識をもたず、債務整理によってかえって多重債務者をさらなる貧困に陥れてしまうような法律専門家は、貧困ビジネスとの誹りを免れないであろう。

コラム　債務整理をめぐる法律家による二次被害

▶司法書士　後閑　一博

　残念ながら、貧困ビジネスは、多重債務問題を処理する法律家の側にも存在する。

　2005年、当時59歳のＡ氏は、ある司法書士事務所を訪れた。Ａ氏は妻との２人暮らしで、手取収入が毎月約23万円。Ａ氏は、消費者金融業者に対し総額で約360万円の債務を負い、月々の返済額は12万円に達していた。借りたり返したりの、いわゆる自転車操業状態である。しかし、Ａ氏は翌年定年退職することになっていた。そうなれば、月々の返済は不可能となり、新たな借入れのための与信枠がいっぱいになってしまう。そんなあるとき、新聞で債務整理の広告を出していた司法書士事務所を知ったのである。

　ところで、弁護士や司法書士にはもはや常識と言ってよいことだが、消費者金融に対する「過払い」という状態がある。すなわち、消費者金融業者が受け取る利息の割合は、利息制限法という法律で上限が制限されている。しかし、消費者金融業者が金銭を貸し付ける際には、往々にしてこの制限金利より多い利率を定める（約定金利）。そこで、消費者が消費者金融業者から借り入れた金額と支払った金額とを、この制限金利に引き直して計算すると、法律上の支払義務は約定上の請求額より少なくなる。この差は取引を重ねるごとに蓄積されるから、ある時点から

消費者の支払義務は0円となり、その後は払い過ぎた分の返還を求めることができる状態になる。これが「過払い」の状態である。その司法書士は、Ａ氏から事情を聴き取り、「過払い」になっていることを確信したのであろう、「もう返さなくてよい」、「戻りがあるかもしれない」という説明をした。ただ、その司法書士は、Ａ氏に、相談した月から毎月５万円を司法書士事務所の口座に積み立てることも指示した。

　一般的に、弁護士や司法書士が一定の金額を毎月積み立てさせ、報酬や費用等にあてることはよくある。しかし、Ａ氏の場合、債務がほとんど過払いになるので、報酬や費用は戻ってきた過払金から差し引けばよい。2005年当時、消費者金融各社とも、比較的速やかに過払金の返還に応じていた。

　なお、月額23万円の収入しかない依頼者に５万円もの積立てを行わせたことも問題である。2006年に定年退職したＡ氏は、それ以降、退職金を取り崩して積立金を支払い、生活が破綻し始めた。Ａ氏は、ついに積立てができなくなり、司法書士事務所の事務員に積立金の減額を懇願し、ようやく、Ａ氏の積立ては月２万円でよいことになった。

　しかし、収入の途絶えたＡ氏にとって、積立て自体が負担であった。Ａ氏が2008年初頭に持病で入院しなくてはならなくなったときには、退職金も貯金も底をつき、司法書士事務所に、過払金を入院費用として返金してほしいと強く申し述べ、ようやく30万円の返金がなされた。この時すでに、Ａ氏が積み立てた金額は約150万円あまりに達していた。さらに、その司法書士がＡ氏に要求した報酬の高さが際立っている。

　Ａ氏が司法書士と交わした契約書は、事件着手時の着手金のほか、事件終了時における報酬として、消費者金融が請求する債務額から減額した金額の35％（減額報酬）、取り返した過払金の50％（過払報酬）、そのほか管理料として債権者１社あたり1000円を契約期間中は毎月支払い、実費は別途協議する、というものだった。法律家が、債務整理に際し依頼者からいくらの報酬を受け取るかは自由である。2004年に弁護士会の報酬基準が撤廃され、司法書士には債務整理の報酬基準が存在しない。

しかし、一般的には、減額報酬が0〜10％程度、過払報酬が15〜25％である。

この司法書士は、Ａ氏に関して、消費者金融業者から総額約130万円もの過払金を回収した。それに対して、その司法書士がＡ氏に請求した金額は、減額報酬、過払報酬、着手金、管理料等の合計で160万円近くに上った。

Ａ氏は、当初は360万円の債務を月12万円ずつ支払っていたのが、160万円の債務を月5万円ずつ支払うということに変わったようなものである。しかし、だからよいというのだろうか。いったん債務整理に入れば、従前のように、足りなくなったら新たな借入れをするということができない。月23万円の収入で、借りたり返したりしながら月12万円を支払うのと、新たに借入れもできない状態で月5万円を支払うのとでは、ましになったとすらいえないかもしれない。

こうしてＡ氏夫妻は、日々の食事にも事欠くようになった。兄弟の援助で生活をしていたが、持病や入院などでついに限界がきて、当職に相談に来た。筆者は、まずＡ氏一家の生活保護申請の援助を行い、Ａ氏の病状の安定を待った。筆者は、Ａ氏は本来生活保護を受ける必要のない人だったと思う。

貸金債務であろうと積立金であろうと、困窮して頼ってこざるを得ない者の弱みに付け込んで法外な（これが重要である）報酬を取り、その生活を破綻させる。まさに貧困ビジネスである。

Ⅴ 風俗・キャバクラ関連の貧困ビジネス

▶フリーライター　渋井　哲也

1　キャバクラの違法営業とトラブル処理

キャバクラは、風俗営業等の規制及び業務の適正化に関する法律（風俗営

業法）によって、「接待飲食等営業」に分類されている。この場合、18歳未満の者に接待させたり、18歳未満の者を入店させることを禁じている。営業時間に関しても、原則的に午前0時から日の出までは営業できないことになっている。都道府県によっては、地域を指定し、午前1時まで営業ができる。

　新宿・歌舞伎町では、東京都の条例（風俗営業等の規制及び業務の適正化等に関する法律施行条例）によって午前1時まで営業できる。大手のキャバクラは時間になれば閉店する。しかし、中堅のキャバクラは、午前1時以降の営業が本領を発揮するのだ。届出上は、「深夜酒類提供飲食店営業」としていることも多く、いわゆる「ガールズバー」としての扱いになっているが、実態としてはキャバクラになっている。こうした違法営業の店で働かざるを得ないのも、キャバクラ嬢の経済的状況につけ込んでいるものであり、貧困ビジネスの一形態といえる。

　キャバクラ嬢となる背景に、親や自分の借金、母子家庭などの事情により、自分の生活以外に必要なお金を稼ぐ必要があるケースも多くなっている。

　違法な営業の店で働かざるを得ない理由としては、たとえば合法の営業時間だけでは必要な金額を稼ぐことができないために違法な営業時間でも働く、ということがある。また、店側が、合法な時間の勤務については時給を上げずに低賃金で働かせ、必要な収入を得るためには違法な時間でも働かなければならない状態にするということもある。このため、合法な営業時間が終了した後に、違法な営業時間でも開いている別の店舗（時には同じ系列の店ということもある）で働くこともある。場合によっては午前6時頃から始まる「朝キャバ」で働き続けることさえある。

　こうした形態をとっていると、トラブルが発生した場合、どうなるのか。2009年夏に、歌舞伎町で働くキャバクラ嬢（19歳）の体験した事例がある。その店はいつものように、午前1時以降も営業していた。キャバクラ嬢が接待していた客が長時間にわたり飲んでいた。いざ店を出ようとしたときに、客は金がないことを主張した。生活保護で暮らしている男だった。最初から

第2章 貧困ビジネス被害の現状と社会的背景

支払う気はなかったため、詐欺として被害届を出すこともできるが、届けてしまうと違法営業が露見する。しかも、その客には支払能力もないと店側は判断し、客に対しては、「出入り禁止」としただけだった。しかし、損失分の20万円はキャバクラ嬢が自己負担するということになった。労働時間内でのトラブルによる損失を全額キャバクラ嬢1人に負わせたのである。

2 違法DVD店長という仕事

歌舞伎町には違法DVD店がたくさんあるとされている。特に昼間に歩いていると、「DVDあるよ」と声をかけられることも珍しいことではない。そこには18歳未満の少女と思われるもの(児童ポルノと疑われるもの)や、わいせつ物と認定される無修正作品が置かれていることもある。

そうしたDVD店には、店長と、マスターDVDをコピーして客に渡す運搬係がいる。それらの仕事はインターネットでの「裏仕事」やアルバイト関連の雑誌で募集されているが、その際に違法なDVDが置かれていることを知らされることは少ない。

違法DVDを販売していたとして、店長と運搬係が、わいせつ図画販売目的所持および販売の疑いで起訴されたという事件があった。起訴状や冒頭陳述などによると、DVD販売店の店長(男性、50歳代)はアルバイト募集雑誌を見て応募してきた。販売するDVDが違法という認識は当初はなかったが、次第に「違法ではないか」と思い始めたという。しかし、他に職が見つからないため、店長を続けていたとのことである。

その一方で、運搬係(男性、20歳代)は、客の注文に応じて、他の場所でコピーしてきたDVDを店舗に運んでいたという。店長は違法との認識が薄かったが、運搬係は違法であるとの認識を十分に持っていたという。

店長は被告人質問の際、「仕事の内容は教えてもらったが、そのDVDの中に、国内では違法となるものが入っていることを知らなかった」などと答えている。運搬係も同じように事情を知らされていないこともあるが、ケース

によっては、DVDを見る機会があることから、運搬係が事情を知っていることもある。

　いずれにせよ、店長も運搬係も、この仕事につく前は無職またはフリーターであることがほとんどであって、生活のために仕事を探していただけである。店長も運搬係も逮捕されるのであれば雇い主も逮捕されると思われるが、なかなか検挙されないのが実態のようだ。そのため、販売ルートの解明は困難になっている。こうして、貧困状態に付け込んで違法な仕事に就かせる。雇い主は「陰の存在」として、搾取する側としてあり続ける。

3　援助交際デリバリー

　援助交際デリバリー（略して「援デリ」という）とは、第三者が出会い系サイトなどに売春を希望する女性になりすまして書き込み、客がついたら女性を派遣するシステムである。こうした行為は売春防止法の「周旋」や「売春させる業」に当たる疑いがある。女性が18歳未満の場合は、「児童買春」に当たる。

　援デリの組織がする仕事としては、売春する女性を確保する仕事、客を確保する仕事、そして女性自身といった分担がされている。旧来の組織では、それぞれが顔を合わせていることもあったが、近年ではインターネットの「闇の職業安定所」などでバラバラに募集をしており、お互いの顔を知ることはない。

　「闇の職安」で募集するといっても、仕事の内容が掲示板に明示されているわけではない。さまざまな書込みがある中、その１つの返信に援デリの募集を見つけることができた。

　その手順は、次のような流れになる。

　①　サイトへの書込みをする。
　②　書込みへの返信がある。
　③　返信をした者へ案内文を送る。

④　申込みがある。

⑤　交渉を成立させる。

⑥　入金がある。

⑦　入金確認をする。

⑧　コミッションを加算する。

　このうち、④以降が「本部」での仕事となる。書込み側の収入は客１人あたり5000円となることも書かれていた。

　違法行為の疑いがあるが、この案内文には「この程度は犯罪に値しません」と書かれている。再度問合せをしたところ、「これまで５年以上紹介活動を続けていますが（案内文には30年とあったが、メールでの問合せに対する回答では５年以上と変更されていた）、そのような事例（逮捕された例）はありません」との返信があった。

　しかし、2009年６月、同様の手口で女子高生をあっせんした男が逮捕されている。末端の者だけが逮捕される。経済的に困窮している者が当面の収入を得るために書込み役の応募に応じる側面があり、貧困ビジネスということができるだろう。

　もちろん、このビジネスを利用する女性側にも、貧困問題が見え隠れする。家出少女、家出人妻らが路上や出会い系サイトなどでスカウトされ、このシステムに組み込まれていく。

　家出少女たちは、路上で売春をしていたりもするが、ショバ代が必要になる。都内で出会った家出少女Ａ（17歳）は、このショバ代を支払っていなかった。Ａの友人のＢ（17歳）によると、家出を繰り返しながら援助交際をしている少女たちに「Ａを見つけろ」との指令が出ていた。

　中高生の年代で家出をすると、以前は、違法ではあるものの、キャバクラなどの水商売で雇用されることもあった。しかし、最近では、雇用主側も「警察に見つかると危ない」との考えから、中高生年代の家出少女を雇わなくなった。

Ⅴ　風俗・キャバクラ関連の貧困ビジネス

　「家出をしたい」と訴えた首都圏在住のある女子高生は、「先輩が家出をした頃は、キャバクラで働くことができたと聞いた。どうして今はダメなの？」と不満をぶつけていた。たしかに、からくりがわからない女子高生からみれば、「先輩はよくて、どうしで私はダメなのか」と考えてもおかしくはない。

　あるスカウトマンは、「かつては、違法であるが中高生の家出少女を働かせることで『評判を呼んで儲かる金額』と、『警察に逮捕され、営業できなくなるリスク』を考えると、前者のほうが勝っていた。しかし、最近は警察の対応が厳しくなり、18歳未満の少女を雇うことはなくなった」と言う。

　こうした状況から、アルバイトを見つけることが難しい昨今、テレクラや出会い系サイト、SNS（Social Networking Service）などを通じ売春をしてまで何とか生活している少女たちから「ショバ代」を奪う中間搾取が行われている。そのため、援助交際をするしかないと判断した少女たちが、援デリのシステムに組み込まれていく。

　そこまで少女たちが追い込まれる前に、児童福祉政策でカバーできればよいが、今すぐにでも生命の危機があるような虐待を受けているわけではないとなれば、児童相談所などが積極的に動くこともできない。特に心理的虐待となれば、有力な証拠も出てきづらいために、動きたくとも動けない。

　そうかといって、家出を考えてしまう少女たちにとっては、家庭は安全な場所でも居場所でもない。そして、実際には家出をしていなくても、普通に学校に通う女子高生が、路上で、またはインターネット上で、「援デリ」業者と出会う。そして遅くまで「働く」が、翌日には普通に学校に通っているため、家族にも学校にも見えにくいという実態がある。

　この意味で、「援デリ」は、社会福祉政策からこぼれ落ちた少女たちの「行き着く場」になっている現実がある。そのため、こうした少女たちを真の意味で支援するためには、家族政策や児童福祉政策を充実させる必要がある。

Ⅵ 保証をめぐる貧困ビジネス

▶ 保証人紹介業問題被害者の会代表　鈴木　俊志

1 はじめに

　本稿では、保証人紹介業者について、被害者の会を立ち上げてから1年半の間に寄せられた125件の被害から、その実態を報告する。保証人紹介業者については、国民生活センターや全国の消費生活センターに700件を超える被害が寄せられており、「保証人」「代行」などの検索ワードでトップに抽出されるものとなっている。

2 保証人被害の概要

(1) 分　類
　まず、125件の被害を保証人紹介業者の利用目的別に分類すると、次のとおりである。

　① 賃貸借契約　　37％
　② 融資　17％
　③ 就職　　9％
　④ 自動車の購入　　5％
　⑤ フランチャイズ契約　　4％
　⑥ 進学　3％
　⑦ 入院　　2％
　⑧ 保証人として名前を貸した側　　13％
　⑨ その他　10％

　被害の内訳は、5万円を振り込んだのに保証人が紹介されないというものが32件、キャンセルをしたところ高額のキャンセル料を請求されたというも

のが62件、更新料を請求されたというものが22件、預り金被害6件、他人の借金の請求を受けたというものが4件であった。

以下に、被害の詳細について、実例を交えて解説する。

(2)　就職保証被害

　(A)　被害の概要

就職の際に保証人を要求され、両親と死別し親戚もなく困っていたところ、保証人紹介業者を見つけた。就職の保証人を紹介してもらう代わりに、あなたも誰かの保証人になってくださいと言われ、システムを説明された。即日保証人を紹介するというので5万円を振り込んだが、その直後から全く連絡がとれなくなった。何度も問い合わせるとやっと連絡がとれたが、今度は、規約にない「預り金」を10万円払えば、今度こそ保証人を紹介する、預り金は5年後に返すと言われた。しかし、10万円を用意できず、保証人は紹介されないままで、決まっていた就職先をあきらめざるを得なかった。振り込んだ5万円は返金してもらえなかった。

それから3年を経過した後、突然、「あなたは過去に会員になったのだから、これまでの更新料をまとめて支払え」と毎日しつこい電話や電報が送りつけられ、更新料をまとめて払えば解約させるという言葉に負けて、解約料3万円を支払ってしまった。その後、宅急便で、「契約ありがとうございました。次の自動更新は○年○月です」と、解約用紙どころか新たな契約書が送り付けられてきた。本人から内容証明郵便で解約の意思を伝えたが効果はなく、依然として「更新料を払え」という脅迫電話が続くという。

　(B)　被害の生じる背景

2008年に始まった「就職安定資金融資事業」の就職身元保証料貸付けで、労働金庫が保証会社、東京海上日動と提携し「すでに就職している者」に対してのみ、就職の際の身元保証を有償で行う政策を打ち出しているものの、利用者は0人であるという（厚生労働省職業安定局就労支援室）。保証人がいないから就職できないのであって、このような身元保証制度など利用できよ

うはずもなく、2010年9月末をもって制度廃止となった。

一方、1件5万円で就職の際の保証人を引き受けるというわかりやすい保証人紹介業の需要は急増している。

背景には、パートやアルバイトにまで保証人を要求し、使用者としての責任を全うせず就業中の損害を押し付けるブラック企業の増加や、保証人の提出を拒んだ社員を解雇することを合法と認めたシティズ裁判（東京地判平11・12・16労判780号61頁）などが、保証人紹介業者の格好の宣伝文句となっている。

また、就職の保証人困窮者のための政策は、児童福祉施設で育った者が働きに出る際に当該施設長が保証人になる制度がある程度である。民間にも身元を相互保証するボランティア団体があるが、これも賃貸借契約における保証に限定されている。セーフティネットに当たるものが全く存在しない状況となっているのである。

保証人紹介業者による被害は、特に外国人労働者や派遣社員に多い。しかし、十数年勤めた会社からある日突然、「あなたの両親が年金暮らしに入ったので、至急、両親以外の保証人に変更してください」と言われるなどといった事案もあり、誰の身にも起こりうる問題である。

(3) **賃貸借契約保証被害**

(A) **被害の概要**

派遣切りで住まいを失った人のための特設住宅に家族で住んでいるが、期限切れで保証人を立てないと追い出すと言われ、保証人紹介業者に保証人代行の問合せをしたところ、10万円が必要と言われて断った。ところが、問合せをしただけなのに「キャンセル料1万円を支払え」と、毎日、何度も電話がかかってきて困っているという。まだ仕事が見つからないため、家賃保証会社の保証人不要物件では審査に落ちてしまい、信頼できる保証人代行業者が早く見つからないと、一家で住む場所がなくなってしまう。

また、別の相談では、生活保護を申請し、入院治療するために住所が必要

だが、家賃保証会社の保証人不要物件は、(すでに生活保護を受給しており)行政により家賃の代理納付が認められている人でないと審査もしてくれない。そこで保証人紹介業者に連絡をとって5万円を振り込み保証人を頼んだが、一向に保証人が紹介されないという(なお、この方は、保証人が紹介されないまま2カ月後に亡くなった)。

(B) 被害の生じる背景

就職をする、あるいは社会保障を得るために必要とされている住まいであるにもかかわらず、就職をしていないと、あるいは社会保障を得ていないと、保証人不要の賃貸物件に入居することができないという矛盾した現実がある。

住まいのセーフティネットとしては、高齢者、障害者、外国人などで賃貸借契約の際の保証人を見つけられない方を受け入れる賃貸住宅の情報提供等を行う「あんしん賃貸ネット」があり、検索システムがホームページ上で公開されている。しかし、入居できるかどうかの審査は、あくまで国ではなく家賃保証業者が行うので、これでは審査に落とされてしまい、意味がない。同様に市や区の取組みとして、信頼できる家賃保証業者と提携して保証人がいないために部屋を借りられない人に対して賃貸を行う事業があるが(たとえば、横浜市あんしん住宅事業)があるが、その市にすでに住所を持っている人でないと申し込めず、これも市でなく家賃保証業者が審査を行うので意味がない。

このように、仕事を失った状態で住まいを追い出された人の社会復帰の道が閉ざされてしまっている。貧困に限らず、転勤、離婚、市営住宅の応募などさまざまな理由で保証人を求められたところに保証人紹介業者を見つけ、5万円を振り込んでしまったという被害が多い。また、行き場のない「保証人難民」の現状を目の当たりにしている不動産屋やケースワーカーから、「保証人紹介業者が保証人を紹介してくれると聞いたが、利用を勧めて大丈夫か」といった問合せも多い。

(4) 進学保証被害

(A) 相談の概要

　母子家庭が利用できる子どもの修学資金融資に必要とされる保証人を求めて保証人紹介業者に5万円を振り込んだが、融資を受けることに成功した場合の成功報酬の前払いなど規約にない請求をされて断ることにした。しかし5万円は返金されないままである。信頼できる保証人紹介業者を早く見つけないと、修学資金融資を受けられず、進学できない。

(B) 被害の生じる背景

　保証人が必要とされていたことから借入れが難しかった母子福祉資金貸付制度が改善され、連帯保証人がない場合も貸付けが認められるようになった。しかし、市内在住、65歳未満、同居親族不可、給与所得のある人に限られるなどの厳しい条件の下で、現実に貸付けを受けられる母子家庭の母親がどれだけいるのか。

　上記相談事例の被害者は母子家庭の修学資金融資制度の利用を社会福祉協議会に申請しようとしたところ、保証人不要の制度であるにもかかわらず保証人を要求され、保証人紹介業者の存在を知り、知人に頭を下げて回り5万円を借りて、ワラをもすがる思いで保証人紹介業者に振り込み、被害にあってしまったものである。近年、社会福祉協議会では、修学資金融資と同様に障害者に対する生活福祉資金貸付、失業者に対する生活支援費貸付などさまざまな融資が保証人なしで借入れできるように改善されたが、窓口を訪れると、保証人を要求されたり、そのような制度はないと言われたりすることも少なくないという。それを契機として保証人紹介業者の被害に遭う例が多数あり、これらの事業がセーフティネットとして十分に機能していない現実がある。

　進学をめぐる保証人問題には、修学資金融資のほかに身元保証の問題もある。学問を修めるのに必要なのは、本来、本人の就学の意思だけであるべきだが、企業と同様に、教育機関においても入学時に保証人が求められる。たとえば、就職困難者に教育を施す目的で国から莫大な補助金を得て運営され

ている専門学校の入学時の誓約書をみると、そこには「保証人」という単語が執拗とも感じられるほどに敷き詰められている。「本人の身上に関しては、一切保証人が引き受け貴校にご迷惑をかけません」という教育機関の決定に異議を認めさせないものから、「教材を破損した場合は損害を弁償する。誰がこわしたか不明のときはクラス全員で弁償する」、「無断で敷地の外に出ない」などといった内容の誓約書のすべてに保証人のサインが求められている。このような専門校において、保証人を確保できないと事実上入学をすることができないところもある。実際、定員割れを起こしている学科などでも不合格とされていることを不審に思い、専門校に対して情報開示請求をしたところ、選考試験１位の成績であったにもかかわらず不合格にされていた事例がある。高校入学試験では、試験結果の全県統一的基準で上位成績順に合格させなければならない（学校の独自性が入る余地がない）決まりがあるため、思想、出身、家柄などによる差別的な選考はなくなったが、専門校の入学試験は専門校による裁量が大きく、「無法地帯」と化しているのが現状だ。専門校入試の際、親の同席を求められ、「そのような人はいない。遠い親戚ではだめですか」と言った志願者は、90点という優秀な成績であるにもかかわらず、二度も不合格にされていた。本人がいかに優秀であろうとも、それらは全く評価されず、覆すことのできない「出来レース」を走らされ、努力して基準を満たした者には等しく与えられなければならないはずの教育を受ける権利が保証人制度によって奪われているともいえる。

　昨今、教育における貧困の格差が危惧されるようになった。収入のある親と親戚の保証人を用意できず、保証人紹介業者を使い格差に立ち向かおうとして被害に遭う者が跡を絶たない。

(5) **保証人紹介登録被害**

　保証人をめぐる被害のうち、保証人を得ようとして保証人紹介業者にかかわりトラブルに巻き込まれるのが全体の９割ほどだが、残りの１割は、「実際にリスクを負うことはない」という保証人紹介業者の言葉を信じて名前を

貸したところ、保証人としての借金を背負わされることになったというものである。

(A) **事例の概要**

被害者は、高校の教師であった。生徒たちが保証人で悩んでいる実情を目のあたりにしてきた被害者は、「保証人ボランティア募集」という国内保証援助会のスパムメールの誘いに乗ってしまった。困っている人を助けることができ、わずかではあるが協力料も得られる。「トラブルがあっても、当社が100％代位弁済を行うので、名前を貸した人にはリスクが一切ない」と書かれており、部屋を借りられなくて困っている人の保証人ボランティアを何十件も引き受けた。しかし、報酬が全く支払われないどころか、登録した情報を流用され、知らないうちに消費者金融業者の店舗融資の保証人にされ、ある日突然、消費者金融業者からの請求書が届いたという。保証人紹介業者に問い合わせても、「そんなものは知らない」と代位弁済してもらうことができず、警察や消費生活センターに相談しても被害回復につながらず、弁護士に相談しても「そういった事例は扱ったことがない」と言われてさまよっていた。そういったところへ追い打ちをかけるように、4年も前に保証人になっていた賃貸借契約について、事業者から「本人が家賃を滞納して行方不明なので、滞納分と原状回復費用を支払ってください」と新たな債務が発生した。

(B) **相談事例への対応の実情**

上記の事例の被害者は、現在ようやく1件目の債務を整理し終えたところであるが、あまりに膨大な数の保証人を引き受けてしまい、連帯保証債務の多くに対していまだ有効な対応ができないでいる。

保証人紹介業者である国内保証援助会に対し、責任をもって保証人協力者が負った1000万円の損害を全額支払えとする判決が大阪地方裁判所でなされた（大阪地判平21・9・16判例集未登載）。しかし、国内保証援助会は判決を無視して支払いを行わず、被害者側が銀行口座差押えを行ったが残金5000円

という有様で、被害者の金銭的救済は難しい。

(C) 賃貸借契約をめぐる保証人の責任

　また、（保証人紹介業の被害者ではないが）賃貸借契約の連帯保証人事案で、連帯保証人としての期間が終了し、賃借人の滞納が多かったためそれを支払ったうえで、大家に対し、「連帯保証人の契約更新はしません」と内容証明郵便で送付したにもかかわらず、連帯保証人期間の終了後に発生した、家賃滞納と撤去費用（550万円）の支払いを求められ、拒否していたところ裁判を起こされたという事案がある。第一審（大阪地判平22・2・10判例集未登載）ではすでに保証人ではないということから当然勝訴したものの、控訴審判決では、「保証人は、期間の定めが契約書に書いてあろうと、一度保証人になったら永遠に連帯保証人としての責任を負う」というにわかには信じられない判決が下されて負けてしまった（大阪高判平22・12・2判例集未登載）。これは、最判平9・11・13（住まいを得た人が2年おきに保証人になってもらっていては落ち着いて住めないことから、一度保証人になった人は、期間の定めが終了しようと、永久に連帯責任を負わなければいけない、とした）に従ったものと思われる。現在、国民生活センターのPIONET（全国消費生活相談ネットワーク・システム）で「保証人」と入力して検索すると、1番目、2番目は保証人紹介業被害に関するものだが、3番目には、この最高裁判例が紹介されるほど、社会的にも注目されている案件で、今回の相談事例も、保証人紹介業者で保証人ボランティアをしている方々から大変な反響があった。そのような人は、「他人の保証人になっている」という感覚が希薄で、たとえ責任の一端があるとしても、それは当然契約をしている期間に限られる、と考えているためである。賃貸借契約に一度保証人として名前を貸してしまったら、永遠に連帯保証人にされてしまう、金額も期間も上限のない賃貸借契約連帯保証人の危険性を、過去に一度でも保証人ボランティアをしてしまったすべての人に伝えていかなければならない。

3　おわりに

　このような保証人被害の救済に向けて、全国クレジット・サラ金問題対策協議会では、保証人被害保護法実現のための組織づくりが始まっている。これまで保証人に関して相談できるところとしては、保証人紹介業問題被害者の会がある程度であった。保証人の保護や、脱保証人社会へ向けて、今後の取組みが期待される。

Ⅰ　戸籍売買──偽装の養子縁組・国際結婚の当事者となる

第3章　貧困ビジネス被害の実情と法的対応策

Ⅰ　戸籍売買──偽装の養子縁組・国際結婚の当事者となる

▶弁護士　七堂　眞紀

1　戸籍売買とはどのようなビジネスか

　戸籍制度は、現在、日本と中華人民共和国にしかない（韓国では2008年に廃止決定）、「戸」という家族単位で国民を登録するための制度である。日本の場合、戸籍簿には、1人、もしくは2世代を最大とする複数人の生年月日、死亡年月日、性別、氏名、続柄（血縁関係）、婚姻歴、離婚歴、養子縁組歴などの情報が記載されており、戸籍の附票には現住所と転居履歴が記載されている。

　いわゆる「戸籍売買」をした人が、戸籍謄本を取得しようとすると、姓が変わっていたり、住所が変わっていたりして、スムーズに取得できないという事態がまず起こる。さらに、取得してみると、心当たりのない多数の転居歴に加え、多数の養子縁組・離縁の履歴、そして国際結婚を含む結婚・離婚歴が載っていたりする。

　戸籍売買ビジネスは、偽装の養子縁組を作って別の姓をもつ人を作り上げ、借金をさせたり、さらには健康保険証等の身分証明書を偽造して携帯電話や口座を作ったり不動産を買ったり賃借したりする。また、偽装の国際結婚の当事者にして、結婚相手の外国人を日本に入国・滞在させる手助けをしたりもする。

　こういった犯罪の実態は明らかではないが、暴力団関係者が関与することが多いとか、マフィアなどの国際的な犯罪組織が背後に存在するといわれる。

この被害は、経済的に困窮した人、特に身内との関係が薄くなっていることが多いホームレス状態になった人に対して、有償で氏名、生年月日、住民票所在地を教えさせたり、「役所に一緒に行って住民票を移してくれ」と依頼することから始まる。

2　被害事例

2001年から2002年頃にかけて、数人の男性が、大阪城公園で、アルミ缶集めなどをしつつ野宿生活をしている人たちに「仕事を紹介する」などと言って近づいた。そしてその後、時間をかけて食料品やビールを差し入れたり一緒に鍋をしたりして、次第に警戒心を解いていった。その持ちかけ方はさまざまである。

たとえば、Aさんに対しては、「いい仕事がある。会社に住み込んで働いているという形にしたら、それだけでお金がもらえる。ただ、住民票を移してもらう必要がある。一緒に役所に行ってほしい」という依頼であった。Aさんはこれに応じ、住民票を移しに大阪市内の区役所に彼らと一緒に行った。

Bさんに対しては、「中国へ行って結婚の手続をしてほしい。一時的に籍を借りるだけだから、またすぐに元に戻せる。終わったら50万円を支払う」という依頼であった。依頼に応じたBさんは、彼らから言われるがままに、パスポートを作り、中国福建省にある女性の家に行った（その様子はビデオに撮影された）。書類のやりとりなどについても、言われるがままにした。その後、その女性と会うことはなかった。

その後、Aさん、Bさんの戸籍は、多数の養子縁組・離縁などにより、何度にもわたって著しく改変されるに至っている。

このようにして戸籍操作の被害にあった大阪城公園内の野宿生活者は、Aさん・Bさんを含めて10人近くにも及び、登場する関係者は数十人に及んだ。

3 弁護士に依頼するに至った経緯

　大阪弁護士会人権擁護委員会では、2000年頃から、「居宅を失う人々の問題は緊急な人権問題であり、背景にある借金問題等は法的に解決可能である」との認識のもと、「野宿者問題プロジェクトチーム」を立ち上げた（その後、正式な部会に格上げされ、「ホームレス問題部会」となっている）。そして同プロジェクトチームに参加する弁護士が中心となって、大阪市内のホームレス自立支援センターや一時避難所での法律相談を行い、法律扶助制度を利用して自己破産や債務整理によって借金問題を解決に導くなどの法的援助を行っていた。

　2002年、大阪城公園内の野宿生活者のうち戸籍売買被害に遭っていた者が、大阪城公園一時避難所に入所してきた。同所では、職員が、本人から事情の聴き取りをしたうえで、まず戸籍謄本や住民票を取得する手続をとっていたが、それらを取得してみたところ、実際にはない住民票の移動、多数の養子縁組や離縁の履歴などが記載されていた。養子縁組関係の当事者には、同じ大阪城公園での野宿者同士が記載されていることもあったが、本人が全く知らない人物が多数登場していることもあり、何度にもわたって相互に養親・養子・証人に名前を利用されていた。

　このような事実と異なる養子縁組をされていた人につき、元の姓と、縁組により変わった姓の両方で、信用情報機関において調査したところ、身に覚えのない多くの借入れがされていることが判明した。

　こうして、大阪城公園一時避難所での法律相談の場で、Aさん・Bさんを含む多数の野宿生活者の戸籍売買の実態が明らかとなった。彼らは戸籍を元通りにしたいという希望を持っていたため、「養子縁組弁護団」を組み、連携をとりながら法的援助を行うことになった。

　なお、以下の法的手続は、法律扶助（現在は、日本司法支援センター（法テラス）による民事法律扶助）の手続をとり、弁護士費用および実費の立替払い

を受けて行った。なお、2011年現在、民事法律扶助による立替払いは、生活保護受給者については、原則として、援助終結まで立替費用の償還が猶予されるとともに、援助終結時に生活保護を受給している場合には、立替費用の償還が免除される扱いとなっている。

4 戸籍を元に戻すために①――養子縁組を無効にする方法

養子縁組を何度も重ねられた戸籍を元に戻すためには、まず、養子縁組の無効確認訴訟において勝訴判決を得て、次に、判決に基づく戸籍訂正の申立てをすることになる。その手続を以下に述べる。

(1) 事前調査

まず、戸籍謄本から、縁組がどのようになされたかを把握する。そのために、戸籍は従前戸籍をさかのぼって取得する（養子縁組や分籍や婚姻が入り組んでなされているときは、現在の戸籍だけでは全容が明らかにならないことがあるので、必ず戸籍をさかのぼってすべての除籍謄本を取得する）。戸籍謄本・除籍謄本の養子縁組の記載を見れば、相手方の縁組当時の本籍地がわかる。

次に、相手方の本籍地所在の役所から戸籍謄本および附票を取得する。附票から、現在の相手方の住所地を把握し、住民票を取得する。

養子縁組届は、届出人の所在地または本籍地の役所に提出することができるが、養親の本籍地所在の役所に養子縁組届が保管されるので、その役所に対して養子縁組届記載事項証明書を請求し、養子縁組届の写しを取得する。

(2) 養子縁組無効確認調停の申立て

養子縁組無効確認訴訟は、調停前置主義であることから、養子縁組無効確認の調停を、相手方の住所地を管轄する家庭裁判所に申し立てることが原則となる。

養子縁組無効確認の調停は、離婚と同様の家事調停の一種であり、話合いによる手続である。養子縁組の当事者同士が調停の場で縁組意思がなかったことを確認し合い、調停が成立すれば、その調停調書により、戸籍訂正の申

立てができる。したがって、訴訟よりも簡易・迅速な解決が可能であるが、相手方が調停に出席しなければ、調停は不成立となってしまう。本件のような虚偽の養子縁組の事案は、縁組の相手方も被害者であることがほとんどであり、相手方の住民票上の住所は架空であって呼び出し状が相手方に届かないことが大いに考えられる。

　相手方が多数存在し、相手方の住民票や戸籍もかなり操作されているような場合、調停で解決するよりも、訴訟による解決のほうが現実的である。筆者は、養子縁組・離縁が10件にも及んだ件につき、事案が野宿者相手の暴力団等が画策した大量偽装養子縁組事件であって、相手方と面識もなく調停が無意味であること、相手方と連絡もつかない可能性が高いこと、を上申書に記載して家庭裁判所に提出することにより、調停を前置せずに最初から養子縁組無効確認訴訟を提起し、判決を得たことがある。

(3) **養子縁組無効確認訴訟**

　養子縁組無効訴訟を、縁組相手方を被告として、その住所地を管轄する家庭裁判所に提起する（訴状につき、資料【参考書式例3】参照）。訴訟提起にあたり、本人の陳述書、養子縁組届、戸籍謄本・附票、除籍謄本、同種事件の判決等の書証をすべて添付する。

　多くの場合、被告の所在不明により訴状が送達できず、公示送達の申立てをしなければならなくなるので、あらかじめ、被告となる者の直近の住所地を訪問しておき、そこに被告が居住していないことを確認しておく必要がある。

　多くの被告の中で、稀に連絡のつく人がいることもある。その場合には、応訴を求め、縁組無効に同意する旨を法廷で述べてもらうのが理想的である。それが無理な場合は、陳述書を提出してもらう。

　筆者の場合、被告の中に、隣県の精神科病院に入院している人がいたので、同病院を訪問した。その人は、日雇い労働者をしていたときの雇用保険手帳を一時紛失して誰かの手に渡っていたと思われる時期があり、それ以後、戸

籍が操作されているとのことであった。そこで、「自分も知らないうちに戸籍を操作された。原告とは会ったこともない。養子縁組を無効にして戸籍を元に戻してもらうことを希望する」旨の陳述書に署名をしてもらい、書証として提出した。

(4) 判決に基づく戸籍訂正の申立て

勝訴判決が得られればそれで終わりではない。判決謄本および判決確定証明書を添付して、役所に戸籍訂正の申立てをしなければならない。これは、判決確定後1カ月以内にしなければならない（戸籍法116条）。

5　戸籍を元に戻すために②――国際結婚を無効にする方法

事前調査は、4で述べたのと同様の方法で、戸籍謄本の遡及取得、婚姻届記載事項証明書をあらかじめ取り寄せておく。なお、相手が外国人であることから、外国人登録原票記載事項証明書も取得する必要がある。

相手と全く面識がなく、婚姻の事実すら知らなかったような場合は、婚姻無効調停から婚姻無効確認訴訟を起こすことになる。相手方が国内におり、かつ連絡がつく場合には、調停に出席してもらい、婚姻無効調停を成立させるのがよい。

Ｂさんの事例の場合も、相手方が日本におり連絡がとれた。しかし、本人Ｂさんに相手との面識もあり、一応は婚姻することの認識もあったという事例だったので、婚姻無効ではなく協議離婚の手続をとった。

相手方が外国人登録原票記載の居住地に居住していない場合、入国管理局から出入国記録を取り寄せることになる。出国していないなら、日本国内にいるが居所不明であるという調査上申をすれば、公示送達により、判決を得ることができるであろう。判決を得ることができれば、それに基づいて戸籍訂正の申立てをすることは、養子縁組の場合と同様である。

相手方が日本を出国してしまっている場合、婚姻無効確認訴訟の訴状送達が困難となる。この場合、訴状は、外国人登録原票記載事項証明書記載の

「国籍国住所」あてに送達することになる。もっとも、外国への郵便送付は、はたして送達されているのかどうかが不明のため、公示送達への移行ができず暗礁に乗り上げた事例もある。

6 身に覚えのない借金をなくすために

(1) 債務状況の調査

まず、信用情報機関で本人に自分名義の債務の状況を調査してもらう必要がある。その際、養子縁組や婚姻で姓が変わっていたら、その姓での調査も行う。

(2) 債務不存在確認の交渉

まずは、金融会社に対して、債務不存在合意書への署名を求める書面を送る。その書面に添付する手紙には、偽装養子縁組の事情および金銭準消費貸借契約をしたのは別人であることを記載し、契約書の写しの交付を求め、本人の筆跡や写真などの疎明資料も添付する。

筆跡が明らかに相違した事例で、ある大手の消費者金融業者は、交渉のみで債務不存在に合意し、契約書を返還してくれた。

(3) 債務不存在確認訴訟

(2)の交渉でまとまらない場合に提起する。

債務不存在確認訴訟では、管轄が問題となる。遠隔地の裁判所までの交通費が出せないのが普通であることから、原告住所地を基準として提訴する。たとえば、債権者（被告）の本店所在地（民事訴訟法4条4項）が遠方である場合、義務履行地（同法5条1号）が債務者住所の近隣の支店であるとか引落口座のある銀行支店であると主張し、その支店を管轄する裁判所に提訴する。約款に専属管轄合意がある場合でも、債務不存在確認訴訟についての合意ではないとか、付加的合意にすぎないと解釈して同様の対応をとる。弁論準備は電話会議で対応できるとしても、判決には証拠調べ（原告本人尋問）が必要であるから、本人が出頭する費用を考えると遠隔地の裁判所は避ける

べきである。

書証としては、事前に入手した契約書の写しと本人の筆跡は提出すべきである。鑑定が必要となる場合、その費用は法テラスに追加援助申立てをする。

(4) 破　産

本人自身に多額の借金があるような場合、破産の申立てをすることも考えられる。

破産手続とは、債務超過の状態となり、支払不能となった場合に、住所地を管轄する地方裁判所に申立てを行うことにより開始する。通常、申立人に財産はないので、同時廃止類型での申立てをするが、ホームレスとなっている人でも、親から山林を相続していたりするなどして財産がある場合もあり、その場合は一般管財類型での申立てが必要となることに注意が必要である。

ホームレス状態にある人であれば、債務総額が低くても（50万円程度でも）支払不能であるから、破産可能である。

債権者一覧表には、信用情報機関での調査で明らかとなった債権者および本人が認識している債権者をすべて記載する。

免責については、現在ホームレス状態もしくはそれに近いほどひどい貧困状態にあれば、過去にかなりの遊興やギャンブルなどの免責不許可事由があっても、ほぼ裁量免責となる。ただ、2回目の破産である場合には、前回の免責の確定から7年以上経過した後に申し立てるようにすべきである。

免責が得られれば、偽装養子縁組により作られた借金も、本人が自分で作った借金も、支払わなくてよくなることから、一挙の解決が可能であるし、債務不存在確認訴訟よりも早くて簡便である。

7　刑事告訴

当事者に縁組意思や婚姻意思がないのに、第三者が養子縁組届や婚姻届の用紙に本人ないし相手方の名を記載して印鑑を押す行為並びに役所に提出する行為は、私文書偽造罪（刑法159条1項）、同行使罪（同法161条1項）に該

当する。

　また、偽造の養子縁組届ないし婚姻届を提出する行為は、公務員をして、戸籍簿に虚偽の養子縁組や婚姻の事実を記載させる行為でもあり、公正証書等原本不実記載罪（刑法157条1項前段）、同行使罪（同法158条1項前段）に該当する。

　これらについて、処罰を求めるため告訴状を作成し、検察庁または都道府県警察に提出する。

　身に覚えのない借金については、貸付けをした金融会社が直接の被害者であるので、債務不存在確認の合意ができた場合には、金融会社に対して告訴を促してみる。もっとも、何者かから返済が続いているような場合、金融会社は告訴に同意しないと思われる。

8　民事法律扶助の活用

　戸籍売買が問題となるような場合、本人に資力はないのが通例であるから、法テラスによる民事法律扶助を利用する。生活保護受給中であれば、まずは償還猶予、後に事情によっては償還免除という取扱いもありうる。

　訴訟提起時は、印紙代の負担を免れるため、訴訟救助を申し立てる。

9　戸籍法2007年改正

　このような戸籍売買が起きた背景には、養子縁組届や婚姻届の提出にあたり、役所が、書類が形式的に整っているかどうかの審査のみで受理していたという問題があった。

　そこで、2007年に戸籍法が改正され、届出人の本人確認資料を窓口で求め、また届出人が本人であると確認できない者があるときには、役所が受理通知を送付する、あらかじめ本人確認がない限り受理しないように申し出ることができる（同法27条の2）等の規定が追加された。

Ⅱ 追い出し屋被害

▶弁護士　増田　尚

1 「追い出し屋」とは

(1) 追い出し屋被害の実情と背景

家賃債務保証業者や管理業者、サブリース（転貸）業者などが、家賃を滞納した賃借人に対して、執拗な取立てを行ったり、実力で明渡しを強行するといった「追い出し屋」被害が相次いでいる。

(A) 執拗な取立て

家賃を1日でも滞納すれば、ただちに矢のような督促が始まる。携帯電話の着信履歴が業者からの電話でいっぱいになる。深夜や早朝に自宅に押しかけ、支払いを約束するまで帰宅しない。支払う見通しがないために返事ができないでいると、周辺に聞こえるような大声で、家賃を滞納している事実を言いふらす。不在の場合は、家賃を滞納して取立てを受けていることがわかるように大書した紙を貼り付ける。勤務先や連帯保証人に執拗に取立ての電話をかける。このような取立ては、かつての「サラ金地獄」さえ想起させる。

ある家賃債務保証業者は、従業員ら3名で連れ立って家賃を滞納した賃借人の自宅に夜9時に押しかけて執拗に支払いを強要し、自動車に乗せて実家の母親のところに連れていき、土下座をさせて無心させるという非道な取立てを行ったこともあった（福岡地判平21・12・3判例集未登載）。

(B) 使用の阻害・生活動産の搬出処分

家賃の滞納が2～3カ月程度続くと、それ以上の滞納家賃（家賃債務保証業者や管理業者にとっては立替家賃）の増大を防ぐために、賃借人が物件に入れないようにして、無理矢理にでも支払いをするよう強要するか、あきらめて出ていくかを強制する「追い出し」が始まる。

賃借人が物件に入れないようにする方法としては、鍵のシリンダーを交換

する、鍵穴をふさぐ、別の鍵を取り付けるなどさまざまな方法が用いられる。さらに、物件内に賃借人が保管している家財道具などの生活動産を一切合切持ち出して、しばらくは滞納家賃の担保として保管するが、支払いができなくなるとみるや廃棄処分する。

生活の基盤というべき住まいを奪われ、生活動産や思い出の品を処分されることは、人格を否定されたに等しい仕打ちであり、絶対に許されるものではない。

(C) **追い出し屋被害が多発する背景**

このような「追い出し」被害は、21世紀に入ってから見られるようになった。

現在、労働者における非正規労働者の割合が3分の1を超え、雇用が不安定になっている。こうした不安定雇用の労働者などの入居者が、賃金減額や解雇などによって家賃を支払えなくなるや、過酷な取立てをし、挙げ句の果てに住居から実力で排除するのが「追い出し屋」である。

不安定雇用の労働者は、蓄えが少なく、入居に際して必要とされる多額の初期費用を捻出することが困難である。そうした層に対し、不動産業者が、「敷金ゼロ・礼金ゼロ」という条件で入居者を募集するのが、「ゼロゼロ物件」である。また、連帯保証人を確保することができない入居者から委託を受けて、賃貸人と連帯保証契約を締結するのが「家賃債務保証業者」である。

いずれの業者も、「低所得者層が賃貸住宅契約を締結するのを手助けしている」とうそぶく。しかし、いったん賃借人が家賃を滞納すると、不動産業者は、サブリース契約の賃貸人として、家賃を請求する。保証業者は、連帯保証人として弁済をしたうえで、入居者に求償する。あるいは、事前求償権の行使と称して、事実上、賃貸人に代わって家賃を取り立てる。さらに、賃貸人から委託を受けて家賃の回収や明渡しなどを代行している管理業者による「追い出し」被害も多発している。いずれも、自らの正当な権利を行使しているにすぎないと開き直る。

しかし、実際には、これらの商法は、滞納リスクを理由にして、上記のような不安定雇用の労働者等の、住まいを確保しなければならないという弱みと法の無知につけ込み、暴力的に金員を回収して、低所得者層の生活の平穏と居住権を脅かす「貧困ビジネス」そのものである。

　「追い出し屋」の言い分は、「滞納リスクが高ければ金利も高くなり、支払いを確保するために取立てが厳しくなるのは当然」というサラ金のそれと同様である。

　そして、サラ金がはびこる背後にセーフティーネットとしての貸付制度の未整備があげられているのと同じように、住宅の「貧困ビジネス」が跋扈する原因にも、日本の住宅政策の貧困がある。公営住宅の供給は縮小し、UR（都市再生機構）も「民業圧迫」を理由に賃貸住宅の新規建設を停止した。このような「民間任せ」こそ、低所得者層を対象とした「弱肉強食」の貧困ビジネスを許す原因にほかならない。

　政策の隙間を縫うように暗躍する「追い出し屋」に法の網をかけ、賃借人の居住権を保障することが喫緊の課題になっている。

(2)　家賃債務保証業者とは

　家賃債務保証業者は、賃借人から委託を受けて、保証料を受領し、賃貸住宅契約の連帯保証人になること（機関保証）を主たる業務としている。

　家賃債務保証業者は、賃借人が家賃を滞納した場合に、賃借人に代わって家賃を支払い、これを賃借人に対して求償することになる。しかし、立替金を回収できなければ経営が悪化するため、前述したような過酷な取立てに及ぶことにもなる。また、滞納しがちな賃借人の入居を継続させて滞納リスクを負うよりも、新たな入居者を確保して保証料収入を得るほうが利益につながることから、賃借人を早期に追い出そうとする。

　このようなビジネスモデルは、賃貸人にとっても、滞納家賃の回収や、賃貸借契約の解除、住居明渡しなどの業務を肩代わりしてもらえるというメリットがある。現に、ほとんどの家賃債務保証業者のホームページには、賃貸

人向けのコンテンツが整備され、滞納者への督促交渉や迅速な明渡しなどをアピールしている。

　このように、家賃債務保証業者は、賃借人の味方であるかのようにうたっているが、現実には、賃貸人のために、家賃回収や明渡手続を代行する役割を果たしているのである。

　家賃債務保証業については、開業や営業について特段の規制はなく、現在、100社弱が存在するといわれている。帝国データバンクが2010年4月に行った26社の家賃債務保証業者に関する調査結果によれば、2009年の収入高合計は、対前年比約47％増の約215億8600万円であり、市場規模が拡大しつつある。平均業歴は8年5カ月と、21世紀に入ってから拡大してきたことがわかる。特に、不動産管理業のほか、貸金業からの参入が目立っている。

　家賃債務保証業者は、連帯保証人を頼むあてのない層のニーズに応えているといわれているが、最近では、連帯保証人を準備できる場合であっても、仲介業者が機関保証を条件として特定の家賃債務保証業者を指定するケースが増えている。2009年8月19日付けの朝日新聞によれば、民間賃貸住宅約1260万戸の約4分の1をカバーしているとも伝えられる。

　このように、家賃債務保証業者の取扱業務が拡大する一方、過酷な取立てや「追い出し」被害などが相次いでいる。

　こうした状況を受けて、弁護士や司法書士で構成される「賃貸住宅追い出し屋被害対策会議」が2008年10月に結成され、「スマイルサービス被害対策弁護団」などとともに、2009年2月15日、「全国追い出し屋対策会議」が結成された。これらの団体は、「追い出し」被害者からの相談を受けて、交渉・裁判などの「追い出し」被害の救済や、未然防止のための法規制要求などの活動に取り組んでいる。

　こうした動きを受けて、国土交通省は、2009年2月16日に、「家賃債務保証業務の適正な実施の確保の要請等について」を発表し、財団法人日本賃貸住宅管理協会あてに、家賃債務保証業務の適正な実施の確保を要請する文書

を発出するとともに、家賃債務保証の契約や業務の実施にあたって留意すべき事項を、同省のウェブサイト〈http://www.mlit.go.jp/report/press/house03_hh_000011.html〉に掲載した。さらに、国土交通大臣の諮問機関である社会資本整備審議会の住宅宅地分科会に民間賃貸住宅部会を設け、明渡しをめぐるトラブルなどについて審議を行った。

また、東京都も、同年2月16日、「家賃保証をめぐる消費者トラブルの防止について」を発表し、家賃債務保証をめぐる消費者トラブルが増大していることから、契約に際しての書面に、契約の履行を迫るため、ドアロック、鍵交換、荷物の搬出などの違法な自力救済を行うとの趣旨を記載しないことや、違法な自力救済を行わないこと、やむを得ず家賃が滞納された場合に深夜に及ぶ執拗な督促など消費者である賃借人の平穏な生活を侵害するような行為を行わないことなどを要請したことを明らかにした。

(3) 管理業者・サブリース業者による「追い出し」

一方、賃貸人に代わって賃貸住宅の管理を行う管理業者による「追い出し」被害事例もみられる。管理業者は、賃貸人から委託を受けて、賃貸借契約の契約に関する業務や、家賃の収納、修繕、明渡手続などの管理を行っている。

しかし、滞納家賃の回収、賃貸借契約の解除、住居明渡請求、原状回復の範囲に争いがある場合の敷金返還・修繕費用の請求などについて、そもそも報酬を得る目的でこれを行うことは、弁護士法72条に違反し許されない。

また、サブリース業者も、賃貸人との間の契約に基づき、賃貸人が所有する物件を管理しているといえ、管理業に類似した業態であるといえる。

国土交通省の社会資本整備審議会は、管理業者やサブリース業者について、2009年12月25日の不動産部会において、「賃貸不動産管理業の適正化のための制度について（これまでの議論を踏まえた整理）」を発表し、賃貸住宅管理業について任意の登録制を柱とする規制を打ち出した。2011年秋にも、「賃貸住宅管理業者登録規程」（国土交通省告示）による任意の登録制が実施され

る見通しである。

2 「追い出し」被害救済の実務

(1) 「追い出し」状態の解消

(A) 業者・賃貸人に対する解錠要求

　家賃債務保証業者にせよ、管理業者にせよ、賃貸物件の鍵を交換して賃借人が入室できないようにすることは違法であって許されないことは言うまでもない。これらの業者に対しては、解錠して入室を可能にするなど違法状態を即時に解消することを強く要求すべきである。たいていの業者は、自らの違法性を認識しているので、解錠要求に応じる。

　また、賃貸人に対しても、共同不法行為を理由に損害賠償請求のできることを通告しておけば、賃貸人から家賃債務保証業者や管理業者に対して解錠要求に応じるように要請することもあるので、効果的である。

(B) 仮処分の申立て

　賃借人からの正当な要求にもかかわらず、滞納家賃の解消が先決であるなどとして、一向に解錠に応じない業者もある。その場合、賃借権に基づく妨害排除・予防請求権や、占有権に基づく妨害排除請求権もしくは占有回復請求権を被保全債権として、仮処分を申し立てることが有効である。

　その際、被保全債権との関係で、賃貸借契約の解除の有効性を検討する必要がある。そもそも、信頼関係破壊の法理により、2カ月程度の滞納では賃貸借契約を解除できない。また、管理業者が賃貸人の代理人として賃貸借契約を解除することは、弁護士法違反であるから無効である。保証委託契約などに、家賃債務保証業者が賃借人の代理人として賃貸借契約を解除し、あるいは、賃貸人からの解除の意思表示を受領することができるとする条項が定められている場合もあるが、賃借人の明示の意思に反する場合にまで代理権の行使を容認するような条項は、消費者契約法10条ないし民法90条に違反し無効である。

このように、解除が有効になされておらず、賃貸借契約が存続している場合には、賃借権に基づく妨害排除・予防請求権を被保全債権とすべきであろう。

　もちろん、適法に賃貸借契約が解除された（という抗弁が主張された）としても、法に定める手続によらない限り、強制的に占有を奪うことは許されない。その意味で、入居者はなお占有権は有しており、これを保護すべきである。鍵交換などによって、賃借人が所持している鍵では入室できない状態にまで至った場合は、「占有を奪われた」ものとして、占有回復請求権が被保全債権となる。この場合、仮処分の内容（申立ての趣旨）は、債権者の占有を許す類型の占有移転禁止仮処分になる（瀬木比呂志『民事保全法〔第3版〕』725頁）。

(C) 「追い出し」被害者の住居の確保

　住まいから追い出された被害者は、近くに実家があるなどの場合は親元の世話になることができるが、そうでない場合、ネットカフェやサウナ、簡易宿泊所などで寝泊まりせざるを得ず、ホームレス状態に陥る者もいる。したがって、速やかに、違法な「追い出し」状態を解消することによって、自宅で居住できるようにすることが求められる。

　しかし、家財道具を搬出・処分された場合は、もはや空になった賃貸住宅に戻ることはできない。このような違法行為を行った「追い出し屋」に責任をとらせることが不可欠であるが、実際には、「追い出し屋」がただちに損害賠償に応じることは少なく、裁判によって救済を図るのを待つほかない。

　それまでの間の生活保障として、生活保護の活用を検討すべきである。生活保護によって、生活扶助のほか、居宅保護、家具什器費、布団代などの支給を受けることができ、新居への入居資金（敷金など）や引越費用、新生活を開始するための家具や布団などの代金を確保できる。

(2) 取立てや「追い出し」行為に対する慰謝料請求

　家賃債務保証業者が求償権を行使したり、賃貸人が賃料を請求する場合で

あっても、賃借人の生活を脅かし、プライバシー権を侵害するなどの手法による場合は、正当な権利行使とはいえない。このような社会的相当性を欠く方法による取立てについては、恐喝罪（刑法249条）が成立し、不法行為責任を負う（前掲福岡地判平21・12・3）。

　家賃を滞納している事実を貼り紙等で告知することは、名誉毀損罪（刑法230条）に該当する犯罪行為であり、民事上も、不法行為として賠償責任を負う（大阪簡判平21・8・28消費者法ニュース81号223頁、大阪地判平22・5・28判時2089号112頁）。

　鍵を交換するなどして、住宅の開錠を阻害し、賃借人が使用できなくする行為は、不動産侵奪罪（刑法235条の2）に該当する可能性がある。また、賃貸借契約書等に自力救済を容認する条項があるとしても、緊急やむを得ない特別の事情がない場合にも適用されるときは公序良俗違反で無効と解されるにもかかわらず、鍵を交換して、賃借人が居室を利用することを阻害した場合は、不法行為として、賃貸人等に慰謝料の支払いを命じられる（札幌地判平11・12・24判時1725号160頁、東京地判平18・5・30判時1954号80頁、東京地判平16・6・2判時1899号128頁）。

　家賃債務保証業者や管理業者からの反論として、自力救済の主張が予想される。しかし、そもそも、「私力の行使は、原則として法の禁止するところである」とされ、ごく例外的に、「法律に定める手続によったのでは、権利に対する違法な侵害に対抗して現状を維持することが不可能又は著しく困難であると認められる緊急やむを得ない特別の事情が存する場合においてのみ」許容されるにすぎない（最判昭42・12・7民集19巻9号2101頁）。単に家賃を滞納しているというだけで、「法律に定める手続によったのでは、権利に対する違法な侵害に対抗して現状を維持することが不可能又は著しく困難である」といえないことは、明白である。

　大阪簡判平21・5・22（判タ1307号183頁）は、賃貸人自身による「追い出し」行為の事例ではあるが、鍵交換は平穏に生活する権利を侵害する不法行

為であり、事業者が日常的に鍵交換による滞納家賃の支払督促を行っていたとして、「このような法律無視の鍵交換や住居侵入行為は、国民の住居の平穏や居住権を侵害する違法な行為として厳しく非難されなければならない」と断罪し、慰謝料50万円ほか計約65万円の損害賠償を命じた。

(3) 動産の処分に対する損害賠償請求

法の定める手続によらずに、住宅内に保管されている賃借人の私物を撤去し処分することは、賃借人の所有権を侵害する不法行為であって、これによって生じた損害を賠償しなければならないことは当然である（大阪高判昭62・10・22判時1267号39頁、東京高判平3・1・29判時1376号64頁、浦和地判平6・4・22判タ874号231頁）。損害額について、前記浦和地判は、家財の損失を補償する火災保険の簡易評価基準に基づき250万円と認定しており、参考になる。

また、このような行為は、住居侵入罪（刑法130条）・窃盗罪（同法235条）に当たる犯罪行為であり、告訴・告発などの刑事処分を検討すべきである。

(4) 賃貸人の責任

家賃債務保証業者や管理業者が「追い出し」を行って賃借人に損害を与えた場合、賃貸人は、（共同）不法行為もしくは使用者責任に基づき、連帯して賠償責任を負うべきである。

賃貸人は、賃貸物件の管理を契約に基づいて管理業者に委託しているのであるから、客観的関連共同性ないし使用関係が認められる。保証業者との関係でも、保証契約（保証約款）などで明文化されている場合はもちろん、滞納家賃の有無について賃貸人から連絡があってその督促を代行させている事実や、鍵交換・立入りの了解、鍵の交付などの協力を捉えて、客観的関連共同性・使用関係を肯定すべきである。また、これらの行為を幇助として共同不法行為責任を追及することも可能である（民法719条2項）。

賃貸人の故意・過失または選任監督義務違反も問題となるが、追い出しそのものの事実を知っていた場合はもちろん、滞納家賃の回収を委託するに際

し、追い出しによって賃借人の居住権や生活の平穏、プライバシー権、財産権などを侵害しないようにすべき注意義務があったといえ、保証契約や管理契約の内容から、そのことが予見できたというべきである。

この点、姫路簡判平21・12・22（消費者法ニュース83号60頁）は、管理業者による鍵交換による居住権侵害の事例であるが、賃貸人と管理業者の間の管理委託契約を委任契約としつつ、なお指揮監督関係があるとして、使用者責任の成立を認めている。また、家賃債務保証業者から要請を受けて、明渡しの実力行使を予告する貼り紙を作成した賃貸人に対し、不法行為の成立を認め、家賃債務保証業者と連帯して損害賠償責任を命じた事例（大阪地判平23・4・19判例集未登載）、管理業者による追い出し行為につき賃貸人に共同不法行為責任を認めた事例（大阪高判平23・6・10判例集未登載）もある。

3 「追い出し屋」規制法案の制定へ

(1) 追い出し屋規制法案をめぐる情勢

賃借人の居住の安定を確保するための家賃債務保証業の業務の適正化及び家賃等の取立て行為の規制等に関する法律案（以下、「法案」という）は、2010年3月2日に通常国会に提出され、その後、参議院で全会一致にて可決されたものの、本稿執筆中の通常国会においても衆議院で継続審議の扱いとなっている。

しかし、東日本大震災の被害をみるにつけても、住まいが生存の基盤であり、居住の安定を確保する政策の重要性がますます実感される。今日もなお「追い出し屋」による被害は後を絶たず、生活と生存を脅かされる賃借人が少なくない。これまで野放しにされてきた家賃債務保証業に法の網をかけ、ヤミ金まがいの暴力的な取立てや実力行使による「追い出し」行為を禁止し、賃借人の居住の安定を確保しようとする法案の成立は、喫緊の課題であるといえる。

(2) 追い出し屋規制法案によって何が変わるのか

(A) 家賃債務保証業の規制

これまで何らの規制のなかった家賃債務保証業については登録を義務づけ、その業務につき規制を及ぼし、監督する。規制に反した家賃債務保証業者に対しては、業務改善命令や、営業停止・登録取消しなどの行政処分を課すことができるようにする。

なお、法案12条は、家賃債務保証業者は、被保証賃借人その他の者の権利利益を侵害することがないよう、適正にその業務を行わなければならないと定めており、実力行使をあらかじめ容認するなどの不当な契約条項を保証委託契約書に用いる行為について業務改善命令の対象になりうる。

(B) 不当な取立行為の禁止

法案は、事業形態にかかわらず、賃借人に家賃等を取り立てるに際し、面会、文書の送付、貼り紙、電話をかけることなど、方法を問わず、人を威迫したり、私生活や業務の平穏を害する言動をしてはならないと定めている（61条）。私生活や業務の平穏を害する言動の例として、住居への立入りの阻害（同条1号）、家財道具の搬出・保管（同条2号）、深夜早朝の訪問（同条3号）、これらの行為の告知（同条4号）があげられているが、これらに限られないことは明らかである。

違反者は、2年以下の懲役刑または300万円以下の罰金刑に処せられる（併科あり。法案73条）。法人の両罰規定もある（法案79条）。家賃債務保証業者は、違反行為によって行政処分の対象となるし、欠格事項にもなる。なお、賃貸住宅管理業については告示による任意の登録制度においても、法案61条の遵守が盛り込まれ、違反した管理業者については登録取消しなどの対象となる予定である。

こうした罰則等により違法行為を抑止し、賃借人の居住の安定を確保することを企図している。

(C) セーフティネットの構築

法案62条は、保証拒否による住宅確保困難者への情報提供や公営住宅への

入居等の必要な措置を講じることを、法案63条は、被害情報の収集・提供、被害者への相談・助言の体制整備などを、それぞれ、国および地方公共団体の努力義務としている。

(D) 家賃等弁済情報提供事業（家賃滞納データベース）

法案が、義務的登録制として一定の規制を及ぼしつつ、家賃等弁済情報提供事業を認めたことは、問題である。

すでに今春にも、全国賃貸保証業協会（LICC）によるデータベースへの滞納情報の登録がなされ、保証拒否・賃貸拒否の事案が増えるものと思われる。このような賃借人の居住の安定を脅かす事業を野放しにしないとの法案の問題意識は理解できなくもない。

しかし、住居の確保に取り組んできた運動団体の立場からすれば、家賃滞納データベースは、これを禁止する以外にはあり得ないというのが実感である。もともと、このようなデータベースは、家賃滞納の有無をもって、保証委託契約や賃貸借契約を締結するかどうかの判断資料とするものであり、もっぱら賃貸人側の需要に応じたビジネスであり、賃借人にとっては何ら利益にならない。それどころか、過去の家賃滞納という一事をもって、家賃を滞納しがちな不安定雇用の労働者やシングルマザー、生活保護受給者などの低所得者層を民間賃貸住宅から排除することになり、居住権や生存権を侵害し、住生活基本法6条の趣旨や公序良俗に反するものといわざるを得ない。したがって、第三者である業界団体への情報提供や共有そのものを禁止することが必要である。

しかも、いったんデータベースが整備されれば、職業や国籍、障害の有無などといったセンシティブ情報も登録され入居差別につながることになりかねないし、そうでなくても、他のデータとのマッチングの危険を常にはらむことになる。ヤミ金業者による勧誘や債権回収に悪用されるなど、目的外使用や情報漏洩も懸念されるところである。

法案では、データの管理等を厳重にすることを期しているが、すでに家賃

債務保証業者による目的外利用は平然となされている。国土交通省住宅局「民間賃貸住宅に関する市場環境実態調査の結果について」(2010年12月)によれば、家賃債務保証業者47社に対するアンケートで、保証委託契約申込者につき本人提供の資料以外にどのような審査をしているかの回答が寄せられているが、中には、「クレジットカード利用履歴確認」5社 (11.6％)、「貸金業者等からの借入状況確認」2社 (4.7%)とあり、目的外利用がなされていることが明らかである。このように、すでに違法行為を行っている業界に厳格な利用を義務づけても、画に描いた餅にすぎないというべきである。

この点、家賃滞納データを取得し、提供するために整備することは、営業の自由の範疇であって、禁止することは困難との見解もある。しかし、労働者の就労を妨げることを目的として、労働者の一定の情報を使用者が共有することが労働基準法22条4項によって禁止されているように、営業の自由は、生存権などを保障する観点からの合理的な規制を受けるのである。賃貸事業は、単なる営利活動ではなく、住まいという生活の基盤を整備する公共性・公益性の高い事業であるから、全く自由になしうるものではない。何より、国は、住生活の安定の確保および向上の促進に関する施策を策定し、これを実施する責務を有しており(住生活基本法7条1項)、居住権を侵害する家賃滞納者データベースを禁止すべき義務があるというべきである。

仮に、家賃等弁済情報提供事業を義務的登録制とする内容を含んだ形で法案が成立したとしても、しかるべき時期に、その事業の実態を検証したうえで、禁止を含む見直しは必定であろう。

4　賃貸住宅における公的役割

このように、賃借人の居住権を保障するためにも、必要な規制を設けて、賃貸事業者に法的責任を果たさせるしくみが必要である。

他方で、居住権の保障を民間事業者の営利事業に任せきりにするのではなく、国や地方公共団体としても積極的に自らの役割を果たさなければならな

い。特に、住宅を確保することが困難な層への賃貸住宅の供給は、極めて不十分である。住宅確保困難者向けの公営住宅・UR住宅の供給を促進するとともに、公的保証制度や家賃補助制度の拡充など、新たな施策を実行することによって、「住まいのセーフティネット」を拡充し、住宅政策を抜本的に改善することが求められている。

Ⅲ 無料低額宿泊所商法——ホームレスから生活保護費のピンハネ

▷弁護士 阪田 健夫　　弁護士 棗 一郎　　弁護士 池本 誠司

1 無料低額宿泊所の現状

(1) 無料低額宿泊所施設数と入所者数の推移

　1985年から2009年までの24年間について、無料低額宿泊所の施設数の推移を表したのが〈図1〉であり、入所者数の推移を表したのが〈図2〉である（筆者作成。基礎データの出典は、厚生労働省が毎年、全国の社会福祉施設等の数、在所者、従事者の状況等を把握し、社会福祉行政推進のための基礎資料を得ることを目的として行っている「社会福祉施設等調査」の結果と、同省が都道府県・指定都市・中核市に対して行っている「社会福祉法第2条第3項に規定する無料低額宿泊事業を行う施設の状況に関する調査」（以下、「都道府県・指定都市・中核都市調査」という）の結果である。なお、「社会福祉施設等調査」では、無料低額宿泊所は「その他の社会福祉施設」のうち「宿泊所（社会福祉法）」に分類され、「住居をもたない要保護世帯及び低所得世帯に住居を供与する施設」と定義されている）。

　〈図1〉によれば、施設数は1999年から急増し始め、2003年を境に社会福祉施設等調査の数値は横ばいになっているが、同年から始まった都道府県・指定都市・中核都市調査の数値は右肩上がりの状態が続いている。また、

第3章　貧困ビジネス被害の実情と法的対応策

〈図1〉　無料低額宿泊所施設数の推移

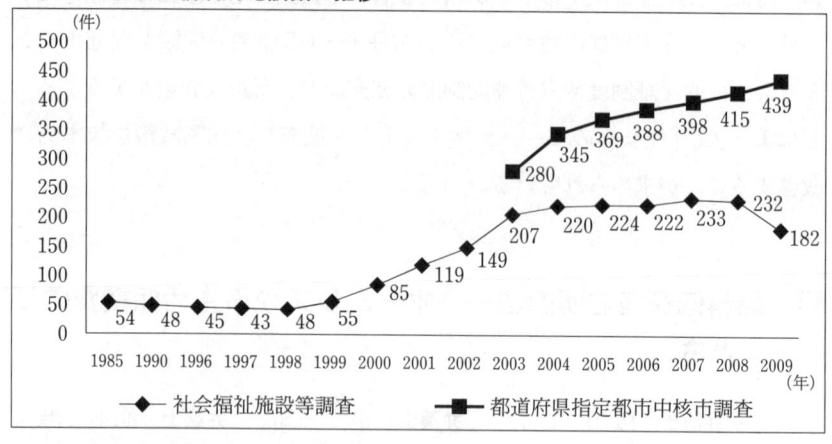

年	社会福祉施設等調査	都道府県指定都市中核市調査
1985	54	
1990	48	
1996	45	
1997	43	
1998	48	
1999	55	
2000	85	
2001	119	
2002	149	
2003	207	280
2004	220	345
2005	224	369
2006	222	388
2007	233	398
2008	232	415
2009	182	439

〈図2〉　無料低額宿泊所入所者数の推移

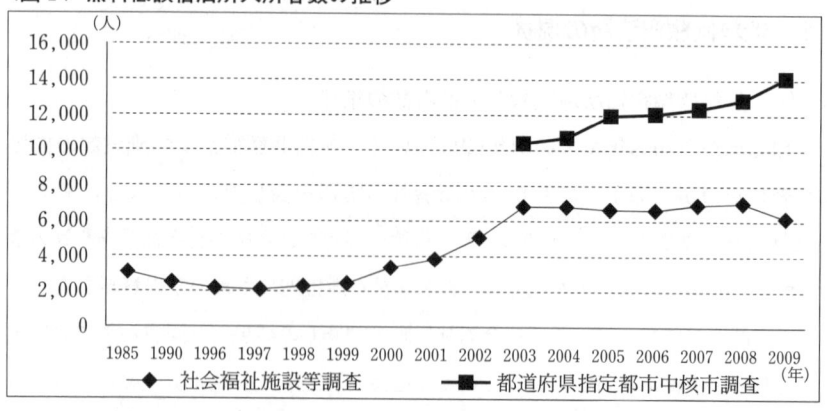

〈図2〉によれば、入所者数についても施設数と同じ傾向であることがわかる。

　東京都の調査（東京都福祉保健局「東京ホームレス白書Ⅱ」（2007年5月））によれば、東京都特別区内のホームレス数は、1998年2月から1999年8月にかけて激増し、その後横ばい状態が続いたが、2005年2月以降減少に転じ、2007年時点で減少が続いている（図3）。

　このように、東京都特別区内のホームレス数が激増から横ばいに転じた時期は、無料低額宿泊所の施設数と入所者数が急増し始めた時期と符合し、急増した無料低額宿泊所にホームレスが大量に吸収されたことを推測させる。

80

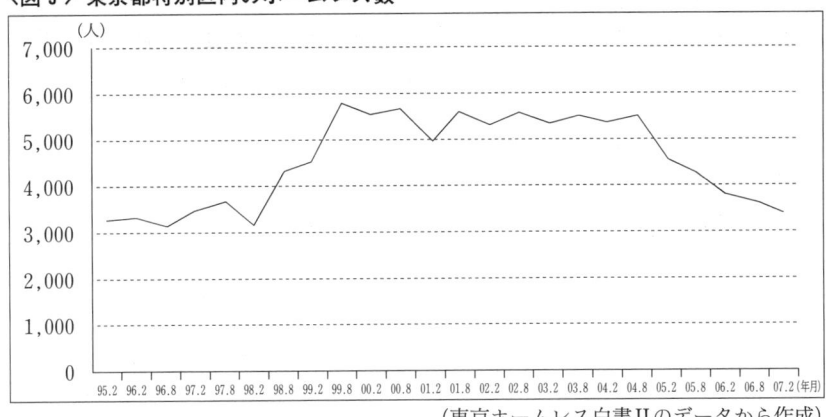

〈図3〉 東京都特別区内のホームレス数

(東京ホームレス白書Ⅱのデータから作成)

　また、東京都特別区内のホームレス数が横ばいから減少に転じた2005年2月は、都道府県・指定都市・中核都市調査で無料低額宿泊所の施設数・入所者数が右肩上がりに増加していることが確認されている時期と符合し、増え続ける無料低額宿泊所にホームレスが吸収されて減少に転じたことを推測させる。

　1985年から2009年までの無料低額宿泊所の施設数・入所者数の推移は、日本経済全体の景気動向との関係、とりわけ1998年の金融危機を契機とする不況と、2001年の小泉内閣誕生以降の新自由主義的「構造改革」の結果としての、失業の長期化と不安定な非正規雇用の増大を背景とするホームレスの増加と関係があり、また、国や東京都をはじめとする地方自治体のホームレス対策の実情とも大いに関係がある。

(2) **国のホームレス対策と無料低額宿泊所**

　国は、2002年8月7日、ホームレスの自立の支援等に関する特別措置法を制定した。同法8条1項は、厚生労働大臣と国土交通大臣に、全国調査を踏まえて基本方針を策定することを義務づけた。そして、同条2項が定めた基本方針策定の対象事項には、第1番目に、ホームレスの就業の機会の確保、安定した居住の場所の確保、保健および医療の確保並びに生活に関する相談

および指導に関する事項、が掲げられた。

　これを受けて、「ホームレスの自立の支援等に関する基本方針」（平成15年7月31日厚生労働省・国土交通省告示第1号、平成20年7月31日全面改正。以下、「基本方針」という）が策定された。

　厚生労働省は、基本方針策定と同時に、社会・援護局保護課長通知「ホームレスに対する生活保護の適用について」（平成15年7月31日社援保発第0731001号）を発し、「1　ホームレスに対する生活保護の適用に関する基本的な考え方」として、「生活保護は、資産、能力等を活用しても、最低限度の生活を維持できない者、すなわち、真に生活に困窮する者に対して最低限度の生活を保障するとともに、自立を助長することを目的とした制度であり、ホームレスに対する生活保護の適用に当たっては、居住地がないことや稼働能力があることのみをもって保護の要件に欠けるものでないことに留意し、生活保護を適正に実施する」ことを生活保護実施機関である自治体に求めた。

　これに対し、基本方針は、「単にホームレスであることをもって当然に保護の対象となるものではなく」、「資産、稼働能力や他の諸施策等あらゆるものを活用してもなお最低限度の生活が維持できない者」について必要な保護を実施することを強調した。具体的には、「就労の意欲と能力はあるが失業状態にあり、各種就労対策を実施しても就労が困難であると判断される者」については「自立支援センターにおいて、結果的に就労による自立に結びつかず退所した」場合にあらためて保護の要否を判断するものとした。また、「ホームレスの状況（日常生活管理能力、金銭管理能力等）からみて、直ちに居宅生活を送ることが困難な者」については、「保護施設や無料低額宿泊事業を行う施設等において保護を行う」とし、アパート生活は困難と判断されるホームレスを保護施設や無料低額宿泊所に入所させることを国の基本方針として定めた。ただし、「この場合、関係機関と連携を図り、居宅生活へ円滑に移行するための支援体制を十分に確保し、就業の機会の確保、療養指導、金銭管理等の必要な支援を行う」として、無料低額宿泊所からアパート生活

に移行するための支援体制確保の必要性もうたっている。

(3) 無料低額宿泊所に関する平成15年社会・援護局長通知

厚生労働省は、平成15（2003）年7月31日、「社会福祉法第2条第3項に規定する生計困難者のために無料又は低額な料金で宿泊所を利用させる事業を行う施設の設備及び運営について」（社援発第0731008号）と題する、都道府県知事・指定都市市長・中核市市長宛て社会・援護局長通知を発した（以下、「平成15年通知」という）。

この通知を出した趣旨については、①近年、無料低額宿泊所の設置数が急増している、②居室がプライバシーに配慮されていない等、利用者の適切な処遇が確保されていない施設がみられる、③無料低額宿泊所の適切な設備および運営を確保する観点から、「無料低額宿泊所の設備、運営等に関する指針」を定めた、との説明がなされている。

平成15年通知は、知事・市長に対し、「既存の無料低額宿泊所に対しては、必要な調査等を実施し、環境改善を働きかけるよう努めること」、「新規に届出をしようとしている事業者については、指針の趣旨、目的、内容等を説明し、遵守させるよう努めること」を求めている。

また、生活保護の実施機関に対しては、「無料低額宿泊所に起居する被保護者について、福祉事務所等保護の実施機関は、適切な処遇が行われているか等の生活実態の把握や一般賃貸住宅への転居等自立の支援に努めること」を求めている。

また、知事・市長に対し、「無料低額宿泊所の適切な運営を確保する観点から、必要に応じ、社会福祉法70条に規定する調査を実施し、事業者が不当に営利を図り、又は利用者の処遇につき不当な行為をしたときは、72条第1項の規定により、社会福祉事業を経営することの制限又は停止を命じること」を求めている。

(4) 都道府県・指定都市・中核市調査

厚生労働省は、都道府県・指定都市・中核市に対し、「社会福祉法第2条

第3項に規定する無料低額宿泊事業を行う施設の状況に関する調査」(2009年10月20日) と題する調査を行っている。

　上記調査に対する自治体の回答を見ると、千葉県は、「平成16年9月、平成17年4月に悪質な2事業者に対し、社会福祉法に基づく事業停止処分を実施。このうち1事業者が、事業停止処分に対して、処分取消しを求める行政訴訟が提起され、第1審は、県の主張を認め、原告の請求を棄却。第2審の原告の控訴も却下された」。「しかし、社会福祉法では、無料低額宿泊所を第2種社会福祉事業に位置づけ、届出制となっていることから、国の指針や地方公共団体のガイドラインに法的拘束力がなく、強い指導が難しい状況」であり、「今後、事業者の増加が見込まれ、社会福祉事業としての適格性や利用者のプライバシー・安全性の確保のため、設置基準・運営等の法的整備を行うとともに、開設につき許認可制に改めるようお願いしたい」。「また、昨今のホームレスの増加に伴い、その受け入れ施設として無料低額宿泊施設と類似したアパートも増加してきており、不適切な金銭管理の問題が発生してきている事例もある。このような施設に届出を指導しても、無料低額宿泊施設の要件が明確でないため、実効性のある指導が困難。要件の明確化をお願いする」と回答している。

　埼玉県は、「住居を失った要保護者に係る生活保護の適用について、2009年1月から、一般住居優先の方針を徹底している」として、同方針実施以前は無料低額宿泊所への入所者は65%であったが、方針実施後は40%に減ったこと、2009年1月から11月までの間に住居を失った要保護者1919人のうち、532人が直接アパートへ入居し、359人が1週間以内に保護決定（急迫保護）されたことを回答した。

　名古屋市は、「前提として『無料低額宿泊所』の定義及び位置づけを明確にする必要がある」、「無料低額宿泊所に対する規制強化と共に、無届けの無料低額宿泊所類似施設に対する規制も必要である」、「施設によって居室状況、食事内容及び利用料の設定等に開きがあるものの、現状のガイドラインでは

強制力がなく、一自治体としての指導に限界がある。設備・運営等について法令等により最低基準を明確に規定する必要がある」と回答している。

(5) 社会福祉法上の無料低額宿泊所の位置づけ

(A) 1種事業か2種事業か

社会福祉法上、社会福祉事業には第1種社会福祉事業（以下、「1種事業」という）と第2種社会福祉事業（以下、「2種事業」という）とがあり、無料低額宿泊所には、1種事業に該当するものと2種事業に該当するものがある。

1種事業としての無料低額宿泊所は、社会福祉法2条2項1号の定める「生計困難者を無料又は低額な料金で入所させて生活の扶助を行うことを目的とする施設を経営する事業」であり、2種事業としての無料低額宿泊所は、同法2条3項8号の定める「生計困難者のために、無料又は低額な料金で、簡易住宅を貸し付け、又は宿泊所その他の施設を利用させる事業」である。

(B) 1種事業と2種事業の違い

社会福祉法2条は、1項で「この法律において『社会福祉事業』とは、第1種社会福祉事業及び第2種社会福祉事業をいう」とし、2項で1種事業を、3項で2種事業を、それぞれ限定列挙している。

1種事業については厚生労働大臣が「設備の規模及び構造並びに福祉サービスの提供の方法、利用者等からの苦情への対応その他の社会福祉施設の運営について」最低基準を定めなければならず、施設の設置者は、前項の基準を遵守しなければならない（社会福祉法65条）。

1種事業は国、地方公共団体または社会福祉法人が経営することを原則とし（社会福祉法60条）、国、都道府県、市町村および社会福祉法人以外の者は、社会福祉施設を設置して1種事業を経営しようとするときは、事業の開始前に都道府県知事の許可を受けなければならない（同法62条2項）。

社会福祉法62条2項の規定に違反して事前に都道府県知事の許可を得ないで1種事業を経営した者は、6カ月以下の懲役または50万円以下の罰金に処せられる（同法131条2号）。

これに対し、2種事業の経営主体には制限がなく、事前の許可は不要で、事業開始後1カ月以内に都道府県知事に届出を行う義務がある（社会福祉法69条1項）が、義務違反に対する罰則はない。

(C)　1種事業に対して強い規制が行われる理由

　このように、法が1種事業に対して強い規制を行う理由については、「①1種事業の大部分は、人が入所して施設を利用し、生活の大部分を施設の中で営む。②そこでの生活の内容は、個人の人格に対して非常に大きな影響を及ぼす。③もし経営の適正を欠く場合には人権擁護の観点から非常に重大な人権侵害を生ずる可能性がある。④それゆえ公的責任として事業経営の適正性を確保することが不可欠である」と説明されている（社会福祉法令研究会編『社会福祉法の解説』68頁）。

(D)　2種事業に対する規制が緩やかである理由

　これに対して、2種事業に対する規制が緩やかである理由については、①2種事業とは1種事業でない社会福祉事業であり、②1種事業との違いは、その実施が社会福祉の増進に貢献するもので、かつ、事業実施に伴う弊害のおそれが比較的少ないものであること、③このような2種事業については、事業の展開を阻害しないよう自主性と創意工夫を助長することが必要と考え、1種事業と区別している、と説明されている（社会福祉法令研究会編・前掲書80頁）。

(E)　1種事業と2種事業に共通の規制

　1種事業と2種事業に共通の規制としては、都道府県知事の調査権がある（社会福祉法70条）。すなわち、都道府県知事は、社会福祉事業を経営する者に対し、必要と認める事項の報告を求め、または当該職員をして、施設、帳簿、書類等を検査し、その他事業経営の状況を調査させることができる。

　また、都道府県知事は、社会福祉事業を経営する者が、その事業に関し不当に営利を図り、もしくは福祉サービスの提供を受ける者の処遇につき不当の行為をしたときは、その者に対し、社会福祉事業を経営することを制限し、

またはその停止を命ずることができる（社会福祉法72条）。この都道府県知事による経営制限・停止命令は、事前の許可を得ずに1種事業を経営している場合や事業開始後の届出を行わず2種事業を経営している場合であっても行うことができる（同条3項）。

都道府県知事の経営制限命令もしくは経営停止命令に違反して経営を行った者は、6カ月以下の懲役または50万円以下の罰金に処せられる（社会福祉法131条3号）。

(6) 1種事業としての無料低額宿泊所と2種事業としての無料低額宿泊所

(A) 1種事業としての無料低額宿泊所

1種事業としての無料低額宿泊所の定義は、「生計困難者を無料又は低額な料金で入所させて生活の扶助を行うことを目的とする施設」である（社会福祉法2条2項1号）。「生計困難者」には、生活保護法による生活扶助・住宅扶助等の対象とはならなくても、これに準ずる低収入であるため生計が困難である者も含まれる。「生活の扶助」は、生活保護法に規定する生活扶助とはその範囲を異にする。これよりも範囲が広く、生活に関するすべての扶助を含み得る。「無料または低額」の「低額」とは、社会通念上必要とされる経費以下の額で、かつ、実際に支出された経費以下であることをいう（社会福祉法令研究会編『社会福祉法の解説』70頁・71頁）。

(B) 2種事業としての無料低額宿泊所

2種事業としての無料低額宿泊所の定義は、「生計困難者のために、無料又は低額な料金で、簡易住宅を貸し付け、又は宿泊所その他の施設を利用させる事業」である（社会福祉法2条3項8号）。「生計困難者」の意味は1種事業としての無料低額宿泊所におけるそれと同じである。「宿泊所」とは、一時的な宿泊をさせる場所であって、その宿泊料金が無料または相当低額なことが要件である（社会福祉法令研究会編・前掲書96頁）。

(C) 1種事業としての無料低額宿泊所と2種事業としての無料低額宿泊所との区別

1種事業としての無料低額宿泊所と2種事業としての無料低額宿泊所との区別のポイントは、1種事業は「入所させて生活の扶助＝サービス」を行うのに対し、2種事業は「生活の扶助＝サービス」は行わず施設を利用させるのみであるという点である。上記のとおり、「生活の扶助」は生活保護法の生活扶助より範囲が広く、生活に関するすべての扶助を含むとされている。そうすると、厚生労働省の定める「無料低額宿泊所の設備、運営等に関する指針」が無料低額宿泊所に対して求めている内容のうち、少なくとも、「(4)常時、生活の相談に応じるなど利用者の自立支援に努めること」、「(7)　入浴は、週に3回以上行うこと」、「(8)　食事を提供する場合は、各種法令を遵守するとともに、調理者、調理器具、食品、食器類、食堂等の衛生管理に努めること」の3項目は、「生活の扶助＝サービス」に該当することが明らかであるから、上記指針において厚生労働省が念頭に置いている施設は、1種事業としての無料低額宿泊所であるということになる。

　ところが、厚生労働省は、現存する無料低額宿泊所はすべて2種事業としての無料低額宿泊所であるとしている。

　これに対し日本弁護士連合会は、「『無料低額宿泊所問題』に関する意見書」(2010年6月18日)において、厚生労働省の見解は社会福祉法の解釈を誤るものであるから平成15年通知は廃止すべきであるとの意見を述べているが、厚生労働省は、「1種事業は措置のみである。無料低額宿泊所は措置ではないから1種事業には該当しない」と述べて、日本弁護士連合会の意見を否定している。

　しかし、1種事業は措置に限られるものではない。1種事業としての無料低額宿泊所の入所対象である「生計困難者」は、生活保護法による生活扶助・住宅扶助等の対象とはならなくても、これに準ずる低収入であるため生計が困難である者も含まれるのであり（社会福祉法令研究会編・前掲書70頁）、このような人々が措置の対象者でないことは明らかであるから、厚生労働省の上記見解は誤りである。

また、都道府県知事の許可を得ていなければ１種事業としての無料低額宿泊所に該当しない、というのではなく、１種事業に該当すれば、都道府県知事の許可を得なければならないのである。この点に関しては、無届の有料老人ホームに対する厚生労働省の取扱いが参照されるべきである。すなわち、厚生労働省老健局計画課長・振興課長連名通知「有料老人ホームの届出促進等に関する総合的な取り組みの徹底について」（平成19年３月20日）は、「なお、届出をしなければ有料老人ホームに当たらないのではなく、有料老人ホームの定義に該当すれば届出をしなければならないこと、また、仮に届出がなくても有料老人ホームに該当すれば、老人福祉法（昭和38年法律第133号）に基づく立入検査や改善命令の対象となることを留意されたい」としていることが参照されるべきである。

(7) 無料低額宿泊所に対する公的規制のあり方

2000年に旧社会福祉事業法の改正という形式で制定された社会福祉法は、立法目的として「福祉サービスの利用者の利益の保護」を新たに掲げた（同法１条）。これは、消費者契約法の目的と軌を同じくするとともに、「福祉サービスの利用者の特質に着目した利益保護の仕組み」を求めたものであると説明されている。

そうであるならば、その実態が１種事業にほかならない無料低額宿泊所について、「福祉サービスの利用者の特質に着目した利益保護の仕組み」を考える際には、①１種事業の大部分は、人が入所して施設を利用し、生活の大部分を施設の中で営むこと、②そこでの生活の内容は、個人の人格に対して非常に大きな影響を及ぼすこと、③もし経営の適正を欠く場合には人権擁護の観点から非常に重大な人権侵害を生ずる可能性があること、④それゆえ１種事業に対する相対的に強い公的規制が必要であること、を踏まえる必要がある。

また、無料低額宿泊所の利用者の特質（①生活困窮者であること、②元ホームレスであること、③厚生労働省によれば日常生活管理能力や金銭管理能力が不

十分であるとされていること、④平成15年通知の存在および保証人が得られないこと等によりアパートへの転宅が困難な状況に置かれていること、⑤サービス利用者はサービス提供者に依存せざるを得ず両者の対等な関係を確保することは困難であること）を正しく理解する必要がある。

　その実態に照らせば1種事業にほかならない無料低額宿泊所を、経営主体が限定されない2種事業として取り扱い、緩やかな規制を行うにとどめる厚生労働省の政策には極めて問題が多い。

(8) 国（厚生労働省）の責任

　以上のことから、無料低額宿泊所問題に関する国（厚生労働省）の責任については、①1種事業である無料低額宿泊所について厚生労働大臣が最低基準を定める義務（社会福祉法65条）を怠っているため、悪徳事業者による劣悪なサービスを規制するための法的拘束力のある最低基準がないこと、②平成15年通知で無料低額宿泊所は2種事業であると明言したことにより、その実態は1種事業にほかならない無料低額宿泊所を無許可で経営する事業者に対する罰則の適用を妨げ、都道府県知事による取締りを困難にしていること、③ホームレス自立支援法に基づく基本方針と平成15年通知によって、無料低額宿泊所の施設数および入所者数を激増させたこと、を指摘することができる。国（厚生労働省）の責任は重大である。

　にもかかわらず、国（厚生労働省）は、2010年5月には、民主党案の形をとっているものの、実質的には厚生労働省案というべき新規立法案（被保護者等住居・生活サービス提供事業の業務の適正化等に関する法律案）を作成し、国会に提出させることによって、「現行社会福祉法によっては悪質な無料低額宿泊所を取り締まることは不可能」との誤った認識を流布した。この法案は、その実態は1種事業にほかならない無料低額宿泊所を、許可ではなく届出により経営できることを特別法で明文化することにより、社会福祉法による強い公的規制が及ばないようにするものであり、貧困ビジネスとしての無料低額宿泊所を保護・育成することを目的とするものであるといわざるを得

ない。

2 「無料低額宿泊所商法」の被害事例と救済方法

(1) 被害事例1

(A) 野宿者に甘い言葉をかけ施設へ

2006年11月、東京都内の公園で野宿していたAさんは、面識のない男から「おまえさん、寝ぐらはあるのかい？」と声をかけられた。Aさんが「いいえ」と答えると、男は、「それじゃ、うちへ来いや。3食昼寝付きで手当ても出るし。正月もゆっくりテレビも見れるぜ」と誘った。Aさんは、不審に思いながらも、長い間満足に食事をとれていないうえ、外は寒く、正月も迫っていたことから、この男について行くことにした。

自動車に乗せられてたどり着いたのは千葉市にある施設（B舎）であった。翌日、B舎の職員は、Aさんと同じような経緯で集められた約10名を連れて区役所に行った。Aさんらは生活保護申請書に記入させられ、区役所に提出した。B舎の職員からは何の説明もなく、Aさんらは言われるままに従った。

(B) 劣悪な設備と食事、保護費の大部分をピンハネ

Aさんら入居者の居室の広さは2畳半、トイレと風呂は共同で、入浴は2日に1回だった。入居者が交流するための談話室などはなく、入居者が互いの居室を訪問することは禁止されていた。

職員は施設長1名だけで、食事の調理や掃除等は入居者にさせていた。食事の内容は、朝食が「卵かけご飯とみそ汁」、昼食が「ご飯とうどん等の麺類」、夕食が「ご飯、味噌汁、おかず2品」という質素なものであった。求職活動に対する支援などは何もなかった。

B舎は、Aさんに無断でAさん名義の預金口座を作り、預金通帳とキャッシュカードを管理していた。区役所から支給される生活保護費はその口座に振り込まれていた。B舎は、毎月約12万円の生活保護費のうち9万円を天引し、Aさんには約3万円だけを渡していた。しかし、Aさんはこのとき、区

役所から自分に支給されている生活保護費の額も、B舎が9万円も天引しているごとも知らなかった。月1回、B舎から渡される3万円と、1日3度の食事を待つだけの生活だった。

　Aさんはこのような生活に全く希望が持てず、2009年4月にB舎を退所した。

(2)　**被害事例2**

(A)　**野宿者に生活保護を申請させて関連会社の賃貸アパートへ**

　Cさんは、2010年9月、東京・上野公園に野宿していた頃、男性に声をかけられ、千葉市内にあるD社の事務所に連れて行かれた。事務所の2階で2週間ほど過ごした後、区役所に連れて行かれ、生活保護申請をさせられた。その際、D社は、「ずっと千葉市内にいた」と話すようCさんに指示した。

　D社は、Cさんを不動産仲介業者であるE社に連れて行き、E社を貸主、Cさんを借主とする建物定期賃貸借契約を結ばせ、CさんをEビルに入居させた。Cさんの連帯保証人にはD社の代表者がなった。Cさんと同様にD社に指示されてEビルに入居している者は5名ほどいた。

　Cさんに対する生活保護費は、Cさん名義の口座に振り込まれていたが、預金通帳とキャッシュカードはD社に取り上げられ、Cさんは自分で入出金をすることはできなかった。Cさんは生活保護費の振り込み先としてその預金口座を指定した覚えがなく、生活保護決定通知も受け取っていない。

(B)　**保護費が入る口座を強制管理し米と2万円余だけを配る**

　賃貸借契約書によれば、CさんはE社に対し、Eビルの賃料4万5000円と共益費3000円を支払うことになっているが、この支払いはD社が行っていた。

　D社は、毎月、Cさんの預金口座に振り込まれた生活保護費のうちから2万4000円を封筒に入れてCさんに手渡すほかは、毎月約10kgの米を運んでくるだけであった。

　Cさんに対して千葉市から支給される生活保護費は毎月約12万円であり、D社はCさんの生活保護費から月額約5万円の利益を得ていたことになる。

Cさんは、賃貸住宅の居室にいて、D社が現金2万4000円とお米10kgを持ってくるのをただ待つだけの生活を送っていた。惣菜は自分で購入するので、半月も過ぎると現金はなくなり、おにぎりと味噌汁だけで飢えをしのぎ、「あと半月をどうやって暮らそうか」と不安になるばかりであった。

Cさんは、ホームレス支援活動を行うNPO法人に相談し、Eビルから退去して一般のアパートに転居しようとしたが、区役所（福祉事務所）は、「敷金を出せる場合に該当しない」ということで転居を認めなかった。

(3) 被害救済と法的責任追及の方法

(A) 「無料低額宿泊所」業者に対する法的責任追及

貧困ビジネスとしての「無料低額宿泊所」を経営する業者と入所者との間には、契約書を作成するか否かにかかわらず、何らかの契約が成立していると考えられる。業者は入所者に対し、施設を利用させ食事を提供することを約束し、入所者は業者に対し、その対価を支払うことを約束するという契約である（ただし、対価支払いの方法は、保護費が振り込まれる入所者の口座を業者が管理し、天引するという方法である）。

契約書が作成されていないケースでは、口頭による契約すら成立していないと考えるべき場合もあるが、少なくとも半年、1年と入所が継続している場合には、黙示の契約が成立しているものと認められる場合が多いのではないかと考えられる。これを仮に「無料低額宿泊所利用契約」と呼ぶこととする。

そうすると、業者側は、「契約自由の原則」や「契約の拘束力」を主張して、対価の取得を正当化し、過去に受け取った対価の返還請求には応じないであろう。

これに対し、入所者側（退所した場合は、元入所者側）としては、「無料低額宿泊所利用契約」が違法であり無効であることを主張する必要がある。そこで、どのような点に着目して無料低額宿泊所利用契約が無効であると主張できるかが問題となる。

また、無料低額宿泊所利用契約をクーリング・オフ（契約の申込みの撤回）できる場合もある（後記3（無料低額宿泊所問題と特定商取引法の活用）参照）。

(a) 公序良俗違反（民法90条）による無効

(ⅰ) 無料低額宿泊所利用契約と公序良俗違反無効

無料低額宿泊所利用契約について公序良俗違反（民法90条）による無効を主張する際には、以下の点が問題となる。

㋐ 暴利行為または取引の方法ないし内容が不公正な取引行為

他人の窮迫・軽率・無経験に乗じて不当な利益を得るいわゆる暴利行為は公序良俗違反となると解されている。

また、取引方法ないし内容が不公正な取引行為も、社会的妥当性を欠き公序良俗違反となり無効と解される。

後者について、非公認市場における金地金の先物取引の委託が公序良俗に反し無効とされた最判昭61・5・29（裁判所HP、判時1196号102頁）が参考となる。

同判決は、顧客の委託を受けて非公認市場で将来の一定の時期に商品の授受および代金決済を行う予約取引の方法で金地金の売買を営む会社の社員らが、商品取引の知識のない主婦に対して、3時間にも及ぶ勧誘を続け、その間右取引が投機性を有し、損失を被るおそれのあること、委託追証拠金等を必要とすることがあり、これを納めないときには多額の損害を被ることなどについて説明せず、かえって損失のおそれのない安全かつ有利な取引であると強調し、さらに、主婦が現金のないことを理由に逡巡するのに、貸付信託通帳でも支障がないなどと述べて執拗に取引を勧め、その結果、主婦が社員らの言うに任せれば利益を生ずることが確実であると考えて本件取引をするに至ったなど原判示の事実関係のもとにおいては、主婦と会社との間に成立した本件取引は、著しく不公正な方法によって行われたものとして公序良俗に反し無効である、との判断を示した。

㋑ 取締法規違反

取締法規違反の契約は、公序良俗違反とされる場合と、公序良俗違反とされない場合とに分かれている。

　　　　(ウ)　「無料低額宿泊所利用契約」は暴利行為または取引方法ないし内容が不公正な取引行為であるとして公序良俗違反となるか

①　窮迫・軽率・無経験に乗じて契約させていること

「無料低額宿泊所」の入所者は、被害事例1に見るとおり、長期間の野宿生活を経て、経済的に困窮しているのみならず、栄養状態や健康状態も悪く、肉体的・精神的に疲弊している場合がほとんどであり、窮迫している。

また、入所者の中には、知的障害や精神障害のある人や、これまでの生活歴において十分な社会常識が身に付いていない人、対人関係能力が低いために騙されやすく他人に支配されやすい人など、さまざまな社会的弱者がいる。悪質な「無料低額宿泊所」業者は、このような弱者の軽率・無経験につけ込み、言葉巧みに野宿生活から脱け出せるメリットだけを強調して、入所させるのである。

②　不当な利益を得ていること

生活保護費は、憲法25条の理念に基づいて、健康で文化的な最低限度の生活を送るために必要な額が支給される。その額は、住所によって異なり、被害事例1の千葉市では、住居費を含めて1カ月に約12万円である。

「無料低額宿泊所」においては、住居および食事が提供されているが、被害事例1のように、居室は2畳程度と非常に狭く、食事の内容も粗末であり、その正当な対価は1日3食分で1000円にも満たない場合が多い。

また、B舎近隣には、バス・トイレがない2畳半の部屋など賃貸物件としては存在せず、4畳半のアパートでは賃料が1万5000円というところさえあり、4万5000円も出せば、6畳・キッチンとバス・トイレ付きのアパートが借りられるほどであった。

このような事情からすれば、劣悪な住居と食事しか提供していないにもかかわらず、生活保護費約12万円から9万円を天引している被害事例1の「無

95

料低額宿泊所」は、正当な対価の2倍以上を入所者に支払わせていることになる。これは明らかに「不当な利益」というべきである。

③ 生存権を侵害していること

生活保護制度は、健康で文化的な最低限度の生活を送るために必要な最低生活費を支給するものであるから、「無料低額宿泊所」業者に対し、劣悪な住居・食事の対価として、正当な対価の2倍以上の金銭を支払わされる結果、入所者は、憲法25条が保障し生活保護法がこれを具体化した、健康で文化的な最低限度の生活水準を下回る生活を強いられることなる。

憲法の人権保障規定は、民法90条や同法709条などの一般条項を媒介として私人間にも適用されると解されることから、入所者に健康で文化的な最低限度の生活水準を下回る生活を強いる「無料低額宿泊所利用契約」は、公序良俗に反すると解すべきである。

④ 財産権（金銭管理の自由）を侵害していること

被害事例1では、入所者は、唯一の収入である生活保護費が振り込まれる口座の通帳やカードを「無料低額宿泊所」業者に管理され、毎月約2万円を受け取るのみである。入所者は「無料低額宿泊所」業者による金銭管理を拒否すれば退去させられ野宿生活に戻るため、拒否することができなかった。このような状態は、入所者の財産権（金銭管理の自由）を侵害するものである。

⑤ 居住・移転の自由を侵害していること

被害事例2の場合、入所者が「無料低額宿泊所」業者から受け取る金銭は月に約2万円にすぎず、これを貯めて転居資金とすることを期待することは非現実的である。

他方、生活保護の実務では、「宿所提供施設、無料低額宿泊所等を一時的な起居の場として利用している場合であって、居宅生活ができると認められる場合」や「実施機関の指導に基づき、現在支払われている家賃又は間代よりも低額な住居に転居する場合」など一定の場合には敷金等を支給できるこ

とになっている。

したがって、被害事例1の場合は、「無料低額宿泊所等を一時的な起居の場として利用している場合であって、居宅生活ができると認められる場合」に該当すると判断され、生活保護から敷金の支給を受けて転居することが可能となる場合がある（もっとも、「居宅生活ができると認められる場合」に当たらないとして敷金の支給を拒まれる場合がある）。

しかし、被害事例2の場合は、入所者が「無料低額宿泊所」業者の関連会社との間で賃貸借契約を締結させられているため、「無料低額宿泊所等を一時的な起居の場として利用している場合」には該当しないと判断され、かつ、現状の家賃額によっては、また、実施機関の姿勢によっては、「実施機関の指導に基づき、現在支払われている家賃又は間代よりも低額な住居に転居する場合」にも該当しないと判断され、敷金等の支給を拒否されることがある。「無料低額宿泊所」業者は、入所者を囲い込んで生活保護費のピンハネを継続するため、あえて関連業者との間で賃貸借契約を締結させるしくみをとり、入所者が転宅することを非常に困難にしているものと思われる。

このような契約は入所者の居住・移転の自由を侵害するものである。

⑥　まとめ

上記①ないし⑤を総合すれば、「無料低額宿泊所利用契約」は暴利行為または取引の方法ないし内容が不公正な取引行為であり公序良俗違反というべきである。

(ⅱ)　取締法規違反による「無料低額宿泊所利用契約」の無効

(ｱ)　社会福祉法（62条2項）違反

被害事例1の「無料低額宿泊所」は、社会福祉法上の第1種社会福祉事業である、「生計困難者を無料又は低額な料金で入所させて生活の扶助を行うことを目的とする施設を経営する事業」（同法2条2項1号）に該当する。

国、都道府県、市町村および社会福祉法人以外の者が、この第1種社会福祉事業を行おうとするときは、事業を開始する前に、都道府県知事の許可を

受けなければならない（社会福祉法62条2項）。

　国、都道府県、市町村および社会福祉法人以外の者が、この規定に違反して、事前に都道府県知事の許可を得ないで第1種社会福祉事業を経営した場合、6カ月以下の懲役または50万円以下の罰金に処せられる（社会福祉法131条2号）。

　社会福祉法が第1種社会福祉事業に対して刑罰を含む強い規制を行う理由については、同事業の大部分が、人が入所して施設を利用し、生活の大部分を施設の中で営むものであり、そこでの生活の内容は個人の人格に対して非常に大きな影響を及ぼし、もし経営の適正を欠く場合には人権擁護の観点から非常に重大な人権侵害を生ずる可能性があるので、公的責任として事業経営の適正性を確保することが不可欠だからである、とされている。

　このような社会福祉法の趣旨に照らせば、社会福祉法62条2項は強行規定であり、これに違反して営業する「無料低額宿泊所」が利用者との間で締結した契約は公序良俗に違反し無効と解すべきである。

　なお、この点についてはいまだ裁判例が報告されていないが、最判昭38・6・13（裁判所HP）が参考となる。同判決は、非弁護士が債権取立ての全権を委任され成功報酬を決めた弁護士法違反の契約について、「弁護士の資格のない上告人が右趣旨のような契約をなすことは弁護士法72条本文前段同77条に抵触するが故に民法90条に照しその効力を生ずるに由なきものといわなければならないとし、このような場合右契約をなすこと自体が前示弁護士法の各法条に抵触するものであって、右は上告人が右のような契約をなすことを業とする場合に拘らないものであるとした原判決の判断は、当裁判所もこれを正当として是認する」として、公序良俗（民法90条）違反で無効であると判示した。

　　　(イ)　生活保護法（58条）違反

　生活保護法は、保護受給権を保護するため、58条で「被保護者は、既に給与を受けた保護金品又はこれを受ける権利を差し押えられることがない」と

して差押禁止を定め、また、59条では「被保護者は、保護を受ける権利を譲り渡すことができない」として譲渡禁止を定めている。憲法25条の保障する生存権を具体化する生活保護受給権を保護するという立法趣旨に照らせば、上記58条および59条は強行規定であり、これに違反してなされた差押えおよび譲渡は無効と解すべきである。

　なお、この点についても未だ裁判例が報告されていないが、違法な年金担保貸付に関する高松高判平19・12・11（消費者法ニュース75号98頁）が参考になると思われる。

　同判決は「国民年金法24条及び厚生年金法41条は、給付ないし保険給付を受ける権利を担保に供することができないと規定し、また、貸金業法20条の2（平成16年12月28日施行）は、貸金業を営む者は、貸付けの契約について、公的給付がその受給権者である債務者の預金又は貯金の口座に払い込まれた場合に当該預金又は貯金の口座に係る資金から当該貸付けの契約に基づく債権の弁済を受けることを目的として、その者の預金通帳等（当該預金若しくは貯金の口座に係る通帳若しくは引出用のカード又は年金証書等）の引渡し若しくは提供を求め、又はこれらを保管する行為をしてはならないと規定しているところ、これは、年金受給者等の生活を保護しようとする趣旨であるから、貸付けに際し年金を担保とし、年金証書や預貯金通帳等の引渡し若しくは提供を求め、又はこれらを保管する行為は、上記各規定に反する違法なものである」として、故意の不法行為（民法709条）を構成するものであると判示した。

(b)　**特定商取引法に基づく契約の申込みの撤回**

　2009年12月1日以降に締結された「無料低額宿泊所利用契約」については、特定商取引法が適用される。したがって、被害事例1のように訪問販売（同法2条）によって締結された「無料低額宿泊所利用契約」については、契約の申込みを撤回（クーリング・オフ）することができる（同法9条1項）。

　クーリング・オフがなされた場合、「無料低額宿泊所」業者は、すでに施

設が利用されもしくは役務が提供されたときにおいても、役務の対価その他の金銭の支払いを請求することができない（同法9条5項）。また、「無料低額宿泊所」業者は、「無料低額宿泊所利用契約」に関連して金銭を受領しているときは、速やかに返還しなければならない（同条6項）。

　　(c)　不当利得返還請求

「無料低額宿泊所利用契約」が公序良俗違反により無効である場合、入所者は、それまでに「無料低額宿泊所」業者に対して支払った（天引された）金銭について、法律上の原因に基づかず、入所者の損失により「無料低額宿泊所」業者が利得した不当利得（民法704条）として、その返還を求めることができる。他方、入所者は「無料低額宿泊所」業者から受け取った米や金銭などを返還する必要はない（不法原因給付：民法708条）。

また、特定商取引法に基づくクーリング・オフがなされた場合には、「無料低額宿泊所」業者は、「無料低額宿泊所利用契約」に関連して受領した金銭を速やかに返還しなければならない（同法9条6項）。

　　(d)　不法行為による損害賠償請求

「無料低額宿泊所利用契約」が公序良俗違反により無効である場合、「無料低額宿泊所」業者は、入所者に対し、このような違法な「無料低額宿泊所利用契約」を締結するよう勧誘し契約させたこと自体が故意による不法行為（民法709条）であるというべきであるから、これと相当因果関係がある入所者の損害を賠償する義務を負う。

　(B)　国家賠償請求（国と自治体に対する責任追及）

以上は、「無料低額宿泊所」業者に対する法的責任追及の方法について述べたものであるが、そのほか、国と自治体に対する国家賠償請求についても検討すべきである。

　　(a)　国に対する法的責任追及

　　　(i)　ホームレス自立支援法に基づく国の「基本方針」

国（厚生労働省）は、2003年7月31日、ホームレス自立支援法に基づく

「ホームレスの自立の支援等に関する基本方針」において、直ちに居宅で生活することは困難と判断されるホームレスを保護施設や無料低額宿泊所に入所させることを国の基本方針として定めた。

これ以後、生活保護の実施機関においては、野宿状態にある人からの生活保護申請があった場合には「無料低額宿泊所」に入所させることを基本とする対応が行われている。

(ii) 無料低額宿泊所に関する平成15年社会・援護局長通知

国（厚生労働省）は、平成15（2003）年7月31日、「社会福祉法第2条第3項に規定する生計困難者のために無料又は低額な料金で宿泊所を利用させる事業を行う施設の設備及び運営について」と題する、都道府県知事・指定都市市長・中核市市長宛て社会・援護局長通知を発した（以下、「平成15年通知」という）。

これは、その実態は社会福祉法2条2項1号の定める第1種社会福祉事業（以下、「1種事業」という）である、「生計困難者を無料又は低額な料金で入所させて生活の扶助を行うことを目的とする施設を経営する事業」にほかならない「無料低額宿泊所」を、同法2条3項8号の定める第2種社会福祉事業（以下、「2種事業」という）である、「生計困難者のために、無料又は低額な料金で、簡易住宅を貸し付け、又は宿泊所その他の施設を利用させる事業」であると言いくるめ、許可ではなく届出により経営できることを国（厚生労働省）として宣言するものであった。

このような平成15年通知は、社会福祉法による強い公的規制が及ばないようにすることにより貧困ビジネスとしての「無料低額宿泊所」を保護・育成することを目的とするものであったと言わざるを得ない（この点については前記1も参照）。

(iii) 国は無料低額宿泊所について最低基準を定める義務を怠っている

国（厚生労働大臣）は、社会福祉法65条により、1種事業である無料低額宿泊所について最低基準を定める義務があるにもかかわらず、未だにこれを

怠っている。そのため、現状では悪徳「無料低額宿泊所」業者による劣悪な施設とサービスを規制するための法的拘束力のある最低基準が存在しない。

　　　(iv)　平成15年通知は悪徳「無料低額宿泊所」業者の取締りを妨げている

　国（厚生労働大臣）は、平成15年通知で無料低額宿泊所は2種事業であると明言したことにより、その実態は1種事業にほかならない「無料低額宿泊所」を無許可で経営する事業者に対する罰則の適用を妨げ、都道府県知事による取締りを困難にしている。

　　　(v)　国の「基本方針」と平成15年通知によって「無料低額宿泊所」への
　　　　　入所者数が激増した

　国（厚生労働省）が、社会福祉法による強い公的規制が及ばないようにすることにより貧困ビジネスとしての「無料低額宿泊所」を保護・育成することを目的とする政策を採用し、「基本方針」を定めるとともに平成15年通知を発した結果、「無料低額宿泊所」の届出施設数と入所者数は激増した。また、届出を行わないだけで実体は同様の無届「無料低額宿泊所」は届出施設以上に激増した。

　　　(vi)　国家賠償法上の国の責任性

　　　　(ｱ)　違法な公権力の行使

　国（厚生労働省）は、ホームレスの住居を確保する対策として、その実態に照らせば1種事業にほかならない「無料低額宿泊所」を、経営主体が限定されない2種事業として取り扱い、緩やかな規制を行うにとどめ、これを保護・育成する政策を採用した。そして、その政策を推進するために社会福祉法の解釈を故意に歪曲する平成15年通知を発し、全国の生活保護実施機関に徹底した。これは、違法な公権力の行使にほかならない。

　　　　(ｲ)　損　害

　「無料低額宿泊所」の入所者は、諸般の事情により野宿生活を余儀なくされていたところ、「無料低額宿泊所」業者に勧誘され、窮迫・軽率・無経験に乗じられて、公序良俗に反し違法無効である「無料低額宿泊所利用契約」

を締結させられた。

その結果、入所者は、劣悪な施設と処遇の下での生活を強いられ、生存権・財産権・居住移転の自由を侵害され、精神的苦痛および財産的損害を被った。

(ｳ) 因果関係

入所者を勧誘した「無料低額宿泊所」業者は、ホームレス対策として「無料低額宿泊所」を活用するためにその保護・育成を図る国の政策に従って事業を進めているものであり、入所者に対して保護開始決定をなした生活保護の実施機関（福祉事務所）もまた、国の政策を具体化した「基本方針」と平成15年通知に従い、居宅ではなく「無料低額宿泊所」において生活保護を受けさせることとしたものである。

よって、入所者の上記損害は、国（厚生労働省）による上記の違法な公権力の行使との間に相当因果関係がある。

(b) **自治体に対する法的責任追及**

(i) 生活保護法に基づく自治体の義務

(ｱ) 生活状態調査及び職権による保護変更義務

生活保護法25条2項は、「保護の実施機関は、常に、被保護者の生活状態を調査し、保護の変更を必要とすると認めるときは、すみやかに、職権をもつてその決定を行い、書面をもつて、これを被保護者に通知しなければならない」として、保護の実施機関が職権による保護変更義務を負う場合があることを定めている。

(ｲ) 居宅保護の原則

生活保護法30条は、「生活扶助は、被保護者の居宅において行うものとする。ただし、これによることができないとき、これによつては保護の目的を達しがたいとき、又は被保護者が希望したときは、被保護者を救護施設、更生施設若しくはその他の適当な施設に入所させ、若しくはこれらの施設に入所を委託し、又は私人の家庭に養護を委託して行うことができる」として、

(ｳ)　直接交付の原則

　生活保護法31条3項は、「居宅において生活扶助を行う場合の保護金品は、世帯単位に計算し、世帯主又はこれに準ずる者に対して交付するものとする。但し、これによりがたいときは、被保護者に対して個々に交付することができる」として、保護費は実施機関から世帯主に直接交付することが原則であると定めている。

　その例外は、生活保護法54条の2第1項により指定を受けた地域密着型介護老人福祉施設、介護老人福祉施設、介護老人保健施設又は介護療養型医療施設において施設介護を受ける被保護者であって、直接交付することが適当でないときその他保護の目的を達するために必要があるとき、それら施設の管理者に対して交付する場合等に限られる（同法31条4項）。

(ii)　「基本方針」が自治体に求めていること

　国の「基本方針」は、「ホームレスの状況（日常生活管理能力、金銭管理能力等）からみて、直ちに居宅生活を送ることが困難な者」については、「保護施設や無料低額宿泊事業を行う施設等において保護を行う」とするとともに、「この場合、関係機関と連携を図り、居宅生活へ円滑に移行するための支援体制を十分に確保し、就業の機会の確保、療養指導、金銭管理等の必要な支援を行う」として、「無料低額宿泊所」から居宅生活に移行するために必要な支援を行うことを求めている。

(iii)　平成15年通知が自治体に求めていること

(ｱ)　既存施設の環境改善と新規事業者への指針の説明

　平成15年通知は、都道府県知事と指定都市・中核市の市長に対し、「既存の無料低額宿泊所に対しては、必要な調査等を実施し、環境改善を働きかけるよう努めること」を、「新規に届出をしようとしている事業者については、指針の趣旨、目的、内容等を説明し、遵守させるよう努めること」を求めている。

(ｲ)　社会福祉法70条・72条の権限行使

　平成15年通知は、知事・市長に対し、「無料低額宿泊所の適切な運営を確保する観点から、必要に応じ、社会福祉法70条に規定する調査を実施し、事業者が不当に営利を図り、又は利用者の処遇につき不当な行為をしたときは、72条第1項の規定により、社会福祉事業を経営することの制限又は停止を命じること」を求めている。

　(ｳ)　生活実態の把握と一般賃貸住宅への転居等自立の支援

　平成15年通知は、生活保護の実施機関に対し、「無料低額宿泊所に起居する被保護者について、福祉事務所等保護の実施機関は、適切な処遇が行われているか等の生活実態の把握や一般賃貸住宅への転居等自立の支援に努めること」を求めている。

　(iv)　国家賠償法上の自治体の責任

　　(ア)　違法な公権力の行使

①　社会福祉法70条・72条の権限不行使

　知事・市長は、「無料低額宿泊所」の実態を調査し（社会福祉法70条）、調査の結果、「不当に営利を図り」、または「処遇につき不当な行為」があったと認めたときは、経営の制限・停止を命じる（同法72条1項）権限があるにもかかわらず、これを適切に行使せず、入所者の被害を発生・増大させた。

②　生活保護法25条・30条・31条違反

　生活保護の実施機関は、生活保護法25条に基づく生活状態調査および職権による保護変更義務を怠り、公序良俗に反する、劣悪な施設と処遇の「無料低額宿泊所」から入所者を退所させ、一般賃貸住宅へ転居させなかった。また、同法30条の定める居宅保護の原則に反して、公序良俗に反する、劣悪な施設と処遇の「無料低額宿泊所」において保護を実施することを継続した。さらに、同法31条の定める直接交付の原則に反して、「無料低額宿泊所」業者が管理する口座に振り込む方法により保護費を交付し、当該業者が保護費を天引することを可能にした。

　　　　　(イ)　損　害

　入所者は、「無料低額宿泊所」において、劣悪な施設と処遇の下での生活を強いられ、生存権・財産権・居住移転の自由を侵害され、精神的苦痛および財産的損害を被った。

　　　　　(ウ)　因果関係

　知事・市長が社会福祉法70条・72条の権限行使を怠ったこと、生活保護の実施機関が生活保護法25条に反して入所者を「無料低額宿泊所」から退所させ一般賃貸住宅へ転居させる保護変更を行わなかったこと、同法30条に反して居宅保護を行わなかったこと、同法31条に反して保護費を直接交付しなかったことと、入所者の被った損害の間には、相当因果関係がある。

3　無料低額宿泊所問題と特定商取引法の活用

(1)　はじめに

　本項は、無料低額宿泊所の契約締結過程を踏まえて、特定商取引法に基づくクーリング・オフの行使による契約からの解放、不当勧誘行為に対する行政規制の活用などの可能性を検討する。

　無料低額宿泊所の契約の概要と通常の契約締結過程は、次のように整理できる（詳細は前記2参照）。

　通常の勧誘方法は、事業者が公園などにいる野宿者に声をかけて、「低額宿泊所に入って、生活保護を受けるようにしてやる」と誘う。契約締結の場所は、入居する宿泊所に同行して契約を締結することが多いと考えられるが、公園、市役所等で締結するケースもある。中には、知人から情報を得て、野宿者の側から事業者の事務所に出向いて契約を締結するケースもある。

　契約の内容は、宿泊所の賃貸借契約を基本としつつ、給食の提供、生活保護の申請援助、金銭・通帳の管理等の生活サービスが伴うケースが多いようである。入居者は、宿泊所の賃料と生活サービス提供の対価を支払う（無料低額宿泊所利用契約。前記2(3)参照）。

トラブルとなる場面は、宿泊所の確保や生活保護申請の援助等の一連の手続に着手したあとで、高額の対価を負担する契約書にサインさせる例が多いため、事実上拒否しにくい状況で契約を締結しがちとなる。その結果、生活保護支給額の大半を徴収される不利な契約条件を強いられることとなるが、生活保護支給開始後や宿泊所入居後には、契約を解除してその事業者と手を切ることが困難となる。
　このような商法は、もともとはボランティアグループが低額の賃料だけで実施していた活動をまねて、悪質業者が生活保護費を巻き上げる手口として始めたものと思われる。

(2) 特定商取引法の適用可能性

(A) 営業所等以外の場所での契約

　訪問販売は、事業者が消費者の自宅を訪問して商品等を販売するケースが典型であるが、特定商取引法2条1項1号が定める「訪問販売」の定義は、「営業所等以外の場所で」事業者が消費者から契約の申込みを受け、または契約を締結することが要件とされる。したがって、公園、市役所、入居先の宿泊所など、事業者の営業所等以外の場所で契約を締結していれば、「訪問販売」に当たる。入居先の宿泊所に事業者の事務所があればその場所が営業所等に当たるが、事業者の事務所が別の場所であれば宿泊所は営業所等には当たらないと解される。
　野宿者が独自に情報を入手して、事業者の事務所に自ら出向いて契約した場合は適用されない。

(B) 「特定顧客」については営業所等で契約がされた場合を含む

　訪問販売は不意打ち型の取引を規制するものであるから、契約締結の場所が事業者の営業所等であっても、①営業所等以外の場所で呼び止めて営業所等に同行した場合（キャッチセールス。特定商取引法2条1項2号）、または②販売目的を告げずに電話、郵便、訪問等により営業所等に呼び出した場合（アポイントメントセールス。特定商取引法2条1項2号、同法施行令1条1号）

は、「特定顧客」に対する契約として訪問販売に含まれる。

したがって、事業者が公園等で声をかけて事務所に同行してそのまま契約締結に至る場合は、契約目的を告げていても訪問販売に当たる。

また、事業者が公園等で声をかけて事務所に来るよう呼びかける際、有料の賃貸借契約や無料低額宿泊所利用契約であることを告げずに勧誘をする場合は、訪問販売に当たる。たとえば、無償で生活保護申請を援助すると告げて呼び出し、事務所で無料低額宿泊所利用契約を勧誘する場合は、有償の契約目的を告げていないから訪問販売に当たる。

他方、公園等で事業者が声をかけて契約目的を告げ、別の日に野宿者が自発的に事務所に出向く場合はこれに当たらない。

　(C)　**契約対象商品・役務**

特定商取引法は、2008年改正（2009年12月1日施行）により政令指定商品・役務制が廃止され、原則としてすべての商品販売・有償の役務提供が適用対象となった（同法2条1項1号。ただし、権利については指定制が維持されている。同条4項）。

低額宿泊所の入居（賃貸借契約）や入居先の有償での紹介（賃貸借契約のあっせん）も役務提供に該当するほか、生活保護の申請援助、給食の提供、金銭・通帳の管理などを有償で行う場合は、これも役務提供として特定商取引法の適用対象となる。

これらの住居・生活サービスを無償で行う場合は、適用対象とならない。

　(D)　**適用除外**

免許を受けた宅地建物取引業者が行う不動産賃貸借の媒介は、特定商取引法の適用除外である（同法26条1項8号ロ）。それ以外の事業者が宅地建物取引業者の宿泊所を有償で紹介した場合や、その他の生活サービス部分は、特定商取引法の適用対象となる。

宿泊所事業者が社会福祉法69条による届出を行っていても、特定商取引法の適用は排除されない。

(3) 特定商取引法による規律

(A) 主な行政規制

　訪問販売業者は、勧誘に先立って、事業者名、販売する商品・役務の種類、販売目的を明示する義務を負う（特定商取引法3条）。低額宿泊所の紹介のみを告げて誘い込み、高額の生活サービスを勧誘することは、主たる販売目的を告げていないと解される。

　契約を拒否した者への勧誘継続や再勧誘は禁止される（特定商取引法3条の2）。低額宿泊所の紹介等を勧誘したのに断っている者に対して繰り返し勧誘することは、これに該当する可能性がある。

　訪問販売により契約を締結したときは、法定記載事項を満たした契約書面の交付義務を負う（特定商取引法4条・5条）。住居・生活サービスの内容、対価、支払条件、事業者名・住所等のほか、クーリング・オフができることの記載事項も満たすことが必要である。

　訪問販売による契約の締結を勧誘するためまたは契約の解除を妨げるため、重要事項の不実の告知、故意の不告知、威迫困惑行為、販売目的を隠して閉鎖的場所で勧誘をした場合（特定商取引法6条）は、行政処分および刑罰の対象となる。ほかに、行政規制のみの対象となる不当勧誘行為の規制もある（同法7条）。

　特定商取引法の行政規制権限は、都道府県および消費者庁が行使するものとされ、改善指示処分と業務停止命令がある。

(B) 民事規定

　訪問販売による契約は、法定書面受領日から8日間は無理由かつ無条件の解除権（クーリング・オフ）が付与される（特定商取引法9条）。不意打ち型契約について熟慮のうえ解約から解放される機会を付与する趣旨である。すでに役務提供を受け始めていても、対価を負担することなく無条件で解除できる。

　契約書面の不交付や記載不備がある場合は、クーリング・オフの起算日が

開始しないため、いつまでもクーリング・オフが可能であると解されている。事業者が法定記載事項を満たす書面を交付していない場合は、住居・生活サービス契約の拘束から解放される強力な手段となる。

ほかに、契約の勧誘にあたり、重要な事項につき不実の告知や不告知により誤認して契約を締結したときは、契約取消権がある（特定商取引法9条の3）。また、過量販売解除権（同法9条の2）の規定もある。

不退去・退去妨害により消費者が困惑して契約を締結した場合には、消費者契約法4条の適用により取消しが可能となる。

契約条件規制として、契約の解除に伴う損害賠償額・違約金の定めは、提供済み役務の対価など合理的な範囲内に制限される（特定商取引法10条）。これは消費者契約法9条・10条の不当条項規制と同趣旨である。住居・生活サービスについて中途解約権を積極的に保障する規定はないが、準委任契約の性質を有する生活サービス契約について不当な違約金等によって解除権を制限することは、本条違反の可能性が高い。

(C) **特定商取引法の適用に関する留意点**

野宿者を無料低額宿泊所に招いて生活再建を支援する取組みは、悪質業者が参入する以前から、ボランティアグループにより行われている。この悪質業者とボランティアグループとの契約について、特定商取引法の適用を事業主体によってまたは対価の高低によって区別することはできないから、ボランティアグループの契約についても、訪問販売の方法により有償の住居・生活サービスを提供する場合であれば、同法の適用を受ける。したがって、ボランティアグループとしては、訪問販売に該当する勧誘形態を避けるか、訪問販売に当たる勧誘形態を行うのであれば契約書面交付義務や勧誘行為規制を遵守する活動とするように、留意する必要がある。

Ⅳ 医療をめぐる貧困ビジネスに対する法的救済

▶弁護士　曽我　智史

1 医療をめぐる貧困ビジネスの特徴

(1) 大和川病院・安田病院事件

(A) 事実経過の概要

1997年3月、安田系3病院（大和川病院（大阪府柏原市所在）、安田病院（大阪市住吉区所在）、大阪円生病院（大阪市東住吉区所在））の元職員や現職員である看護師が、病院が数年来医師や看護師の数を水増しして報告してきた事実や、府・市が行う医療監視の際に調査員をごまかす手口について詳細に語った内容が、新聞各紙で報道された。

これを受け、大阪府は、厚生省（当時）、大阪市とともに、安田系3病院の一斉調査を実施した（注1）。この調査の結果、系列3病院いずれの病院においても医師・看護師の数が医療法の定める基準の半分から3分の2も不足していること、大和川病院においては診察なしで強制入院させていたこと、調査日以外は公衆電話が看護師詰所の中に設置され入院患者は事実上それを使えないこと、手足を不必要にベッドに拘束していたこと等が判明した。

同年7月には、大阪地検特捜部が、安田病院の院長であり、3病院の実質上のオーナーであった安田基隆を詐欺で逮捕した。診療報酬を不正に請求し、それを詐取したという被疑事実である。

大阪府は、同年8月5日までに、安田系3病院の入院患者全員を転退院させ、一方で、厚生省（当時）は、同月8日には、3病院の保険医療機関の指定を取り消した。同年10月1日、大阪府は、3病院の開設許可を取り消し、

（注1）　大阪精神医療人権センターは、それまでにも安田系病院が患者に対して劣悪な処遇をし、患者の権利を蹂躙し続けてきたことを何度も取り上げ、行政に対して厳正な調査を実施するよう要請してきたが、行政の対応は鈍かった。

111

これにより3病院は廃院となった。

(B) 安田病院では何が行われていたか

　安田病院の入院患者は、その4割が生活保護受給者であった。同病院は、職員を福祉事務所に派遣し、同事務所職員にテレホンカードを配って、患者のあっせんを依頼するというような方法で、生活保護受給者の入院患者を集めていた。

　また、安田病院の院長である安田基隆は、看護基準を満たしていないのに、虚偽の事実を記載した「看護婦等の配置名簿」を届け出て基準を満たしているように装ったうえ、さらに、同基準に従って患者に対し良好な看護を施したとの記載をした内容虚偽の診療報酬請求書等を提出し、起訴された分だけでも約5億9000万円の診療報酬を騙し取っていた。

　さらに、同人は、看護師その他の職員らに対し、種々の言いがかりをつけてその給料の一部を不法に天引するという「罰金制度」を導入し、職員の給料から恣意的に罰金を天引していたという労働基準法違反も犯していた（注2）。

(2) 山本病院事件

　奈良県大和郡山市所在の山本病院の当時の理事長が、2005年1月から2007年5月にかけて、生活保護受給者だった入院患者8人に心臓カテーテル手術をしたように装い、診療報酬合計約830万円を騙し取っていた。理事長は、詐欺罪で起訴され、2009年1月13日、奈良地方裁判所において、懲役2年6カ月の実刑判決が言い渡された（判例集未登載）。その後、理事長は、控訴をしたが、同年6月、大阪高等裁判所は、控訴を棄却した（2011年3月現在、上告中）。

　なお、元理事長は、不慣れな手術で患者を失血死させたとして、業務上過

（注2）　安田基隆に対しては、1998年4月14日、大阪地方裁判所により懲役3年の実刑判決が言い渡された（判例集未登載）。安田は控訴したが、大阪高等裁判所は、1999年3月に控訴を棄却した。安田は上告したが、上告中の1999年6月27日に死亡したため、事件は公訴棄却により終了した。

失致死罪でも起訴されており、2011年3月時点で、奈良地方裁判所において刑事裁判手続が進行中である。

(3) 医療をめぐる貧困ビジネスの特徴

大和川病院・安田病院事件や山本病院事件において、共通点は、入院患者として生活保護受給者を集めていたこと、内容虚偽（ここでは、実際には実施していない医療行為を実施したと記載する場合のみならず、必要のない医療行為を実施したとしてそれを記載する場合も含む）の診療報酬明細書を作成し、不正に診療報酬を請求し、それを受領していたこと、である。

これらの共通点に着目すると、実は、大和川病院・安田病院事件や山本病院事件は特殊な事例ではないことがわかる。

現在の医療費制度には、不正を容易に行うことができるしくみが内在しているのであり、これをビジネスと捉え、利益ばかりを追求し、患者の権利を軽視する病院が少なからず存在する。

医療の世界にビジネスが入り込む構造を理解するためには、医療費制度、特に、診療報酬制度に対する理解が不可欠である。そこで、次項においては、医療費制度について説明する。

2 医療機関が収入を得るしくみ——医療費制度

(1) 国民皆保険

わが国においては、全国民が医療保険に加入し、被保険者または世帯主が保険料を支払う代わりに、比較的低額な自己負担金で、医療サービスを受けられる建前となっている（注3）。

(注3) 最近、高額な国民健康保険料を支払うことができず、国民健康保険証を返還させられる件数が増加している。保険証を返還すると、短期保険証（滞納期間が1年未満の場合に交付され、有効期間が2～3カ月と短い保険証）ないし資格証明書が交付される。資格証明書の保持者は、医療の給付を受けた場合、病院等の窓口で医療費をいったん全額自己負担する必要があるため、現実的には、受診そのものが困難となる。この場合、実質的には無保険の状態である。詳しくは、伊藤周平『医療・福祉政策のゆくえを読む』34頁参照。

113

(2) 医療保険制度のしくみ

医療機関は、どのようにして収入を得ているのであろうか。これを説明すると次のとおりとなる。

私たちが病院に受診したときを想定する。

私たち、つまり、被保険者は、医療機関に対し、一部負担金（小学生未満は医療費の2割、小学生から70歳未満は医療費の3割、70歳以上75歳未満は原則として医療費の2割（注4）、75歳以上の後期高齢者は原則として医療費の1割）を支払うだけで、医療サービスを受けることができる。

医療機関は、毎月、社会保険診療報酬支払基金や国民健康保険団体連合会などの審査支払機関に対し、実際にかかった医療費から、被保険者が支払った一部負担金を控除した金額の請求、すなわち、診療報酬の請求を行う。このときに使用されるのが、診療報酬明細書（レセプト）である。

審査支払機関は、このレセプトを審査し、保険者である全国健康保険協会や市区町村などに審査済みのレセプトを送付する。

保険者は、送られてきたレセプトを点検した後、審査支払機関に診療報酬を支払い、審査支払機関から医療機関に診療報酬が支払われる。

医療機関は、このような手続を経て、診療報酬を得ることになる。

(3) 診療報酬制度

診療報酬は、「出来高払い方式」といわれている（注5）。すなわち、診察、手術などの各医療行為について、健康保険法の規定による療養に要する費用の額算定方法（いわゆる診療報酬点数表）において、それぞれ細かく点数が決められている。1点あたり10円である。たとえば、診療時間内に6歳以上の者が初めて医療機関を訪れ医師の診察を受けた場合、初診料として270点、

（注4） 70歳以上75歳未満については、2008年4月から2013年3月までは、原則として1割負担である。
（注5） 近時、出来高払い方式の弊害である過剰医療を減らすために、病名と診療行為の組合せによって1日の入院費が決まる包括払い（DPC）方式の導入が進められている。

その診察において検査を受けた場合、検査料として何点、その診察において、処方される薬の使い方や注意事項の説明を受けた場合は薬剤情報提供料として10点、というように点数が決められている。

これらの各医療行為に応じた報酬が医療機関に支払われることになる。

(4) **診療報酬制度のメリットとデメリット**

(A) **メリット**

診療報酬制度は、医療行為に対する対価という考え方を採っているため、医師が必要と認めた医療サービスが保障されることになり、医師が自己の裁量で治療を行うことができるというメリットがある。

患者の立場からみると、一つひとつの医療行為の料金が加算されるという単純なしくみなので、自分が受けた治療内容の把握がしやすいというメリットがある。診療報酬明細書を見れば、自分がどのような医療行為を受けたことになっているのか、その各医療行為にはそれぞれ何点がついているかを知ることができる。

(B) **デメリット**

診療報酬制度が医療行為に対する対価というしくみであることから、不要な検査を実施したり、余分な薬を処方したりして（いわゆる薬づけ、検査づけ）、過剰な医療を招きやすいというデメリットがある。

診療報酬制度は、医療機関が、収益を確保しようと考えた場合、その医療行為が医学的には不要であったとしても、医師の裁量の名の下に、たとえば、検査を実施すれば、それだけで診療報酬点数が加算され、診療報酬が発生するしくみである。

また、これに関連するが、医療機関の経営努力や医師の技術力は報酬には反映されないというデメリットもあげることができる。

3　医療をめぐる貧困ビジネスのしくみと問題点

(1) **医療をめぐる貧困ビジネスとは**

本書において、「医療ビジネス」とは、この診療報酬制度のデメリットに着目したビジネスのことをいう（注6）。

そして、これが生活保護制度と結びついたとき、医療機関は、安定的な収入のみならず、莫大な利益すら得ることができる。本書では、これを「医療をめぐる貧困ビジネス」と呼んでいる。

(2) 医療貧困ビジネスのしくみ

わが国では、経済的困窮者は、生活保護を受給できるとされている。医療の関係では、生活保護の受給者は、保護の開始によって、国民健康保険が適用除外となり、公費負担医療制度の適用となる（注7）。生活保護においては、医療扶助により、生活保護受給者は、医療費をいっさい負担しなくても医療サービスを受けることができるようになる。

生活保護法52条は、医療扶助における診療報酬は、国民健康保険の診療報酬の例による、と規定しているため、国民健康保険法45条・健康保険法76条2項により、医療機関は、上記2(3)で説明した診療報酬制度によって診療報酬を得ることになる（注8）。

ここでは、医療機関は、実際にかかった医療費の全額を公費（税金）から受け取ることになるので、医療保険を利用した場合に生じる患者の自己負担金部分について、未回収となることは想定されない。言い換えれば、医療機関にとっては、生活保護受給者に対して医療行為を行った場合、診療報酬が

(注6) 赤字経営状態の医療機関は、少なからず存在する。そして、これをビジネスと捉え、経営コンサルタントの名で、医療機関の買収に関与し、あるいは、医療機関が受け取る診療報酬から、業務委託料名目で、利益を得る業者が存在する。
(注7) 被用者保険（健康保険、共済組合、船員保険）については、他法他施策としてそれらが優先して適用されるため（生活保護法4条2項）、被用者保険加入者かつ生活保護受給者については、ここでの議論は当てはまらない。もっとも、生活保護受給者のほとんどが、保護開始前は、失業等により国民健康保険に加入していることが多く、また、国民健康保険料を滞納しているケースが多いように思われる。本文では、国民健康保険加入者が生活保護を受給した場合を前提としている。
(注8) ただし、医療機関は、生活保護法によって診療報酬を取得するためには、都道府県知事より、同法49条に基づいて指定医療機関としての指定を受けていなければならない。

全額公費から支払われるため、確実な収入を見込むことができるのである。医療扶助は、医療機関から見れば極めて優良な債権である、といえる。

このため、出来高払い方式の診療報酬制度と生活保護の医療扶助とを悪用すれば、医療機関は、莫大な利益を得ることが可能となる。すなわち、生活保護受給者である患者を、薬づけ・検査づけにすれば、診療報酬点数を稼ぐことができ、その点数から算出される診療報酬を公費から確実に回収し利益を得ることができるのである（注9）。

医療貧困ビジネスは、このように診療報酬制度のデメリットと医療扶助の優良債権性とに着目したビジネスなのである。

(3) 問題点

このような医療貧困ビジネスの問題点は次のとおりである。

① 国民の税金が食い物にされていること
② 患者に対して、不必要な投薬や検査等が行われていること
③ 医療機関が利益を求めれば求めるほど、患者の生命身体に対する危険度が大きくなる関係性にあること

4 医療貧困ビジネスに対してとりうる法的対応策

ここでは、生活保護受給者が、医療貧困ビジネスをしている医療機関（以下、「貧困ビジネス医療機関」という）において不必要な手術を受けたことにより、術前にはなかった重篤な障害を有することになった、という事例を想

（注9） 生活保護の医療扶助においても、診療報酬の審査支払機関は、社会保険診療報酬支払基金である（生活保護法53条3項・4項、『生活保護手帳〔2010年度版〕』406頁参照）。同基金は、レセプトを審査し、適応外、過剰、重複、不適当または不必要な診療があれば減点する。これを「査定」という。このように、不適当・不必要な診察がなされていないかどうかチェックするシステムは存在する。しかし、実際上、レセプトの記載のみから、不適当・不必要な診療を見抜くには限界がある。毎月膨大な枚数の紙ベースのレセプトを人の目でチェックしなければならないからである。もっとも、2011年4月からのレセプトのオンライン請求義務化により、レセプト審査の効率が上がることが期待されている。

定して、被害救済のためにとりうる法的対応策について説明する。
 (1) **民事上の手段**
  (A) **訴訟物**
 上記例の場合、貧困ビジネス医療機関に対して、医療契約（準委任契約）の債務不履行に基づく損害賠償請求権、ないし、不法行為に基づく損害賠償請求権を行使することが考えられる。
  (B) **被侵害利益**
   (a) **身体**
 被侵害利益として、まずは、身体があげられる。手術は身体への侵襲行為であるが、上記例の場合、その手術は、単なる傷害行為である。この傷害行為により生じた損害は、貧困ビジネス医療機関が損害賠償責任を負う。
 なお、手術の際に身体拘束を受けることになるため、身体の自由も被侵害利益と捉えることが可能である。手術後回復（症状固定）までに、貧困ビジネス医療機関において、相当期間入院を余儀なくされるのであれば、その期間も身体の自由に対する侵害であるといえる。
   (b) **自己決定権**
 次に、自己決定権そのものも被侵害利益と捉えるべきである。
 医療の場面における「自己決定権」とは、患者が、どのような医療行為を受けるか、あるいは受けないか、について医師や医療機関が勝手に決めてしまうのではなく、患者自身の自由な意思で、同意・選択し、あるいは拒否する権利のことである。
 いわゆるエホバの証人の輸血拒否事件について、最高裁判所は、「患者が、輸血を受けることは自己の宗教上の信念に反するとして、輸血を伴う医療行為を拒否するとの明確な意思を有している場合、このような意思決定をする権利は、人格権の一内容として尊重されなければならない」とし、手術の際に輸血以外には救命手段がない事態に至ったときには輸血するとの方針をとっている医療機関が、患者に対して、そのことを説明せずに手術を行った場

合には、「輸血を伴う可能性のあった本件手術を受けるか否かについて意思決定をする権利を奪ったものといわざるを得ず、この点において同人の人格権を侵害したものとして、同人がこれによって被った精神的苦痛を慰謝すべき責任を負うものというべきである」と述べており（最判平12・2・29民集54巻2号582頁・判時1710号97頁）、医療の場面における、患者の自己決定権が、保護される利益であることを認めている。

　医療行為を決定するのは、患者自身であるから、医師は、患者本人の意思に反した医療行為を行うことはできないし、患者は、自由に医師や医療機関を選択することができるし、自己の意思に反する転院や入退院を強制されることもない。

　上記例の場合、患者が、それが不必要な手術であると知っていたならば、その手術を受けることを選択することは、通常はないのであり、ここに自己決定権の侵害を看取できる。

　(c)　**自己決定権の前提としてのインフォームド・コンセント**

　患者には、医学に関する専門知識がなく、それが必要な医療行為なのかどうかは、独力では判断できないのが通常である。

　そこで、患者が医療行為に関して自己の意思を決定するためには、医師による十分な説明がなされ、十分に理解できる状態になることが不可欠である。

　医師が、患者に対し、当該医療行為を受けた場合の利点と危険性、受けない場合の利点と危険性、ほかに選択しうる治療手段の存否や臨床データなどに関する十分な説明ないし助言をする義務を履行してはじめて、患者の医療行為に対する自己決定権行使の基盤が確立され、患者は、当該医療行為に同意し、選択し、あるいは拒否することができる。

　このように、医師による説明ないし助言によって、患者の自己決定権行使の基盤が確立され、それにより患者が自己決定権を行使する、という関係性を、インフォームド・コンセント原則という（患者の権利オンブズマン編『Q&A医療・福祉と患者の権利〔第2版〕』28頁参照）。

第3章　貧困ビジネス被害の実情と法的対応策

　医師は、医療契約上、患者に対し、このような関係性を形成する義務を負っているというべきであり、このような関係性を全く形成せずに医療行為を行った場合は、それだけで自己決定権の侵害があると結論づけられる。
　上記例の場合において、医師が、患者に対して、当該手術の必要性について説明せず患者の理解を得ないまま当該手術を行った場合や、当該手術の必要性について虚偽の説明をした場合（貧困ビジネス医療機関においては、医師は、利益を追求するあまり虚偽の説明をする可能性が高い）には、インフォームド・コンセントの原則に照らし、自己決定権の侵害がなされたと評価できる。

(C)　「不必要な手術」か否か

　それが不必要な医療行為であったか否かは、その医療行為が行われた時点の患者の身体の状態からして、当該医療行為は不要であった、といえなければならない。
　それを立証するための資料を列挙すると、おおむね以下のとおりである（ただし、これらに限られるものではない）。これらの資料をもとに、不必要な医療行為であったか否かを検討することになる。

(a)　貧困ビジネス医療機関の診療録等

　貧困ビジネス医療機関に対し、診療録、検査記録、画像等の開示請求をする。
　診療録等の改竄のおそれがあるのであれば、裁判所の証拠保全手続の利用を考える。

(b)　貧困ビジネス医療機関が患者に対し交付する療養計画書

　医療機関に入院していた場合、患者は、当該医療機関から、療養計画書を交付されているのが通常である。この療養計画書を見れば、当該医療機関が、どのような診断名のもとで、どのような治療を実施していたかという概要がわかる。

(c)　前医・後医の診療録等

　患者が、貧困ビジネス医療機関に入通院する前に入通院していた医療機関

（前医）、あるいは、貧困ビジネス医療機関に入通院した後に入通院している医療機関（後医）がある場合、これらの医療機関からも、診療録等の開示を受けておく。

　これらの診療録等から、貧困ビジネス医療機関における治療が必要なものであったのか、おおよその見当がつく場合がある。

　　(d)　貧困ビジネス医療機関が作成したレセプトの開示請求（注10）

　患者が生活保護受給者である場合、レセプトは、最終的には、都道府県知事に送付されるため、各都道府県の個人情報保護条例に基づき開示請求をすることになる。

　医療貧困ビジネスを展開している医療機関である場合、診療報酬を稼ぐために、ありもしない傷病名をレセプトに記入していることが通常であるため、開示請求は不可欠である。

　もっとも、レセプトの開示請求をした場合、貧困ビジネス医療機関に、開示請求をした事実が伝わる可能性があることに留意すべきである。

　　(e)　協力医の意見

　上記(a)〜(d)のいずれかの資料をもとに、問題の医療行為が、当該患者に必要なものであったのか否かについて、意見を述べてくれる協力医がいることが望ましい。

　(2)　刑事上の手段

　　(A)　傷害罪ないし業務上過失傷害罪での刑事告訴

　「不必要な手術」により「傷害」されたということであれば、医療行為としての正当性はなく、違法性は阻却されない。この場合、傷害罪ないし業務上過失傷害罪で刑事告訴することが考えられる。

（注10）　医療機関は、2006年10月から、一部負担金を支払った患者に対して、医療費の内容がわかる領収証を無料で発行することが義務づけられているが、生活保護受給者で被用者保険に加入していない者は、一部負担金の支払いが不要なため、このような領収証が発行されることはない。結局、レセプトの開示請求をしなければ、医療費の内訳が判明しない。

(B) 詐欺罪での刑事告訴

貧困ビジネス医療機関が診療報酬の不正受給をしているとして、詐欺罪で刑事告訴することが考えられる。

(3) 行政上の手段

(A) 生活保護法に基づく対応

(a) 生活保護法50条に基づく指導

貧困ビジネス医療機関は、生活保護法49条に基づき、医療扶助のための医療機関の指定を受けているのが通常である。

医療機関は、この指定を受けると、都道府県知事の行う指導に従わなければならない（生活保護法50条）。この指導は、被保護者に対する援助の充実と自立助長に資するため、法による医療の給付が適正に行われるよう制度の趣旨、医療扶助に関する事務取扱い等の周知徹底を図ることを目的として行われる（『生活保護手帳〔2010年度版〕』417頁）。

指定医療機関が、この指導に従わない場合、都道府県知事は、その指定を取り消すことができる（生活保護法51条2項）。

そこで、都道府県知事に対し、貧困ビジネス医療機関に対する指導を徹底するよう申し入れることが考えられる。

(b) 生活保護法54条に基づく検査

生活保護法54条には、「都道府県知事は、診療内容及び診療報酬請求の適否を調査するため必要があるときは、指定医療機関の管理者に対して、必要と認める事項の報告を命じ、又は当該職員に、当該医療機関について実地に、その設備若しくは診療録その他の帳簿書類を検査させることができる」と規定されている。本条に規定されている検査は、被保護者にかかる診療内容および診療報酬の請求の適否を調査して診療方針を徹底せしめ、医療扶助の適正な実施を図ることを目的としている（『生活保護手帳〔2010年度版〕』418頁）。

検査は、被保護者にかかる診療内容および診療報酬請求の適否について、

IV 医療をめぐる貧困ビジネスに対する法的救済

明細書等、診療録その他の帳簿書類の照合、設備等の調査により実地に行うものとし、必要に応じ患者についての調査をあわせて行うこととしている（『生活保護手帳〔2010年度版〕』418頁）。

　検査等を指定医療機関が拒否した場合は、生活保護法86条の罰則の適用を受ける。

　そして、検査後、指定医療機関に不正が発覚した場合、その事案の軽重に従い、指定取消し、戒告、注意の３種の行政上の措置を行い、過誤払いの診療報酬の返還を求めることになる。以下に、『生活保護手帳〔2010年度版〕』418頁の当該部分を引用する。

３　検査後の措置

　指定医療機関に対する行政措置は、指定取消、戒告、注意の３種とし、事案の軽重に従い次の標準によって行うこと。

(1) 行政上の措置

　ア　指定取消

　都道府県知事は、法による指定医療機関が次のいずれかに該当したときは、その指定の取消しを行うこと。

　　(ｱ)　故意に不正又は不当な診療を行ったもの
　　(ｲ)　故意に不正又は不当な診療報酬の請求を行ったもの
　　(ｳ)　重大な過失により、不正又は不当な診療をしばしば行ったもの
　　(ｴ)　重大な過失により、不正又は不当な診療報酬の請求をしばしば行ったもの

　イ　戒告

　都道府県知事は、法による指定医療機関が次のいずれかに該当したときは、戒告の措置を行うこと。

　　(ｱ)　重大な過失により不正又は不当な診療を行ったもの
　　(ｲ)　重大な過失により不正又は不当な診療報酬の請求を行ったもの
　　(ｳ)　軽微な過失により不正又は不当な診療をしばしば行ったもの
　　(ｴ)　軽微な過失により不正又は不当な診療報酬の請求をしばしば行ったもの

　ウ　注意

都道府県知事は、法による指定医療機関が次のいずれかに該当したときは、注意の措置を行うこと。
　　(ｱ)　軽微な過失により不正又は不当な診療を行ったもの
　　(ｲ)　軽微な過失により不正又は不当な診療報酬の請求を行ったもの
(2)　聴聞
　都道府県知事は、法による指定医療機関の事故が指定取消の措置に該当するおそれがあると認めた場合は、検査終了後、当該指定医療機関に対して聴聞を行わなければならないこと。
　この場合において、聴聞の手続は、行政手続法第3章第2節に定めるところによるものとする。
(3)　経済上の措置
　ア　不正又は不当な診療及び診療報酬の請求により診療報酬に過誤払いが認められたときは、都道府県知事は、すみやかに支払基金に連絡し、当該指定医療機関に支払う予定の診療報酬額からこれを控除させるよう措置すること。
　　　ただし、過誤払いが認められた当該医療機関に翌月以降において控除すべき診療報酬がない場合は、これを返還させるよう措置すること。
　イ　不正又は不当な診療及び診療報酬の請求があったが、未だその診療報酬の支払いが行われていないときは、都道府県知事は、すみやかに支払基金に連絡し、当該指定医療機関に支払うべき診療報酬額からこれを控除させるよう措置すること。

　都道府県知事に対して、貧困ビジネス医療機関に対し、指導のみならず、不正の軽重によっては、指定取消しの措置もあり得る、検査も実施するよう申し入れるべきである。

(B)　健康保険法に基づく対応

　厚生労働大臣に対して、貧困ビジネス医療機関に対し健康保険法78条に基づき検査を実施するよう申し入れすること、さらには、健康保険法80条に基づき保険医療機関の指定を取り消すよう申し入れすることも考えられる。
　なお、医療機関にとって、保険医療機関の指定取消しは死刑宣告と同じである。患者は医療費の全額を支払わなければならなくなり、入通院する患者

が確実にいなくなるからである。

(C) 医療法に基づく対応

都道府県知事、保健所を設置する市の市長または特別区の区長に対し、医療法25条に基づき立入検査をするよう申し入れる方法もある（資料【参考書式例5】参照）。

また、医療法29条に基づいて、都道府県知事に対し、病院の開設許可の取消し、ないし、閉鎖命令を出すように申し入れる方法もある。

Ⅴ 貧困ビジネスとしての違法金融の実態と対策──ヤミ金融・違法年金担保融資──

▷弁護士　山田　治彦

1　はじめに

第2章Ⅳで述べたとおり、違法金融は貧困ビジネスそのものであるというべきものである。

ここでは、そのような違法金融について、その実態および被害の防止に向けた法的対応策を述べる。

2　ヤミ金融

ヤミ金融とは、貸金業登録の有無を問わず、また、いかなる取引形態の仮装であるかを問わず、出資法に定める上限金利を大きく上回る高金利で貸付けを行うすべての金融業者をいう。

後述のとおり、およそヤミ金融の行為は法的保護に値しない犯罪行為であり、被害者は、ヤミ金融に支払った全額の返還を請求することができる。

ヤミ金融の種類は、おおむね以下のとおりである。

(1) **直接金融型**（業者から被害者に対し、直接に融資を行うもの）

(A) 登録貸金業者

　都道府県で貸金業登録をしている貸金業者であっても、実際にはヤミ金融営業を行っている場合がある。そのほとんどが、登録番号中に「○○県(1)」などと表示されている、貸金業登録から3年以内の業者である（カッコ内の数字は更新の回数を表し、登録は3年ごとに更新しなければならない）。ヤミ金融業者が貸金業登録を行うメリットは、新聞・雑誌に広告を掲載できる点にあるとされている。

　しかし、改正貸金業法により貸金業登録の要件が厳格になったことから、今後新たに登録貸金業者がヤミ金融営業を行うことは少なくなるものと考えられる。

(B) 090金融

　090金融とは、店舗をもたず、携帯電話と屋号ないし個人名で、無登録で営業を行うヤミ金融である。街頭にチラシを貼るなどして集客を行っている。被害者に購入させるなどの方法により入手した携帯電話を使い、所在などを明らかにしないことでその正体を隠している。

(C) システム金融（手形・小切手金融）

　システム金融とは、主に中小・零細事業者を対象にする、手形・小切手を振り出させて出資法違反の高金利を取得するヤミ金融である。ほとんどは無登録業者である。事業者は、手形が不渡りとなって倒産することを防ぐために、高金利の支払いに応じざるを得なくなってしまう。

　「システム金融」との名称は、このような業者の中に、業者同士で被害者の情報を共有し、他の業者の支払期日にあわせて別の業者が勧誘を行うなどして、組織的に高金利の収奪を図る業者がいることに由来する。

(D) 保証料ヤミ金

　保証料ヤミ金とは、登録貸金業者で、自身は出資法上限金利以下の金利で貸付けを行うが、1週間などごく短い期間で貸付契約の切替えを行い、そのたびごとに別途保証委託契約を締結させて高額の保証料を徴求し、実質的に

高金利を得るものである。

　保証が貸付けの条件となっている、実際の作業は貸金業者が行っていて保証会社の実質がない、といったことなどを理由として、一体としてヤミ金融と考えられる。

　このような業者について、これをヤミ金融として不法行為性を認めた裁判例（大阪地判平18・8・30消費者法ニュース69号83頁）がある。

(2) 取引仮装型（実態としては金融だが、取引を仮装するもの）

(A) 家具リース・自動車リース

　家具リース・自動車リースとは、被害者宅にある家財道具あるいは自動車の売買を仮装して融資を行い、これを被害者宅に置いたまま、被害者とのリース契約を仮装し、リース料の名目で高金利の利息を取り立てるヤミ金融である。

　売買契約およびリース契約の形をとっているが、実態は金融（金銭消費貸借契約）であり、出資法および貸金業法に違反する行為である。このような売買およびリース契約は公序良俗違反で無効であり（民法90条）、業者は被害者にリース料を請求できない（不法原因給付：同法708条）のに対し、被害者は既払金の返還を請求できる（不当利得：同法703条）。

　業者が家財道具あるいは自動車を持ち出そうとする場合には、ヤミ金融の取立てに対する場合と同様にこれを拒否すべきであり、屋内への強引な侵入・持出しは、刑法の住居侵入・窃盗罪に該当する犯罪行為であるから、速やかに警察に通報すべきである。

　家具リースについては、実質的には利息制限法の規制を免れるために売買および賃貸借を仮装した金銭消費貸借であり、暴利行為として公序良俗に反する無効な行為であるとした裁判例（広島地判平16・4・15消費者法ニュース60号131頁）などがある。

　また、自動車リースについては、その性質は金銭消費貸借契約および利息契約であるとしたうえで、高金利ゆえに無効であるとした裁判例（山口地宇

部支判平18・10・6兵庫県弁護士会HP）などがある。

(B) **チケット金融**

　チケット金融とは、代金後払いで大量のチケット（高速道路交通券など）を購入させ、これを他店に売却させる形で金銭を貸し付け、一定期間後にチケットの額面どおりの代金を取り立てるヤミ金融である。

　そもそもチケットは必要な分だけ購入すれば十分なはずであり、また、まとめ買いする必要がある場合でも、割引価格での購入が通常可能であるから、代金後払いで、しかも額面でチケットを購入する必要はなく、このような取引自体が極めて不自然である。

　すなわち、形式的には売買だが、実態は年利数百％もの金利を取る金融（金銭消費貸借契約）であり、出資法違反（暴利行為）、貸金業法違反（無登録営業）のヤミ金融業者である。売買契約は公序良俗違反で無効であり（民法90条）、業者は被害者に代金を請求できない（不法原因給付：同法708条）のに対し、被害者は既払代金の返還を請求できる（不当利得：同法703条）。

　チケット金融については、その実質がチケット売買の名目の下に行われた金員の貸付けであるとし、公序良俗に反し無効であるとした裁判例（堺簡判平14・9・19消費者法ニュース53号36頁）がある。

(C) **金貨金融**

　金貨金融とは、代金後払いで金貨などの貴金属を購入させ、これを売却する形で金銭を貸し付け、一定期間後にその代金を取り立てるヤミ金融であり、近年問題となっている。

　そもそも金貨などの貴金属を、クレジットカードの使用などではなく、代金後払いで購入すること自体が極めて不自然である。

　購入価格が実際の相場より高額であることや、業者が金融をうたった広告をしていることをあわせ考えると、チケット金融と同様、形式的には売買だが、実態は年利数百％もの金利をとる金融（金銭消費貸借契約）であり、出資法違反（暴利行為）、貸金業法違反（無登録営業）のヤミ金融業者であると

いえる。売買契約は公序良俗違反で無効であり（民法90条）、業者は被害者に代金を請求できない（不法原因給付：同法708条）のに対し、被害者は既払代金の返還を請求できる（不当利得：同法703条）と考えるべきである。

金貨金融については、取引を全体としてみると実質上は金銭消費貸借契約であり、高金利であって公序良俗に反し無効であるとした裁判例がある（札幌簡判平23・1・14消費者法ニュース87号掲載予定）。

(D) **レンタル時計店**

高級時計などの貴金属類をレンタルさせ、これを質店に質入れさせる形で金員を貸し付け、これを質店から受け戻すまでの間、レンタル料金を徴収する金融業者である。

このような取引形態については、そもそも生活に困窮している者に対して高額な貴金属類をレンタルさせることそのものが非常に不自然であるといわざるを得ない。

すなわち、形式的には賃貸借であるが、実質は、質入れして得られる金員を貸付元本、レンタル料金を利息とする金融であり、出資法違反（暴利行為）、貸金業法違反（無登録営業）のヤミ金融業者である。売買契約は公序良俗違反で無効であり（民法90条）、業者は被害者にレンタル料金を請求できない（不法原因給付：同法708条）のに対し、被害者は既払料金の返還を請求できる（不当利得：同法703条）。

レンタル時計店については、全体として公序良俗違反であり、不法行為であるとした裁判例（神戸地判平20・2・7消費者法ニュース75号296頁）がある。

(E) **ヤミ金融の手口**

ヤミ金融の主な手口はおおむね以下のとおりである。

ヤミ金融は、新聞などへの広告（登録貸金業者の場合）、電信柱などへのビラの貼付、ハガキ、ファクシミリ（システム金融の場合）などにより、勧誘を行う。

貸付けに際しては、「審査のため」などと称し、被害者本人のみならず、

家族の連絡先、勤務先、学校などについても詳細に情報収集を行う。

　金員の交付は、被害者名義の銀行口座への振込みによってなされることが多い。

　また、返済は、ヤミ金融指定の預金口座への振込みによってなされることが多い。

　借入れを求めていないにもかかわらず、ヤミ金融から強引に口座に金員が振り込まれ、返済を要求される場合もある（押貸し）。

　被害者は非常に高利の返済を要求され、しかも、期限に遅れるなどした場合には有効な返済と認められず、罰金などの名目でさらに支払いを要求される。

　被害者が返済できなくなった場合、被害者の自宅のみならず、家族の自宅、勤務先や学校などに時間を問わず電話で執拗な取立てを行うほか、虚偽の119番通報により消防車を差し向けたり、虚偽の注文により寿司やピザなどを届けさせたりする。

　また、自宅の周囲に返済を求めるビラを貼ったり、近隣に架電して返済を要求するなどする。

(3) ヤミ金融対策

(A) 具体的対応策

　このようなヤミ金融に対する対応策については、おおむね以下のとおりである。

　前述したとおり、そもそも、ヤミ金融との取引に、保護されるべき正当性は全くない。すなわち、およそヤミ金融の行為は犯罪である。したがって、ヤミ金融の要求に応じる必要は全くなく、また、いったん要求に応じると際限のない支払いを求められることから、支払いなどの要求にはいっさい応じるべきではない。この点、被害者本人および家族などにおいて、統一的な、毅然とした対応をとる必要がある。

　また、システム金融の場合、業者に対し、手形・小切手の返還を求める必

要がある。

　さらに、ヤミ金融に対する刑事告訴・告発がなされることが望ましい。

　ヤミ金融の被害者には、ヤミ金融以外に多重債務を抱えているケースが少なくない。そのため、債務整理が必要となることが多い。

(B) 被害者の損害額

　被害者の損害額については、従来、被害者がヤミ金融に支払った金額の全額とする立場と、被害者がヤミ金融に支払った金額とヤミ金融から受領した金額との差額とする立場とがあったが、最高裁判所は、平成20年6月10日判決（裁判所HP）において、被害者が支払った金員の全額を損害額とする立場をとった。

　被害者がヤミ金融から被害金額を回収する方法としては、振り込め詐欺被害救済法による方法があり、ヤミ金融が利用している銀行口座を凍結させた際に当該口座に預金が残存している場合には、そこから被害金額の全部または一部を回収することができる。

(4) 銀行口座と携帯電話

　ヤミ金融を「ヤミ」の存在たらしめるものは、銀行口座と携帯電話である。

　銀行口座については、上述のように銀行口座の凍結による被害金額の回収のほか、犯罪収益移転防止法26条により銀行口座の売買が禁止されており、ヤミ金融による口座利用の防止に資するものとなっている。

　携帯電話については、携帯電話不正利用防止法により、犯罪に使用されている場合にその利用を差し止めることは可能とされているが、現実には、使用が短期間にとどまるなどの事情があり、あまり実効性が上がっていないようである。

3　年金担保融資

(1) 違法年金担保融資

　年金担保融資（年金担保貸付）とは、金員の貸付けに際し、各種年金・手

当て等の公的給付（以下、「年金等」ということがある）を、何らかの方法により、事実上ないし法律上、担保にとることをいう。

　各種年金・手当て等の公的給付を貸付けの担保にとることは、独立行政法人福祉医療機構等の公的機関が行う公的年金担保融資を除き、国民年金法24条、厚生年金保険法41条等、各公的給付の根拠法規で禁止されている。

　しかし、これら根拠法規には、違反行為に対する罰則規定がないため、貸金業者は、以下のような方法により、違法年金担保貸付を行っていた。

① 貸付けの際に受給者の年金等の証書、年金等受給口座の通帳・キャッシュカード・銀行印の全部または一部を取り上げ、口座に入金される年金等を返済にあてるとともに、借り手である年金等受給者に対し、生活費などをさらに貸し付ける。

② 被害者に年金等受給口座から貸金業者の口座に一定額を自動送金させる、あるいは、貸金業者が被害者の年金等受給口座から指定額を自動口座振替により回収する等、証書や通帳等を直接預からずに、金融機関に年金等の払出しとその払い出した金銭による弁済を委託することによって返済を確保しつつ、借り手である年金等受給者に対し、生活費などをさらに貸し付ける。

　これは、法律で禁止されているにもかかわらず、高齢者・障害者の命綱である公的給付を不当に奪うものであり、被害者が収入を失って生存の危機に瀕するなど悲惨な生活を強いられるのに対し、貸金業者が極めて容易に高利を回収できるという点で、まさに貧困ビジネスそのものというべきものである。

　このような被害に対し、貸金業者に対する損害賠償請求訴訟が各地で行われてきたところ、大阪地判平16・3・5（金商1190号48頁・消費者法ニュース59号44頁）、およびその控訴審である大阪高判平16・9・9（金商1212号2頁・消費者法ニュース61号63頁）は、①各種年金法規の年金担保禁止規定に違反すること、②年金証書などの徴求を禁止する金融庁事務ガイドライン（当

時) に違反すること、③年金受給権を事実上の担保としていること、等を理由として、違法年金担保貸付は不法行為であるとした。

その後、2004年および2006年の二度にわたる改正により、現在、上記①②の違法年金担保貸付の禁止規定・罰則規定が設けられた（貸金業法20条の2・48条5号の2）。

なお、不法行為とされた違法年金担保融資による損害額については、被害者の支払った全額を損害とする裁判例（高松高判平19・12・11消費者法ニュース75号98頁）がある。

(2) 質屋による年金担保融資

質屋が貸付けに際し、上記(1)①のように年金証書、年金受給口座の預金通帳・キャッシュカード・銀行印などを担保として預かっているケースがみられる。

質屋は貸金業法の規制を受けないが、上記の物品は本来、担保として預かること自体が許されないものというべきであって、質屋営業法上の「質物」とは認められず、担保として預かることそのものが違法となるものと考えられる。

また、質屋が上記(1)②のように年金等受給口座から自動口座振替により返済を受けていた場合について、このような行為は、年金担保禁止規定に実質的に違反して著しく社会的相当性を欠き、不法行為を構成する、とする裁判例がある（福岡簡判平22・10・27消費者法ニュース86号65頁）。

(3) 公的年金担保融資

公的年金担保融資とは、独立行政法人福祉医療機構などが、銀行などの金融機関を窓口として、年金を担保に貸付けを行うものである。各種年金法規において年金を担保にとることは禁止されているが、公的年金担保融資は、法律の規定によって認められる例外である。

公的年金担保融資については、年金受給者に対して低利でまとまった貸付けが可能であるという利点もあるが、利用者の生活状況を顧みない過剰貸付

けにより利用者が自己破産に追い込まれるケースがしばしば見受けられること、さらに、融資が準別除権（破産法108条2項・111条3項）とされ、自己破産・免責後も年金からの返済を余儀なくされてしまうので、生活再建に支障を来してしまうという、いわば「国営貧困ビジネス」とでもいわざるを得ない被害が生じている。

　このような公的年金担保融資は早急に廃止されるべきであり、今後、公的なセーフティネットの整備の一環として、年金受給者向けの新たな融資制度が検討されるべきであろう。

　ちなみに、行政刷新会議の「第二次事業仕分け」（2010年4月）において、福祉医療機構による公的年金担保融資に対し「廃止」との判定がなされている。

(4) 信用金庫、信用組合、農業協同組合等の年金担保融資

　信用金庫・信用組合・農業協同組合等、貸金業法の規制を受けない一部金融機関が、「シルバーローン」などの名称で、当該金融機関に年金受給口座を設けており、かつ、公的年金担保融資を利用していない者に対する独自の貸付制度を有している。

　ここでは、公的年金担保融資を上回る金利での融資がなされており、また、過剰貸付けのおそれが否定できないことに鑑みると、やはり「貧困ビジネス」としての側面が否定できず、今後、その是非が検討されるべきであろう。

4　その他の違法金融

(1) 整理屋

　整理屋とは、NPO法人などを名乗って、新聞などにいわゆる「おとり広告」（「債務を整理します」など）を出し、訪れた多重債務者から高額の手数料を徴収して債務整理を専門的に行う業者である。

　このような整理屋に、弁護士や司法書士が手を貸しているケースもある（整理屋提携弁護士・司法書士）。

このような行為については、整理屋およびこれと提携した弁護士・司法書士のいずれも弁護士法違反となる。

この点については、債務整理業務を行った整理屋が司法書士法・弁護士法等に、提携した司法書士が司法書士法・会則にそれぞれ違反し、共同不法行為が成立するとして被害者からの損害賠償請求を認めた裁判例（大阪地判平18・12・14消費者法ニュース71号277頁）がある。

(2) クレジットカードの現金化

クレジットカードの現金化とは、クレジットカードのショッピング枠で商品などを購入させ、その商品を買い取る、または、購入した商品にキャッシュバックを付する方法で多重債務者に現金を渡す、という手法で行われる金融であり、「クレジットカードで即現金化」という広告などによる勧誘を行う業者によってなされている。

このような行為は実質的に金融であると評価できるが、多重債務者の側も詐欺罪の共犯となる場合がある。

これについての詳細は、後記Ⅵに譲る。

(3) 紹介屋

紹介屋とは、自身では融資をいっさい行わず、多重債務者がまだ借りていない他の貸金業者を紹介し、あたかも自分が働きかけたおかげで借入れが可能になったかのように偽って、借入額の20～50％程度という高額な紹介料を徴収する業者である。

新聞の折込広告、スポーツ新聞などで「借入件数多い方でも歓迎」など、貸金業者を装った広告を出している。

このような行為は詐欺罪に該当するほか、高額の紹介料を徴収する点で出資法にも違反する。

(4) 縁組屋

縁組屋とは、貸金業者が貸付けの審査の際、氏名および生年月日により同一性を判断して信用情報の調査を行うことを利用し、多重債務者を一時的に

他人と養子縁組させ、その姓を変更させて借入れを行わせ、その借入額の30〜50％程度の手数料を受け取る業者である。

新聞の折込広告、スポーツ新聞などで「借入件数多い方でも歓迎」「借金の一本化」など、貸金業者などを装った広告を出している。

養子縁組の期間は通常、1週間〜2週間程度である。

このような行為は詐欺罪に該当するが、多重債務者の側も詐欺罪の共犯となる場合がある。

Ⅵ　クレジットカード現金化商法

▶弁護士　松尾　善紀

1　概　要

(1)　現金化の手法――「買取屋方式」と「キャッシュバック方式」

クレジットカードのショッピング枠を現金化するとうたって、クレジットカードのショッピング枠で商品等を購入させ、それを現金化業者が買い取ることで消費者に現金が渡るという「買取屋方式」による「クレジットカード現金化商法」の相談が近時増加している。

また、最近は、現金化業者が消費者に「キャッシュバック付き商品」をクレジットカード決済で販売し、販売した商品と共に現金を消費者に振り込むというキャッシュバック方式による手口も増加している。

具体的な手口については、国民生活センターの報道発表資料「『クレジットカード現金化』をめぐるトラブルに注意！」（2010年4月7日）に詳しい。

以上のように、クレジットカード現金化商法と呼ばれるものには、「買取屋方式」と「キャッシュバック方式」の2種類がある。

(2)　ターゲットとなるのは資金需要者

クレジットカード現金化商法では、通常の方法では借入れが難しくなった

資金需要者（お金を借りる必要に迫られている者）がターゲットとなる。

具体的には、すでに通常の方法による借入れが難しくなっているものの、クレジットカードを保有し、ショッピング枠が残っている資金需要者である。

実際上、クレジットカード現金化商法を利用する消費者の多くは、消費者金融やクレジットカードの「キャッシング枠」が利用困難となった多重債務者であり、「顧客層」は、ヤミ金融とほぼ同じであるといってよい。

(3) クレジットカード現金化商法の問題点

クレジットカード現金化商法を利用する者は、商品の買取代金として現金化業者から現金を受け取る（買取屋方式）、またはキャッシュバックとして現金化業者から現金の振込みを受ける（キャッシュバック方式）方法によって現金を手にするので、現金化商法を利用して「借入れ」をするのと同じである。

すでに通常の方法での借入れができなくなっている資金需要者にとってみれば、クレジットカードのショッピング枠を利用することにより現金を入手（実質的な借入れ）することができるのであるから、クレジットカード現金化商法の誘引性は非常に強い。

しかし、当然のことながら、利用者は、クレジットカード利用によるクレジット債務を負担する結果となり、買取代金またはキャッシュバックを受けた現金と、当該利用に基づくクレジット債務の差額は、全額利用者の負担となる（クレジット会社から請求される）。

以上のクレジットカード現金化商法の経済的効果をみるならば、利用者は、買取代金またはキャッシュバックを受けた現金を借入元金として、当該クレジット利用に基づく債務額に相当する額の元金および利息金の返済義務を負うことと同じである。

クレジットカード現金化商法においては、買取代金またはキャッシュバックを受ける代金は、常にクレジットカード利用額を相当程度下回るので、利用者は、実質的にみて、利息制限法所定の制限利率を超える利息金の返済を

強いられ、その結果、返済や生活に行き詰まるという危険がある。

ところが、クレジットカードによるショッピングには、利息制限法の適用はないことから、これを通常の消費者金融からの借入れのように利息制限法を適用して、制限利率内における支払いをするという対応は難しい。

2　買取屋方式の概要（図4）

(1)　典型的な手口

まず、現金化業者は、現金化業者とは別の販売店（家電量販店など）で、クレジットカードを使って換価価値のある商品（パソコン、デジタルカメラなど）を購入するよう利用者（資金需要者）に指示し、利用者は、自分のクレジットカードを利用して商品を購入する。

そのうえで、現金化業者は、利用者にクレジットカードで購入させた商品を実際の購入価額よりも低い代金で買い取り、その代金（現金）を利用者に交付する。このことにより、利用者は現金を手にすることになる（現金化業者は「買取手数料」と称して、クレジットカードによる購入額から30～50％もの額を差し引いた額でしか買い取らないことが多い）。

現金化業者は、買い取った商品をどこかに転売するので、現金化業者にとってみれば、転売価額と利用者に対して交付した代金額の差額が利益となる。

(2)　その他の手口

以上が、典型的な買取屋方式の流れであるが、消費生活相談の現場では、次のような手口もあるようである。

① 　現金化業者が販売業者と同じであるケース

現金化業者が同時に宝飾品などの店舗も経営しており（「クレジットショッピング枠で現金化」などという看板がかかった宝飾店）、その店舗に来店した利用者に対し、利用者のクレジットカードで店舗にある商品を購入させると同時に、その商品をその場で利用者から買い戻し、買取代金として、購入代金よりも下回る額の現金を手渡す手法。

Ⅵ　クレジットカード現金化商法

〈図4〉買取屋方式

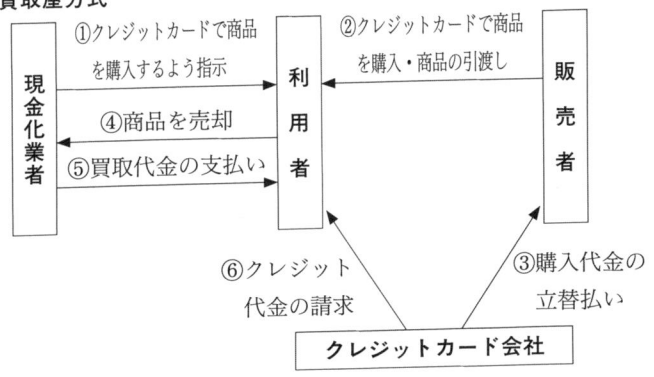

```
現金化業者  ①クレジットカードで商品  利用者  ②クレジットカードで商品  販売者
              を購入するよう指示 →           ← を購入・商品の引渡し
           ④商品を売却 ←
           ⑤買取代金の支払い →

           ⑥クレジット              ③購入代金の
             代金の請求                立替払い
                    クレジットカード会社
```

② 現金化業者が指定した販売業者で利用者が商品を購入するケース

　現金化業者の店舗に赴くと、「この店に行ってクレジットカードを利用してこの商品を購入して持って帰ってくるように」、と具体的に商品（換金性の高い金券やチケットなどが多い）と商品を購入する販売業者を指定され、利用者が指定された販売業者の店舗に出向いて指定された商品をクレジットカードを利用して購入し、その商品を持って現金化業者の店舗に戻ると、現金化業者が当該商品をクレジットカードによる購入金額から手数料を引いた額でその場で買い取り、利用者に現金を手渡すという手法。現金化業者と販売業者がグルになっているものと推測される。

③ 現金化業者が利用者からクレジットカード番号と有効期限を聞き出し、現金化業者自身が利用者のクレジットカードを利用して購入するケース

　利用者が現金化業者にクレジットカード番号とカードの有効期限を聞かれ、利用者がこれを教えると、現金化業者が、利用者の名前で、インターネットのクレジットカード決済方式で商品を購入し、その後、現金化業者から、購入額から手数料を差し引いた額が利用者に振り込まれるが、商品は利用者には手渡されず現金化業者に納品されるというケース。

139

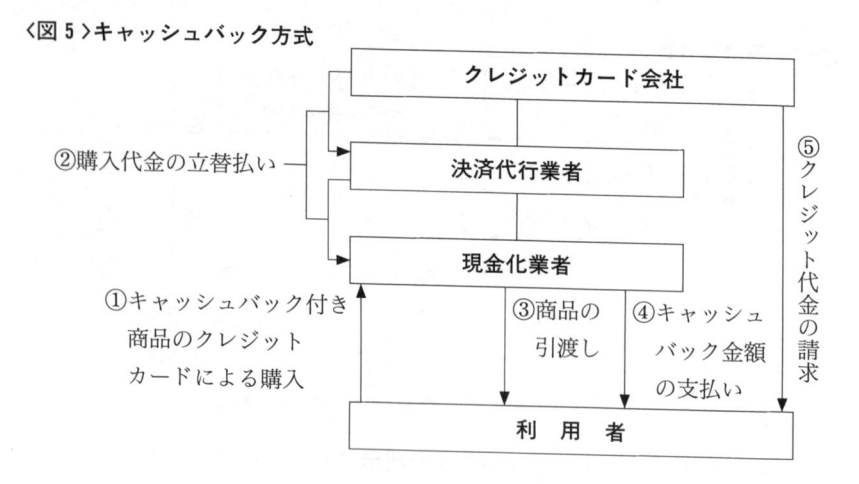

〈図5〉キャッシュバック方式

```
                          ┌─── クレジットカード会社 ───┐
                          │                              │
  ②購入代金の立替払い ───┤     決済代行業者             │⑤クレジット代金の請求
                          │                              │
                          └─── 現金化業者 ─────────────┘
  ①キャッシュバック付き        ③商品の   ④キャッシュ
    商品のクレジット           引渡し     バック金額
    カードによる購入                      の支払い
                                利　用　者
```

3 キャッシュバック方式の概要（図5）

(1) キャッシュバック方式の流れ

　キャッシュバック方式の現金化業者の多くがインターネット上で宣伝広告・営業を行う無店舗業者である。

　利用者は、インターネットの「クレジットカード現金化」という広告を見て、現金化業者のウェブサイトにアクセスする。

　現金化業者は、利用者の希望金額（利用者が借入れをしたい金額）に応じた「キャッシュバック付き商品」（たとえば、1枚の画像が入ったCD-ROMやカプセルトイのようなもので、ほとんど無価値）をインターネットショッピングおよびクレジットカード決済の方法で利用者に購入させる（たとえば、30万円で購入させる）。

　買取屋方式と異なるのは、現金化業者自体が商品（キャッシュバック付き商品）の売主たる地位にある点である（現金化業者は、特定商取引法における通信販売事業者の立場にある）。

　その後、利用者宅に商品が送付・納品され、現金化業者は当該商品の購入についてのクレジット決済を確認すると、キャッシュバック金額（たとえば、

キャッシュバック率80％であれば、30万円の購入代金のうち24万円）を、利用者が指定した預金口座に振り込むことによって、現金を交付する。

　現金化業者は、クレジットカード会社から商品代金相当額（30万円－加盟店手数料）を受け取る。

　現金化業者はクレジットカード会社の直接の加盟店になれないことが多いので、現金化業者とクレジットカード会社の間に決済代行業者と呼ばれる業者が存在し、両者を仲介あっせんしていることがほとんどである。

　以上のように、キャッシュバック方式による現金化業者は、実質的に無価値な商品を、クレジットカードを利用して利用者に販売するという外形を作出し（換言すると、無価値な商品を水増し代金額で販売し）、クレジット会社から代金を受領する。現金化業者にとっては、クレジットカード会社から受け取った代金額－（キャッシュバック商品の調達費用＋利用者へのキャッシュバック額）が利益となる。

(2) 法的な問題点

　以上のように、キャッシュバック方式は、クレジットカードを利用して実質的に無価値な商品を一定の金額で購入させ、クレジット会社から現金化業者が立替払いを受けた名目上の販売価額から、無価値な商品の調達費用や手数料を差し引いた額を利用者に対して払い戻す（キャッシュバック）方法により利用者が金員を得るというしくみとなっている。

　したがって、キャッシュバック方式において、商品の売買というのは、利用者に対して資金を融通するための仮装の手段であり、実質的に見れば、空ローンを組んでクレジット会社から金を騙し取る行為（実際に売買契約が存在しないにもかかわらず、架空の売買契約を仮装して、加盟店がクレジット会社から売買代金の立替払いを受ける行為）に近い。

　このように、買取屋方式においては、クレジット取引の原因行為である売買契約が実質的な内容を持って存在するのに対し、キャッシュバック方式では、クレジット取引の原因行為である売買契約の対象商品は無価値な商品で

あることから、売買契約は形だけの無内容のものである点が特徴的である。

4 クレジットカード現金化商法の利用者が被るおそれがある不利益

このようなクレジットカード現金化商法については、利用者が、以下のような不利益を被るおそれがある。

(1) カード会員規約違反（買取屋方式）

クレジットカードを利用して商品を購入する場合、カード会員規約に「所有権留保特約」が定められており、利用者は、クレジット債務を支払い終わるまでは購入した商品を売買等処分することが許されていない。

したがって、支払いが終わっていない段階で処分すると、カード会員規約に違反することとなり、期限の利益を失って直ちに残債務額の一括返済を求められたり、カード会員の資格を失う可能性がある。

(2) 刑法上の横領罪や詐欺罪（買取屋方式）

当初から購入した商品を即座に買い取ってもらう目的でクレジットカードを利用して商品を購入し、直ちに買い取ってもらう行為は、刑法上の横領罪や詐欺罪に該当する危険性がある。

(3) 支払不能による経済的破綻（買取屋方式・キャッシュバック方式）

利用者が、現金化業者を利用してからクレジット債務の支払いを継続している限りは被害が表面化しないが、利用者はクレジット債務（商品代金額＋クレジット手数料）から買取金額またはキャッシュバック金額を控除した額の負担（実質的にみると金利）の支払いを強いられることとなり、経済的破綻を来すおそれがある。

(4) 破産手続における免責不許可事由に該当するおそれ（買取屋方式）

利用者が支払いができなくなり破産手続開始申立てをした場合において、破産手続上、現金化業者を利用した行為が破産法252条1項5号の「詐術を用いて信用取引により財産を取得」したとして、免責不許可事由に当たる可能性がある。

5 クレジットカード現金化業者に対する責任追及

(1) 買取屋方式における現金化業者の責任

(A) 古物営業法上の責任

利用者が購入した商品を現金化業者が買い取る行為は、古物営業法上の「古物営業」(同報2条2項)に当たるところ、都道府県公安委員会の許可を得ないで買取業を行うことは禁止されており(同法3条・31条)、違反すると罰則の対象となる。

ただし、現金化業者は古物営業法上の許可を得ていることも多く、そのことをもって、自らは適正な業者であることをアピールしていることが少なくない。しかし、この許可は、古物営業に対する許可であって、クレジットカードを利用して購入した商品を買い取る行為の適法性を公安委員会が認めているわけではないことに注意すべきである。

(B) 刑法上の責任

買取業者が、利用者がクレジットカードを利用して購入した商品を買い取ることを事前に約束して、利用者に対し、事情を知らない販売店でクレジットカードによる商品購入を勧める行為は、販売店またはクレジットカード会社に対する詐欺罪の教唆犯(利用者は詐欺罪の正犯)となる可能性がある(刑法246条・61条)。

また、詐欺罪に当たる犯罪的取引によって利用者が購入した商品をそれと知って買い取る行為は、盗品等有償譲受罪(刑法256条2項)となる。

しかし、これらの責任は、利用者自身も刑法上の責任を負う可能性のあることが前提となっているため、利用者の被害救済という面からみると有益とはいいがたい。

(C) 買取屋方式における販売店の責任

事情(当初から換金目的でのクレジットカード利用による商品購入)を知らずに利用者に対して商品販売した販売店には責任は生じず、むしろ、被害者の

立場になる。なぜなら、当初から換金目的でクレジットカードを利用して商品を購入しようとしていることを販売店が知っているのであれば、通常の販売店は取引には応じず、また、クレジットカード会社もクレジット決済を拒絶するので、販売店としては、商品を騙し取られたといえるからである。

ただし、販売店が買取業者と提携・協力しているケースであれば、販売店は、換金目的でクレジットカード利用による商品購入をするという事情を知りながらこれに協力をしたことになるから、詐欺罪（刑法246条）や横領罪（同法252条）の共犯（同法60条など）になる可能性があるほか、クレジットカード会社との間の加盟店契約に違反することになる。

しかし、これらの責任は、利用者自身も刑法上の責任を負う可能性のあることが前提となっているため、利用者の被害救済という面からみると有益とはいいがたい。

(2) キャッシュバック方式における現金化業者の責任

(A) 景表法上の責任

キャッシュバック付きの商品の販売は、景表法上問題がないであろうか。

まず、キャッシュバック方式は、指定された商品を購入することを条件に一定の金額をキャッシュバックをするわけであるから、「不当景品類及び不当表示防止法第2条の規定により景品類及び表示を指定する件」（昭和37年6月30日公取委告示3号）の「1」でいう「取引に付随して相手方に提供する……金員」に該当するので、原則として「景品類」に該当する。

そして、このキャッシュバックは、商品を購入した人すべてに行われるので、原則として「一般消費者に対して懸賞によらないで提供する景品類の提供」に該当することから、「一般消費者に対する景品類の提供に関する事項の制限」（昭和52年3月1日公取委告示5号）の「1」により、キャッシュバックできる額は、取引の価額の10分の2の範囲内であって、正常な商慣習に照らして適当と認められる限度に制限されるはずである。

しかし、上記昭和37年公取委告示3号は、その「1」のただし書において、

「正常な商慣習に照らして値引きまたはアフターサービスと認められる経済上の利益及び正常な商慣習に照らして当該取引に係る商品または役務に付随すると認められる経済上の利益」は、「景品類」には「含まない」、としている。

そして、この昭和37年公取委告示3号についての運用基準（ガイドライン）である「景品類等の指定の告示の運用基準」（昭和52年4月1日事務局長通達7号）によると、「景品類」に「含まない」とされる「正常な商慣習に照らして値引きと認められる経済上の利益」の例として、その「6(3)イ」において、「取引通念上妥当と認められる基準に従い、取引の相手方に対し、支払った代金について割り戻しをすること」を掲げている。

以上から、このガイドラインに基づく解釈上は、商品の購入を条件としてキャッシュバックを行うことは「支払った代金について割り戻しをすること」に該当する（少なくとも形式上は）ように見えるので、キャッシュバック方式の現金化業者は、「キャッシュバック付き商品の販売は景表法に違反するものではありません」とうたって、自らは適法な業者であることをアピールしていることが通常である。

しかし、そもそも、このような現金化業者によるキャッシュバックが「正常な商慣習に照らして値引きと認められる経済上の利益」に該当するかどうかはなはだ疑問であるし、仮にそうであると解釈できるとしても、キャッシュバックを条件として商品の販売を行うことが、景表法上の景品類に関する規制の対象とならないというにすぎず、景表法が、「キャッシュバック方式」によるクレジットカードの現金化商法自体を「適法である」としてお墨付きを与えているわけではないので、注意が必要である。

(B) **クレジットカード会社との間の加盟店契約違反**

キャッシュバック方式においては、現金化業者は、実質的に無価値な商品について、キャッシュバック額を基準に、その代金額を意図的に水増しして取引を行っている。

したがって、このような行為は、クレジットカード会社との間の加盟店契約に違反する違法行為（代金額の虚偽記載）に当たるし、キャッシュバックという目的実現のために、無価値な商品について売買契約を仮装していることにほかならないから、空ローンを組ませた場合と同様、加盟店契約に違反する可能性があると思われる。

　ただし、これらは、あくまでもクレジットカード会社との加盟店契約という私的ルールに違反するだけであり、法律上の制裁や利用者の救済とは直接には結びつかない。

　なお、一般的に、少なくとも、国内のクレジットカード業者は、加盟店となろうとする業者がキャッシュバック方式のクレジットカード現金化業者であることがわかった場合には、加盟店契約を差し控えることが多いと思われるが、これとて私人間において契約締結をするかどうかの問題であることから、強制力はない。

(3) まとめ

　以上のように、クレジットカード現金化商法に対しては、実質的に見て、無登録で貸金を行い高利を得るヤミ金融業者と類似の被害が生じているにもかかわらず、それ自体に対する直接的な法的規制が見当たらない。

　したがって、クレジットカード現金化業者に対する法的な責任の追及は容易ではなく、また、利用者の被害救済のための直接的な法制度も存在しない。

　消費者庁や国民生活センターでさえも、現時点では、クレジットカード現金化商法自体が「違法である」とは断言しておらず、消費者に対して、クレジットカード現金化商法の利用を差し控えるように注意喚起し消費者啓発を行っているにとどまっている。

　しかし、法規制の不備を横目にクレジットカード現金化商法は堂々と営業を続け、新たな利用者（被害者）を生み続けている。

6 利用者の救済に向けて

(1) クレジットカード現金化商法を利用する人の特性

1で述べたとおり、クレジットカード現金化商法を利用する人の多くは、通常の方法では借入れが難しくなった資金需要者であり、具体的には、すでに通常の方法による借入れが難しくなっているものの、クレジットカードを保有し、ショッピング枠が残っている者である。

さらに具体的に言うと、クレジットカード現金化商法を利用する者の多くは、消費者金融やクレジットカードの「キャッシング枠」が利用困難となった多重債務者であり、この点で、クレジットカード現金化商法の利用者は「ヤミ金融」の利用者と重なり合う部分が多い。

このほか、クレジットカード現金化商法は、インターネットなどで大々的に広告・勧誘がなされていることから、インターネットを利用する若者にも多くの被害が出ていると思われ、さらに、最近は、一般の消費者だけではなく、経営が苦しくなった中小零細事業者の経営者が、事業資金を調達するためにクレジットカード現金化商法に手を出すケースも少なくないとのことである。

クレジットカード現金化商法の実質は、クレジットカードを利用した金員の借入れと全く異ならないのであるが、この商法は、「クレジットカードを利用したショッピング」という形式をとるため、クレジットカードでショッピングすることが一般化した今日においては、利用者にとっては、「消費者金融やヤミ金業者から直接金員を借り入れる」という方法によって金員を調達するよりも、抵抗感や後ろめたさが少ないのではないかと思われる。この意味で、クレジットカード現金化商法の利用者は、ヤミ金融のそれよりも一般化・広範化する危険があると考えられる。

(2) 利用者の救済へ向けた対策①——クレジット会社との関係

クレジットカード現金化商法は、利用者自身が資金を借り入れるために利

用するものであり、したがって、利用者は、以上のようなしくみ・からくりをある程度わかったうえで利用し、資金の融通を得ていることから（ただし、被るおそれのある不利益については、ほとんど認識していないと思われる）、少なくとも利用に伴うクレジット債務の支払いを続けている段階においては、被害者意識はあまりない。被害が現実化するのは、クレジットカード現金化商法の利用によってクレジット債務の支払いができなくなった後のことであるのが通常である。

具体的な被害は、クレジットカード会社に対する支払いができない、という形で現れることから、利用者の救済は、クレジットカード会社からの支払請求にどう対応するのか、という形で問題となる。

ところが、すでに述べたように、クレジットカードによる商品購入については利息制限法の適用がなく、また、利用者自身が現実に買取代金またはキャッシュバックという手法により金員を取得していること、買取屋方式の場合においては利用者自身がクレジットカード規約に違反をしていることなどから、クレジットカード会社からの支払請求を全面的に拒絶するだけの法的な根拠を見つけ出すことは相当に困難である。

したがって、現金化商法に対する直接的な取締規制や利用者保護法がない現状においては、クレジットカード会社に対しては、利用者が、現金化業者にその経済的窮乏に乗じられ、現金化商法を利用してしまったこと、利用者が現金化業者から受け取った買取代金またはキャッシュバック代金が購入代金と比べて低額であり、その結果、利用者が過大なクレジット債務を負い、支払いが困難になったことなどを訴え、支払額を利用者が現金化業者から現実に受け取った金額まで減額してもらうように交渉するとか、長期の分割弁済にしてもらうように交渉するなどするしかないというのが実情である。

また、利用者が現金化業者から騙されて全くお金を受け取ることができなかった場合や、買取金額またはキャッシュバック金額がクレジット購入代金と比べて著しく低額である場合（たとえば、購入代金の50％以下しか受け取っ

ていない場合など）などには、事情を説明して、クレジット債務を大幅に減額または免除してもらうよう粘り強く交渉をすることが必要であろう。

　クレジットカード現金化商法によって、クレジットカード会社に対して債務を負った利用者は、すでに、消費者金融やクレジットカード会社から借入債務（これは、通常のキャッシング利用による債務のことを指す）を負い、すでに支払いが著しく困難となっている多重債務者であることがほとんどである。

　したがって、このような状態に陥っている多重債務者を救済するための手続である、任意整理・個人再生・破産申立てなどを積極的に活用して、現金化商法により負わされた負債を軽減または解消し、多重債務者である利用者の経済的救済を図るように努めるべきである。

　なお、破産手続に際しても以上のような事情を説明して、「裁量による免責」（破産法252条2項）を得られるように努めるべきである。

(3) 利用者の救済へ向けた対策②──現金化業者との関係

(A) 買取屋方式の場合

　買取額が約束と違って著しく低額であったり、あるいは、買取代金が全く支払われない場合には、詐欺などを理由に損害賠償請求（民法709条など）を行うことが考えられるが、このような詐欺的な買取業者は、連絡先や名前もわからず、民事上の損害賠償請求が功を奏することは相当困難である。

　また、商品買取りをキャンセルしようとしても、利用者は、すでに、受け取った買取額を生活費や返済のために費消してしまっていることが多く、現金化業者も買い取った商品をすでに転売して、商品自体も所在不明の場合が多いと思われることから、あまり効果的な方法とはいいがたい。

(B) キャッシュバック方式の場合

　キャッシュバック額が約束と違って著しく低額であったり、あるいは、全くキャッシュバックがなされない場合には、(A)と同様、詐欺などを理由に損害賠償請求を行うことが考えられるが、責任追及が容易ではないことは(A)と同様である。

キャッシュバック方式の場合、現金化業者自身が商品の売主となることから、キャッシュバック付き商品の購入契約をキャンセルし、それに伴い、クレジットカード決済もキャンセル処理してもらうように現金化業者に交渉することが可能であるが、この場合においても、利用者はすでにキャッシュバックを受けた金額を生活費・返済などに費消してしまっていることが多いことから、なかなか効果的な解決ができないことも多いと思われる。

7 クレジットカード会社の加盟店管理の徹底と立法的解決の必要性

　以上のように、クレジットカード現金化商法は、これを直接的に取り締まる法律がなく、また、利用者自身が詐欺や横領に関与したり、あるいは、現金を受け取ってしまっているという事情があることから、すでに述べたような多重債務者の救済のための任意整理・個人再生・破産申立てなどの方法を用いること以外の方法によって、直ちに利用者を救済することは容易ではない。

　したがって、まずは、このようなクレジットカード現金化商法自体を割賦販売法などの法律で違法であるとして禁じ（法改正が必要）、利息制限法、貸金業法などの潜脱を防止する必要性が高い。

　また、国内のクレジットカード会社および国内の決済代行業者（クレジットカード会社に代わって加盟店を開拓募集して、クレジットカード取引をあっせん仲介する業者）は、キャッシュバック方式によるクレジットカード現金化業者とは加盟店契約を結ばないように、加盟店管理を徹底する必要もある。

　さらには、海外のクレジットカード会社や決済代行業者と提携しているキャッシュバック方式のクレジットカード現金化業者についても、国際的な取組みによって、クレジット取引から排除していくことを検討すべきである。

コラム　大阪いちょうの会の西成（釜ヶ崎）での活動
　　　　　～ヤミ金融被害の回復～

▶ 大阪クレジット・サラ金被害者の会
　 西成支援活動委員会委員長・司法書士　　吉川　宏康

　釜ヶ崎（大阪市西成区萩之茶屋周辺の地域のことをいう。「あいりん地区」ともいわれている）は、日雇い労働者の街であり、現在は福祉（生活保護利用者）の街へと変貌しつつある。また、釜ヶ崎は、さまざまな問題を抱えた者であっても、何の躊躇もなく受け入れてくれる街でもある。
　私たちの頭の片隅には、潜在的に釜ヶ崎における借金問題に関する意識はあったはずである。借金から逃れるために故郷を捨てざるを得なかった者が、同地に相当数存在することは容易に想像でき、あえてその問題に踏み込まなかったといえる。
　しかし、クレジット・サラ金被害者の救済を目的に活動をしている私たちにとって、避けては通れない、いや、避けてはいけない問題であった。
　大阪クレジット・サラ金被害者の会（通称：大阪いちょうの会）では、2010年2月7日に「西成支援活動員会」を発足させ、釜ヶ崎の借金問題の解決にあたることにした。相談会は、同年5月17日より開始し、毎週水曜日（当初は月曜日だったが、変更）に行っている。相談内容は多岐にわたる。相談者の多くは、借金が原因で故郷を追われ、釜ヶ崎に来られている。しかも、すでに最終の取引から10年、20年も経っているにもかかわらず、その借金のことがあり、生活保護を利用することを躊躇していたという。適切な情報さえあれば、もっと前に救済されていたはずの問題である。当該地域では、彼らにそのような情報が周知されていないのである。
　特徴的な内容をあげてみると以下のようになる。
　① 地場ヤミ金被害（いわゆる090ヤミ金ではなく、地域密着型のヤミ金をいう）

②　住民票・戸籍の売買に関する諸問題
③　携帯電話の名義貸しに関する諸問題

　これらの中でも、地場ヤミ金被害に直面し、衝撃を受けた。いちょうの会では、ヤミ金被害の解決には経験も実績もあると自負していた。ところが、信じられないような光景を目にしたのである。ヤミ金被害者に案内された場所は、マンションの1階部分であったが、堂々とヤミ金業者が店舗を構え、さらには、数軒が軒を並べ、さしずめ「ヤミ金長屋」になっている。また、他の相談で案内された場所では、店舗内にゴミとしか思えないようなものが散在していた。外観からはとてもヤミ金業者には見えないが、実際にはそこで営業をしているのである。そして、このような形態の店舗は、同地域には無数にある。つまり、店舗型のヤミ金業者が無数に存在しているということである。

　それでは、なぜそれだけの数のヤミ金が存在し得るのかが疑問となる。先述したように釜ヶ崎地域は、日雇い労働者の街から福祉の街へと変貌しつつある。つまり、元日雇い労働者たちは、なじみのある同地において生活保護を利用して生活するようになってきたのである。そこで、ヤミ金業者が目を付けたのが生活保護費である。ヤミ金業者の手口は、生活保護費が振り込まれる預金口座のキャッシュカードを担保として預かり、支給日に店舗へ来させ、いったんカードを返却する。そして、借り手自身に現金を引き出させ、利息とともに再度カードを預かる。その繰り返しである。もっとも、生活保護利用者が増加する前の釜ヶ崎では、日雇いの仕事が見つからなかった労働者が給付金（あぶれ手当）を受ける際の「白手帳」（日雇労働者被保険手帳）を担保として、ヤミ金業者が暗躍していた。

　相談の中で最もひどいケースでは、生活保護費から家賃だけは支払っていたものの、残りのほとんどを利息として吸い上げられていた。数カ月の間、風呂にも入れず、食事はすべて炊き出しで賄っていたという。

　相談のあったヤミ金事件については、そのつど現地に赴き解決に至っている。具体的には、いちょうの会のメンバー数名と場合によっては被

害者と共に複数名で赴き、交渉にあたるようにしている。店舗型のヤミ金業者の事務所は入口が狭い。入口を入ったところには内部を遮断するようなカウンターが設置されており、そのカウンター自体が高い位置に設置してあることから容易に内部に侵入できない構造となっている。私たちは、カウンター越しに、前提となる金銭の貸付けの有無、貸付金額と返済方法、貸金業登録の有無を確認する。そして、暴利であることから、貸付け自体が無効であることを主張し、支払った金銭についての返還を求めるようにしている。現実的には、被害者が同地域に居住しており、今後のことを考え返還までを求めない傾向になることからゼロ和解となっている。

　最後に、無数に存在するヤミ金業者に対しては、抜本的な対策が不可欠である。今後の課題として、いちょうの会では、警察、その他行政機関との連携を図り、ヤミ金業者撲滅に尽力する所存である。

Ⅶ　売春ビジネスの実態と対応策

▶ 弁護士　渡辺　和恵

1　日本の風俗ビジネスの特徴

　日本の風俗ビジネスは、「風俗営業等の規制及び業務の適正化等に関する法律」（昭和23年7月10日制定、風俗営業法）の適用対象下におかれ、同法の目的である「善良の風俗と清浄な風俗環境を保持し、及び少年の健全な育成に障害を及ぼす行為を防止するため」に機能することになっている。

　しかし、同法は、別名「売春業」と呼ばれる営業形態を黙認している。その典型が、「店舗型性風俗特殊営業」の一つである「個室付き浴場業」、いわゆるソープランドである。同法2条6項1号は「浴場業……の施設として個室を設け、当該個室において異性の客に接触する役務を提供する営業」とし

て、これを認めている。この定義から、いわゆる「本番」といわれる性行為を除いて考えることは難しい。日本弁護士連合会は、昭和55年11月に「個室付浴場業に関する調査報告書」(以下、「日弁連調査」という)をとりまとめ、「立法的解決により、トルコ風呂営業を全面的に廃止すること」を提言している。日本弁護士連合会では、昭和51年6月にすでに実態を調査した結果、同様の結論に達し、「個室付浴場は、現代の公娼制度と言われて久しい」と問題提起をしてきた。

それにもかかわらず、個室付き浴場業(届出制)は、2005年～2009年にも1200～1300軒の届出があり、売春防止法(昭和31年5月24日公布)12条(管理売春罪)により、時折警察の捜査が入ったり(小規模業者に対し、順番に捜査に入るという情報もある)、有罪判決を受けたりするものの、今日でも堂々と営業を続けている。

個室付き浴場業以外にも、旧赤線地帯にある風俗営業の「待合や料理店」(風俗営業法2条1項2号)は、「客の接待をして客に遊興又は飲食をさせる営業」であるが、「接待」とは、「歓楽的雰囲気を醸し出す方法により客をもてなすことをいう」(同条3項)とされており、売春業者が今も軒を連ねている。

さらに、風俗営業法2条6項2号は「個室を設け、当該個室において異性の客の性的好奇心に応じてその客に接触する役務を提供する営業」、いわゆる店舗型ファッションヘルスを認めているが、これも売春業と隣り合わせであり、同項4号の「専ら異性を同伴する客の宿泊(休憩を含む。)の用に供する施設を設け、当該施設を当該宿泊に利用させる営業」も同様である。

売春業は売春防止法により処罰の対象となっているにもかかわらず、なぜ「売春業」の営業形態が認められ、現に行われている売春業に対して捜査のメスが入らないのか。

ここに、日本の風俗ビジネスにおける最大の特徴がある。一言でいえば、日本の風俗ビジネスは「売春を廃絶するという国家意思の欠如」に支えられ

ているのである。

2　売春に対する法的規制

売春とは、「対償を受け、又は受ける約束で、不特定の相手方と性交することをいう」(売春防止法2条)。そして、同法3条は、「何人も、売春をし、又はその相手方となつてはならない」とし、売春および買春を禁止する。なぜ禁止されるのか。それは、売春および買春が、人としての尊厳を害する(同法1条)からである。

ところで、この売春問題に対する国家の法的規制には、①禁止主義(売春そのもの、売るほう、買うほうの両方を処罰する)、②規制主義(売春を公認し、弊害を少なくするために公の規制を置く)、③廃止主義(売春の売る方、買う方のいずれも処罰せず、管理売春をはじめとする売春業を処罰する)があるが、日本の売春防止法は廃止主義を基調とする(ただし、5条売春は例外としてある(後記6(2)参照))。国連の女性差別撤廃条約もこの立場に立つ。

しかし、日本は廃止主義に立っているにもかかわらず、その国家意思が発現されない。それはなぜか。売春が人間の尊厳を害するものであるという国家の認識が、極めて弱いからであると言わざるを得ない。

このような国家の認識を変えさせるものは、国民の力しかない。しかし、多くの国民がこのような認識をもっているとは、とうてい言えない。その一つの原因として、その実態が知らされていないことがあげられる。以下では、風俗ビジネスに足を踏み入れざるを得なかった女性たちの例を紹介する。考える素材とされたい。

3　貧困問題と売春

(1)　A子さん

A子さん(専業主婦)の夫は、ヤミ金から多額の借金をしていた。夫は病弱で、ヤミ金業者は病院の枕元まで押しかけてきた。A子さんは、少しでも

返済金を稼げるからと騙されて、三重県の国立公園内にあるW島に連れていかれた。この売春島のことはマスコミでも報道されていたが、A子さんは知る由もない。A子さんは、料理屋の仲居さんの仕事だと言われていたのに、実際は売春だったのである（明らかに売春防止法12条（管理売春罪）違反）。夫の債務整理にあたっていた弁護士がA子さんのSOSをキャッチし、筆者が一緒になってA子さんを救い出した。W島は、江戸時代に遊郭があり、戦後は赤線地区となった。暴力団が関係した人身売買・管理売春の罪で、何度も摘発されているという。島には交番もなく、船着き場にはあっせん業者が待機しており、今日でも公然と売春業が行われているという。

ちなみに、A子さんを救い出したとき、A子さんの夫の借金は全く減っていなかった。

(2) B子さん

B子さんは専業主婦であった。夫が体調を崩して働けなくなり、また、「人に騙されて借金が増え、脅されている。頼むから働いてくれ」と言われて、連れていかれたところが風俗の喫茶店であった。B子さんは、夫の言葉を信じて性行為類似行為に耐えた。しかし、夫に騙されているのではないかと気づき、不本意ながら働いていたという店長を通じて筆者が関与し、調査した結果、「騙されていた」という結論に達した。

B子さんは、子どもを連れて遠方に逃げた。その地で売春防止法上の婦人相談所の一時保護所に駆け込み、夫とも離婚することができた。

(3) C子さん

C子さんは、サラ金からの借金に関する相談で筆者の事務所を訪れた。筆者が女性であったためか、「仕事もないので生活費もなく、返済金を作ることができない。異性と猥褻な会話をする仕事を1週間ほどしたけれど、頭が狂いそうになり、自分が自分でなくなったのでやめた」と言われた。

ちなみに、前述した日弁連調査によると、「トルコ風呂（個室付浴場）での恥ずかしさに耐え、その要求に応ずることができるようにする気分にさせる

ため、店の仲間に勧められて覚醒剤を常用するようになり、売春と覚醒剤の乱用を繰り返した」という女性の事例を、婦人相談員（売春防止法35条）が紹介している。

(4) D子さん

D子さんは、色白の美少女（高校1年生）であった。D子さんには、勉強のよくできる姉がいた。学校では、競争が友達関係を歪めていた。寂しさからふと、テレクラに電話をした。D子さんは、テレクラが売春の温床であることを知らず、ある男と関係ができてしまった。

これを知った両親がD子さんを説得し、筆者が代理人となり、相手の男に対して青少年育成条例違反で刑事告訴することも辞さない、とする内容の「絶縁状」を送付し、関係を断ち切ることができた。

(5) E子さん

年末の年越し派遣村が初めて設置されたのは2008年の年末であった。それ以来、各地で「なんでも相談会」が開かれている。

2009年に大阪市西成区で開かれた相談会に、E子さんが相談に来られた。所持金は900円であった。孫の世話をしながらパートで働き、幸せな生活を送っていたE子さんだったが、1カ月前に家族のトラブルで家出をしたという。筆者が入所交渉をした結果、E子さんを無料で引き受けてくれたのは、売春防止法上の婦人相談所（一時保護所）であった。E子さんは、ここで一息ついて、今は仕事探しをしているところだという。

E子さんは、言われた。「私のような女性は、新世界（大阪の歓楽街）にはたくさんいましたよ。安宿に身を置いてね。こんなところ（一時保護所）に入れて、私は幸せです」。

(6) 貧困につけ込んで個人の尊厳を侵害する風俗ビジネス

A子さん・C子さんのヤミ金・サラ金問題など、経済的貧困により風俗ビジネスの餌食になるケースは跡を絶たない。A子さん・C子さんの味わった苦しみは、前述の日弁連調査で語られた、ある女性の「自分の体が金で買わ

れるということを普通の神経だったら30分も我慢できない。トルコ嬢が好きでやっているという人がいたら、その人は一度でも自分でやってみたらいい。そんな人には私の本当の気持ちは死んでもわかりっこない」という言葉が端的に物語っている。これが売春防止法による「人間の尊厳」である。

　Bさんのケースのような「ヒモ」に強制されて風俗ビジネスに足を踏み入れる事例も少なくない。その原因の多くは、経済的貧困がもたらす夫婦の亀裂である。夫が「ヒモ」に成り下がったことで信頼を裏切られたという衝撃も重なり、精神的な痛手も大きかった。しかし、B子さんは、婦人相談所の援助も得て、力強く再起された。

　E子さんは、家族のトラブルにより売春の瀬戸際まで追いやられたが、同じく援助を得て再起された。

　一方で、D子さんのような子どもたちが育ちゆく環境に、競争主義が大手を振って入り込んでいる。夢多き青春期に、風俗ビジネスが大きく立ちはだかることを許してはならない。家庭生活・学校生活のあり方、子どもが伸び伸びと自分の個性を発揮するために、「自分にとって本当に必要なものは何か」が、家庭や学校で話し合われなければならない。

　ところで、本稿執筆中に、東日本大震災で被災した女性に売春をさせた容疑で男4人が逮捕されたとの報道があった（2011年6月3日毎日新聞）。逮捕容疑は、5月31日午後8時頃、被災女性（39歳）に、バーの個室で男子学生（20歳）を相手に売春させたというものである。バーの経営者（31歳）らは、年間約7000万円の収入があったという。

　このような売春の実態からは、「女性たちが好きで売春をしている」という俗論が出てくる余地はない。また、その背景には、経済的・社会的・文化的貧困が横たわっていることがわかる。そうして、貧困をネタに個人の人格を食いつぶす、言い換えれば生き血を吸って儲ける風俗ビジネスの悪行が浮かび上がる。

4 風俗ビジネスの悪行・人権侵害行為の実態

　風俗ビジネスは、経済的・社会的・文化的貧困に追いやられた女性を罠に落とし込んだ後、どのような人権侵害行為を行っているのであろうか。この実態を語ることができるのは、その業者にほかならない。餌食にされた女性たちもその一部を知るが、他人に語りたくもないことである。筆者が脱出のサポートをした女性たちも、脱出に必要な範囲で語ったにすぎない。

　そこで、ここでは、過去に売春防止法違反事案の裁判例で明らかになった実態をみることとする。

(1) 個室付き浴場は売春防止法12条違反①——大阪高判昭60・2・8（高検速報（昭60）282頁）

認定された事実は、以下のとおりである。

① 拘束時間　早番は午後2時～翌日午前2時ないし2時30分、中番は午後4時～翌日午前2時ないし2時30分、遅番は午後6時～翌日午前2時ないし2時30分。

② 控室での行動規制　（無断）外出禁止。

③ ノルマ　あり。指名客数がノルマに満たないときは退店。

④ 料金　業者が決定する。業者は、遊客から入浴料として6000円を徴収し、女性は売春料として60分で基本料金2万円、20分を過ぎるごとに3000円加算して徴収する。ただし、業者は女性から、基本料金のうち3000円を、延長料金についてはほぼ全額を徴収する。80分の場合は、業者1万2000円・女性1万7000円となる。前述した日弁連調査でも、ほぼ同様であった。

　なお、銀行が売春業者に資金を提供すると、売春防止法13条の資金提供罪で処罰される。日弁連調査における個室付き浴場業者の銀行への返済状況に関する項目でも、大阪の婦人保護事業を守る会が1985年に実施した調査における大阪の個室付き浴場業者に対する銀行への返済状況に関する項目でも、

短期間に多額の返済をしていることがわかった。日弁連調査では、業者が4年間で約2億円の銀行返済していることが紹介されている。また、「守る会」調査では、1970年代後半から銀行や信用金庫など40の金融機関が大阪の70余のソープランドに根抵当権設定極度額総額304億8000万円も融資していることが判明した。住友銀行・協和銀行（いずれも当時）など大手都市銀行も貸付けをしていた。しかも、1軒あたり数千万円以上の資金が、3〜5年で返済されていたのである（詳しくは、日本弁護士連合会両性の平等に関する委員会編『女性弁護士の歩み』参照）。しかし、銀行等が売春防止法13条により処罰されることは、1989年まで一例もなかった。

(2) **個室付き浴場は売春防止法12条違反②**——東京高判昭58・5・19（判時1088号148頁）

認定された事実は以下のとおりである。

① 拘束時間　早番は午後2時30分〜翌日午前3時30分、遅番は午後4時30分〜翌日午前3時30分。

② 収入　固定給なし。

③ 拘束　ⓐ避妊器具を用いさせない。ⓑ月2回の性病検査義務づけ（そのうち1回は雇い主に診断書を提出させる）。ⓒ遊客から女性のサービスについてアンケートをとり注意する。

(3) **売春あっせん（職業安定法違反、売春防止法違反）**——岡山地判平14・6・14（裁判所ウェブサイト）

女性は売春の最中に遊客から覚醒剤を注射され、覚醒剤使用の嫌疑で逮捕された。ちなみに、日弁連調査においても、「密室でどんな男かもわからない人間と2人きりになるので恐ろしい。首を絞められたことがある」と紹介されている。

(4) **強要罪、売春防止法違反**——神戸地判平16・12・22（裁判所ウェブサイト）

売春していた女性が、遊客であった男性と交際するようになり、部屋のチ

ーフにその旨を告げたところ、遊客と交際するのであれば仕事を辞めてもらう、罰金として給料から月10万円を差し引くと言われ、さらに「命はないと思え」と言われた。そして、脅迫により500万円の金銭消費貸借契約証書を書かされ、業者の配下の者が女性の部屋に同居し、売春を続けさせられ、他への連絡をすべて絶たれたが、逃げ出して警察に保護された。

5　ルールなき社会の貧困と買春

　日本の法制では、買春者は処罰されない。したがって、裁判にも登場せず、買春の実態を知る機会がない。売春産業が隆盛であることは買春者が多数いることを示しているが、「買春に対する男性の意識調査」を実施した女性グループは、買春者は、「男とはそういうものだ」、「どこの街にも買春場所はある」、「自分で働いて得たお金ですることに他人からとやかく言われることはない」という考えを持っているから、自分から問いつめる必要もないため、実態が検討されることもなかったと結論づけている（男性と買春を考える会「報告書」(1998年))。

　公にされた貴重な資料として、東京地検検事である中尾勇氏の「風俗事犯の実態とその対応」法律のひろば38巻1号24頁がある。これによると、「買春男性は圧倒的に30歳代、40歳代の働き盛りが多く、しかもその8割以上が妻子を有し、さらにこれら男性の職業を見ると会社の役員、公務員、教員、医師など各層に及んでおり、比較的安定した職業に従事しているものが大多数の売春の相手になっている。従来、犯罪に無縁だった多数の一般人が売春を助長させている」という。

　ところで、男性たちの生活を見ると、家族や社会の行動とずれる毎日を送らざるを得ない変則労働、人間性を殺さなければ務まらない労働実態、家族犠牲度と企業忠誠心で査定される社内競争など、労働生活における精神的ストレスの増大は無視できない。また、人格教育や性の人格教育は皆無である。

　そのような中で、お金で人格まで買えるという考えの下に「普通の男性が

買春者になっている」のであれば、労働法規等が無視されているルールなき社会の貧困と買春問題は、無縁ではないのかもしれない。

6　売春業の餌食にされる女性たちへの対応策

(1)　「相談できるところ」「生活場所を無料（あるいは安く）提供してくれるところ」を広報すること

　都道府県は、婦人相談所（売春防止法34条１項）を必ず設置しなければならない。婦人相談所はいろいろな問題に（当然、売春についても）相談に乗ってくれるし（同条２項１号）、当該女性のことだけでなくその家庭についても、医学面・心理面など、広範囲にわたって、専門的立場からアドバイスしてくれる（同項２号）。女性の年齢は問わず、未成年者も対象となる。ただし、18歳未満は児童相談所が基本的には対応する。また、前述のＢ子さんやＥ子さんのように、一時的な生活場所も提供してくれる（同項３号）。

　婦人相談所は現在、ＤＶ法の配偶者暴力相談支援センターも兼ねており、その役割が増している。しかし、その存在が必ずしも広く知られているわけではない。

　大阪弁護士会で「現代のかけこみ寺」のテーマでシンポジウムを開催したのは、約30年前のことである。弁護士は、この企画の中で婦人相談所の存在を知った。日本弁護士連合会では、その後、家族と暴力の観点から婦人相談所の見学を行っている。

　また、夫の暴力問題に対応するためのシェルター運動が民間において展開されており、女性たちはこれらに駆け込み、救済されている。行き所がないことから売春の淵を歩くことも多く、こういった施設の役割はますます増大しているが、どの施設でも財政問題で困難を抱えている。

(2)　困っている女性に対して「救済する」姿勢を国にとらせること

　生活に困って、「公衆の目にふれるような方法で、人を売春の相手方となるように勧誘すること」は、売春防止法５条違反として処罰の対象となる。

生活に困って、いわゆる街娼となっているホームレス状態にある女性に対し、国はどのような姿勢をとっているのであろうか。

ホームレスの女性がホテル街で売春の客待ちをしていた事案（東京地判平18・2・23ウェストロー・ジャパン）で、保護観察付きの執行猶予が言い渡されているが、その量刑事由として、「独力で就職先を見つけることはかなり困難」、「ホームレスの状態から脱出するためには公的な機関による福祉的措置が不可欠」と指摘されている。

統計によれば、街娼は、2005年から2009年までの間に、200件～300件程度摘発されている（『平成22年警察白書』）。一方、個室付き浴場にみられるような明らかな売春業に対し、場所提供罪（売春防止法11条）は100件～200件程度、管理売春罪（同法12条）は2009年をとれば6件・7人が摘発されているにすぎず、資金提供罪（同法13条）は4件・4人にすぎない。困っている女性を助けずに売春業を許容しているのではないかとの疑念が生まれても、不思議ではない。

Ⅷ 保証人紹介業被害の実情と法的対応策

▷ 弁護士　酒井　恵介

1　はじめに

アパートを借りる際の連帯保証人、就職をする際の身元保証人、お金を借りる際の連帯保証人など、日常生活のさまざまな場面で「保証人」が必要とされる。

しかし、核家族化が進み、親族などの人間関係が希薄になってきている今日においては、保証人を必要とされても、保証人となってくれる人が身の回りにいない場合が少なくない。

インターネット上では、「来店不要」、「保証人をお探しでしょうか」、「都

会で一人暮らしの方、就職や入居保証等で連帯保証人を必要としているお客様に、確実・スピーディーに、しかも、信頼できる保証人をご提供致します」、「保証人を紹介します」などとうたったホームページをよく見かけるが、これらは「保証人紹介業者」のホームページである。

保証人紹介業をめぐっては、トラブルが多発しており、全国の消費生活センターに対して、2004年頃から毎年100件以上の相談や苦情が寄せられ、2009年度には200件以上の相談や苦情が寄せられ、2010年5月には、国民生活センターが注意を呼びかけている（「借金をするとき、家を借りるとき、就職するとき…保証人紹介ビジネスのトラブルにご注意！」）。

この点、派遣労働などの非正規労働により生計を立てている人たちは、勤務先を転々とすることを余儀なくされ、また、住居も安定していない場合が多い。この場合、新たな勤務先、新たな住居に移るたびに、保証人を要求されることになってしまう。生活保護受給者などのいわゆる貧困層は、家族や親族などからの支援を受けることができない場合がほとんどである。このような低所得層の人たちは、保証人ビジネスをめぐるトラブルの被害に遭いやすいため、「保証人ビジネス」は「貧困ビジネス」としての側面も有しているといえる。

2 「保証人紹介業」とは

保証人紹介業者とは、アパート入居時の連帯保証人、就職時の身元保証人、融資を受ける際の連帯保証人などを必要としている者に対して、連帯保証人、身元保証人等を紹介し、その対価として「会員登録料」や「保証料」などの名目での金員を徴収することを業務内容とする業者である。

保証人紹介業者が自ら保証人となることはない。保証人紹介業者は、賃貸人、雇用主、金融業者などとの間における契約関係にはいっさい現れてこないのである。この点で、金融機関などによる融資の際の保証会社やアパートの賃貸借の際の家賃債務保証業者などとは異なる。

また、保証人紹介業者の多くは、一定の報酬を支払うことを条件として、保証人として名義を貸す者を募集している。保証人として名義を貸す者は、保証人紹介業者の管理下にあるとされる「保証人バンク」、「保証人ボランティア」などの名称の組織に登録される。ある保証人紹介業者は、このような「保証人バンク」などのことを、「見ず知らずの方の保証依頼を自分が引き受けてもよいという方」を全国から集めた任意団体、と呼んでいる。

　保証人紹介業者の中には、保証人として名義を貸した者が、仮に、保証債務の履行を求められることとなったとしても、保証人紹介業者がいっさいの責任を負担し、保証人として名義を貸した者には何らの負担もかけない旨の説明をし、勧誘を行っていることが多い。

　このように、保証人紹介業とは、保証人を必要としている者に対し、見ず知らずの者であり、かつ、自らは保証債務を履行する意思がない（乏しい）者を、保証人として紹介し、その対価として金員を徴収することを内容とする業務といえる。

3　保証人紹介業による被害の実態

(1)　保証人の紹介を申し込んだ者が受ける被害

　被害の類型としては、第1に、保証人紹介を申し込んだ者が受ける被害がある。この類型の被害としては、「保証人の紹介を申し込んで保証料を支払ったのに保証人を紹介してもらえない」、「紹介された人物を保証人として融資を申し込んだが断られた」、「保証人の紹介を申し込んだ後に解約を申し出たが、解約手数料を要求され、保証料も返還されない」、「保証人の紹介を申し込んだ後に解約を申し出たが、解約に応じてもらえず、保証料は返還されないばかりか、契約が継続しており契約期間が更新されたとして更新手数料を請求された」などがあげられる。

(2)　保証人として名義を貸した者が受ける被害

　第2に、保証人として名義を貸した者が被る被害がある。この類型の被害

としては、債権者から保証債務の履行請求を受けたのに、保証人紹介業者が保証債務の履行をしないというものである。実際に、保証債務の履行請求を受け、多額の支払いを余儀なくされたという被害も発生している。上記のとおり、保証人紹介業者は、保証人として名義を貸す者を募集する際に、「債権者から保証債務の履行を求められた場合には、保証人紹介業者が代わって履行をするので、保証人には迷惑をいっさいかけない」などとうたっている場合も多い。

4 被害に対する対応

(1) 保証人の紹介を申し込んだ者の被害への対応

(A) 登録料などの返還請求

「保証人の紹介を申し込んで保証料を支払ったのに保証人を紹介してもらえない」、「紹介された人物を保証人として融資を申し込んだが断られた」という被害について、「きちんとした保証人の紹介」の履行請求は考えにくいことから、登録料などの既払金について返還を求めていくこととなる。

債務不履行を原因とする損害賠償請求による場合は、保証人紹介業者の契約上の義務内容がどの範囲までなのかが問題となるが、一義的には、契約条項などの内容によることになる。

保証人紹介業者の中には、保証人として名義を貸す者のデータを送っただけで、その者が契約の手続をとるか、契約が締結されるかにかかわらず、義務の履行は完了したと主張する者もおり、保証人紹介業者の義務内容について争いになる場合もある。

勧誘方法（保証契約の締結が確実かのような説明がされていること、保証契約が締結されない場合でも登録料などの負担が生じることの説明がないことなど）によっては、消費者契約法4条1項ないし2項による取消し、詐欺による取消し（民法96条1項）も可能であると思われる。詐欺などといえる事案では、不法行為による損害賠償請求（同法709条）も考えられる。

Ⅷ　保証人紹介業被害の実情と法的対応策

(B) 解約手数料を要求された場合の支払拒絶

「保証人の紹介を申し込んだ後に解約を申し出たが、解約手数料を要求された」という被害については、まず、契約上、解約手数料についての約定があるかどうか問題となる。

約定がなければ支払う義務はない。

仮に、約定がある場合でも、申込者が消費者であれば、このような約定は「消費者契約の解除に伴う損害賠償の額を予定し、又は違約金を定める条項」であるといえるところ、「消費者契約の解除に伴う損害賠償の額を予定し、又は違約金を定める条項であって、これを合算した額が、当該条項において設定された解除の事由、時期等の区分に応じ、当該消費者契約と同種の消費者契約の解除に伴い当該事業者に生ずべき平均的な損害の額を超えるもの」については、「当該超える部分」は無効となる（消費者契約法9条1号）。

ここでいう「平均的な損害」とは、同一事業者が締結する多数の同種契約事案について類型的に考察し、解除の時期等により同一の区分に分類される複数の同種の契約の解除に伴って当該事業者に生じる損害の額について、合理的な算出根拠に基づき算出した結果得られる平均値である。保証人紹介業者においては、保証契約が成立しない以上は保証人に対して報酬等を支払う必要はないこと、1人の保証人に複数の保証契約を締結させていること、保証人紹介業者の業務がもっぱら契約書類作成の仲介にすぎないことなどからしても、当該契約の履行のために、特別に出捐した代替利用の困難な設備や人員整備の負担を行ったり、他の契約の機会を喪失したりするなどの事情は考えがたく、また、保証人のデータ等の送付にかかる事務的な経費も極めて軽微なものであると考えられる。このような事情からすれば、保証人紹介業者には解約に伴う「平均的な損害」は存在しないというべきである。

(C) 更新手数料の支払拒絶

「保証人の紹介を申し込んだ後に解約を申し出たが、解約に応じてもらえず、契約が継続しており契約期間が更新されたとして更新手数料を請求され

167

る」という被害についても、まずは契約上、更新料に関する約定があるかどうかが問題となる。

　約定がなければ支払義務はない。

　この点、約定がある場合には、このような約定が当然に無効といえるとは限らない。

　もっとも、近時トラブルとなっている事例においては、そもそも保証契約が成立していなかったり、すでに保証契約が終了していたりしているにもかかわらず、保証人紹介業者との間の契約が継続されていることを理由として更新料の支払いを請求するものである。このような事案で、保証人紹介業者は、解約の申出に対する事務手続を怠ったり、高額な解約料を請求したりするなどして解約に応じない一方で、契約者の勤務先や実家に電話をかけるなど契約者を困惑させる方法による取立てを行っている場合が多い。このように、そもそも対価性が乏しい更新料について、契約の終了を妨げたうえで請求を行ったり、私生活の平穏を害する方法での請求を行ったりすることは、社会的通念上容認されるものとはいえず、公序良俗に反して無効といえる場合があると考えられる（民法90条）。

　(D)　保証人紹介サービス自体の無効性

　もっとも、保証人紹介業については、上記のとおりトラブルが多発しているところ、このようなトラブルが多発するのは、見ず知らずの者であり、かつ、自らは保証債務を履行する意思がない者を保証人として紹介するという保証人紹介業の構造上、不可避なものといえる。

　構造上トラブルが生じることが不可避な「保証人紹介サービス」を提供することで、対価を得て利益を上げることは社会的に容認されるものといえず、「会員登録料」、「保証料」、「更新料」、「キャンセル料」などいかなる名目においても、このような「保証人紹介サービス」の提供の対価として金員を徴収する旨の約定は公序良俗違反（民法90条）ないし消費者契約法10条により無効というべきである（八王子簡判平22・11・9判例集未登載、川崎簡判平22・

11・10判例集未登載）。

　(E)　架空請求・不当請求

　なお、近時は、そもそも、保証人の紹介を申し込んでおらず、サービスについて問合せをしたり、資料の請求をしたりするだけで、キャンセル料名目の請求をされるという、架空・不当請求による被害も増えている。このような請求に対しては、当然、支払義務はない。

　(2)　保証人として名義を貸した者の被害への対応

　(A)　保証債務の負担

　保証人として名義を貸した者は、賃貸人、雇用主、金融業者などの債権者との間において、自らの名義で保証契約（連帯保証契約、身元保証契約など）を締結している。したがって、当然、保証債務を負担することになる。

　保証人紹介業者との間で「いっさい迷惑をかけない」旨の合意があったとしても、あくまでも、保証人紹介業者と保証人として名義を貸した者との内部関係の問題であり、これをもって、債権者との関係で保証契約の効力を否定することは困難である。保証契約自体には要素の錯誤はなく（民法95条）、「保証人紹介業者が保証債務を履行する」という動機も債権者に表示されているわけではない。また、債権者が、保証人に保証債務の履行意思がないことや保証人紹介業者と保証人とのやりとりを知らない（または知り得ない）以上は、第三者の詐欺（民法96条2項）や心裡留保（同法93条ただし書）などの主張も困難である。

　なお、保証人紹介業者からの指示を受けて、債権者に対し、全く面識がない主債務者について自分の「知人」や「親戚」であるなどと虚偽の説明をさせられている場合も多く、なおさら、保証契約の効力を否定することは極めて困難となっている。

　(B)　保証人紹介事業者に対する保証債務の履行請求等

　保証人紹介業者に対する請求については、①保証人紹介業者との間に保証人紹介業者が保証債務を代わって履行する旨の合意がある場合には、その合

意に基づく履行請求をすることが考えられる。また、②支払ったり請求されたりした保証債務相当額を損害として、保証人紹介業者に対して不法行為による損害賠償請求をすることも考えられる。

もっとも、保証人紹介業者の資力が不明な場合が多く、財産的損害の回復は極めて困難なのが実情である。実際に、保証人紹介業者に損害賠償を命ずる判決等を取得して強制執行をしたが被害回復ができなかったという事案も複数報告されている。

5　保証に関する法規定

このような保証人として名義を貸した者の被害をさらに深刻なものとしている要因は、保証人の責任が極めて過大なことにある。

(1)　民法上の保証人

民法では、「保証人」は、「主たる債務者がその債務を履行しないときに、その履行をする責任を負う」とされ（民法446条1項）、保証債務の内容、範囲については、「保証人の負担が債務の目的又は態様において主たる債務より重いときは、これを主たる債務の限度に減縮」されるが（同法448条）、保証人が保証する債務は「主たる債務に関する利息、違約金、損害賠償その他その債務に従たるすべてのものを包含する」とされている（同法447条1項）。ここでの「主たる債務」の内容は、金銭債務に限らない。

その他に保証債務の内容について定めた法令としては、「貸金等根保証契約」について定めた規定（民法465条の2以下）、「被用者ノ行為ニ因リ使用者ノ受ケタル損害ヲ賠償スルコトヲ約スル」契約について定めた身元保証法がある程度である。

(2)　身元保証

身元保証においては、契約期間が制限され（期間の定めがある場合は5年が最長（身元保証法2条1項）、期間の定めがない場合は3年（身元保証法1条。商工業見習者については5年））、被用者に業務上不適任または不誠実な事跡があ

って、これにより身元保証人の責任を惹起するおそれがあるなどの一定の事実については使用者に通知義務があり（身元保証法3条）、かかる通知を受け、または、かかる事実を知ったときは、身元保証契約を将来に向けて解除することができ（解約告知権：身元保証法4条）、保証責任に限度に制限を加える規定（身元保証法5条）などがある。

(3) 賃貸借契約に関する保証、融資に関する保証

これに対して、建物賃貸借契約に関する保証については何らの制限もない。通常は、賃貸借契約に基づく賃借人のいっさいの債務を保証するものであり、その金額には制限はない。また、期間の定めのある建物賃貸借契約においては特段の事情のない限り、保証人は更新後の賃貸借についても保証の責めを負うべきとされている（最判平9・11・13判時1633号81頁）。多額の賃料不払いがあるにもかかわらず賃貸借契約が更新された場合には、保証人の責任を否定ないし制限した裁判例もあるが、当然には、保証人に解約告知権が認められているわけではない。

融資保証についても、改正貸金業法（2010年6月18日完全施行）により貸金業者には総量規制が導入されたが、保証人には規制は及ばないとされる。

6　まとめ

日本社会においては、日常生活では保証人を求められることが多いが、必ずしも身近に保証人になってくれる人がいるとは限らない。保証人がいなければ、普通の生活を送ることができない。この食い違いが、保証人紹介業者がはびこる背景であり、また、トラブルが頻発する原因でもある。

従来、「保証」は、原則として無償・片務契約であり、保証人は保証に対する対価を求めることなく、他人のために債務を負担するものであり（無償性、利他性）、保証人と主債務者との親族関係その他の情実的関係を動機とする場合が多い（情義性）とされてきた。また、保証人が現実に履行を余儀なくされるような事態に陥るかどうかは必ずしも確定的ではなく（未必性）、

保証人は自己が何らの負担を負わないで済むものと軽信して保証を引き受けることが少なくない（軽率性）ことも指摘される。

そもそも、保証人を紹介することを「ビジネス」とするということは想定されていなかったものである。

保証人の要否、保証契約の内容については、契約自由の原則が妥当するものの、「保証人がいないこと」によって、人間が人間らしい生活を送ることを妨げられ、また、権利侵害や社会的排除の要因となっている状況に対しては、必要な措置が講じられるべきであり、また、保証人を要求すること自体の必要性について、あらためて見直す必要がある。

資　料

資料目次

I　貧困ビジネスをめぐる裁判例（要旨）……………………………174
　1　金融関係……………………………………………………174
　2　居住関係……………………………………………………179
　3　医療関係……………………………………………………192

II　参考書式例……………………………………………………199
【参考書式例1】ヤミ金融に対する請求書………………………199
【参考書式例2】預金口座の不正利用に関する情報提供シート
　　　　　　　（財務局宛）………………………………………201
【参考書式例3】訴状（養子縁組無効確認請求訴訟）……………202
【参考書式例4】無料低額宿泊所商法業者に対するクーリング・
　　　　　　　オフ通知…………………………………………204
【参考書式例5】訴状（無料低額宿泊所商法業者に対する損害賠
　　　　　　　償請求訴訟）……………………………………206
【参考書式例6】病院に立入検査を求める申入書………………218
【参考書式例7】訴状（貧困ビジネス医療機関に対する損害賠償
　　　　　　　請求訴訟）………………………………………220

III　「無料低額宿泊所」問題に関する意見書（日本弁護士連合会）……225

IV　大阪府被保護者に対する住居・生活サービス等提供事業の規
　　制に関する条例（案）に対する意見書（大阪弁護士会）…………236

V　大阪府被保護者等に対する住居・生活サービス等提供事業の
　　規制に関する条例…………………………………………243

資料

Ⅰ 貧困ビジネスをめぐる裁判例（要旨）

1 金融関係

▷ 弁護士　山田　治彦

(1) ヤミ金融の被害者の被った損害額について、被害者がヤミ金融に支払った金額の全額であるとした裁判例（最判平20・6・10判時2011号3頁）

多数のヤミ金融業者を統括していた代表者（暴力団組長）に対し、ヤミ金融被害者が損害賠償を請求した事案。

裁判所は、ヤミ金融業者による貸付けや取立てなどの行為について強度の違法性があるとして不法行為性を認め、代表者について使用者責任が成立するとした。

そして、被害者の損害額について、本件のような反倫理的行為（高利の貸付けによる違法な金員の取得）に該当する不法行為の被害者が、当該反倫理的行為にかかる給付（不法行為の手段である貸付けとしての金員の交付）を受けて利益を得た場合には、この利益については加害者であるヤミ金融業者からの不当利得返還請求が許されないだけではなく、被害者からの不法行為に基づく損害賠償請求において損益相殺ないし損益相殺的な調整の対象として被害者の損害額から控除することも、民法708条の趣旨に反するものとして許されないものとし、被害者がヤミ金融業者に対して支払った全額を損害であるとした。

(2) 保証料名目で出資法の上限金利を大きく上回る利息を徴収した貸金業者および保証業者に共同不法行為が成立するとした裁判例（大阪地判平18・8・30消費者法ニュース69号83頁）

被害者は、貸業者との間で、保証契約締結を条件とし、返済期限を1週間後とする貸金契約を締結させられ、当初の契約および毎週の契約切替えのたびごとに、額面上の借入金額の18％を保証料として保証業者に支払わされ

た。保証委託契約の作成、保証料の受領など保証業務のいっさいは貸金業者が行った。被害者が貸金業者および保証業者に対して損害賠償を請求した事案。

　裁判所は、保証料が高額であること、貸金業者と保証業者とが密接な関係にあることなどから、貸金業者は法を潜脱する意図で保証料を受領していたものとし、保証料はみなし利息（出資法5条7項）であるとした。そして、出資法をはるかに上回る高利であることから本件行為は公序良俗に反する暴利行為として違法なものであり、貸金業者と保証業者に共同不法行為が成立するとした。

　損害については、貸金業者が交付した金員は不法原因給付であり、損害額からこれを差し引くことは民法708条の理念に反するとしてこれを認めず、支払額全額が損害であるとした。

(3)　**家具リースについて、実質的には利息制限法の規制を免れるために売買および賃貸借を仮装した金銭消費貸借であり、暴利行為として公序良俗に反する無効な行為であるとした裁判例（広島地判平16・4・15消費者法ニュース60号131頁）**

　被害者は、「商品はそのまま使用OK」、「買取り後の利用もリース料金だけでOK」と広告していた家具リース業者に借入れを申し込んだところ、業者は、家財道具の売買契約書を書かせ、売買代金の1割を天引して被害者に交付し、月々売買代金の1割のリース料を徴収したので、被害者が業者に対して不当利得の返還を請求した事案。

　裁判所は、業者が買い取った家財道具をそのまま被害者に使用させていたこと、売買代金の1割を天引し、売買代金の1割を毎月支払わせていたこと、売買代金を一括して支払わない限り支払いは終了しないとされていたことから、本件について、実質的には利息制限法の規制を免れるために売買および賃貸借を仮装した金銭消費貸借であるとし、高利の貸付けであることから、暴利行為として公序良俗に反する無効な行為であるとした。

資料

(4) 自動車リースについて、その性質は金銭消費貸借契約および利息契約であるとしたうえで、高金利ゆえに無効であるとした裁判例（山口地裁宇部支判平18・10・6 兵庫県弁護士会HP）

被害者が、所有する自動車の購入代金名目で（実質的には貸金として）、自動車リース業者から金員を借り入れ、自動車のリース料名目で（実質的には貸金の返済として）金員を支払っていた事案について、被害者が不当利得または不法行為に基づき支払った金員の返還および自動車の所有名義の移転登録を求め、自動車リース業者が残余の貸金について不当利得に基づき返還を求めた事案。

裁判所は、上記行為について、金銭消費貸借契約並びに利息契約に基づく貸付け並びに返済、および、これを担保するための譲渡担保契約であるとしたうえで、これらを高金利ゆえに無効とした。

そして、上記行為について、被害者の窮状に乗じた暴利行為として公序良俗に違反するとして、民法708条により、自動車リース業者からの請求を退けるとともに、被害者の返済額全額について不当利得の成立を認めた。

(5) いわゆるチケット金融について、その実質がチケット売買の名目の下に行われた金員の貸付けであるとし、公序良俗に反し無効であるとした裁判例（堺簡判平14・9・19消費者法ニュース53号36頁）

チケット金融業者が、高速道路の回数券100枚を、1週間後の代金後払いという条件で、額面額である5万円で販売し、これを同一の場所で代金3万8000円で即換金させた事案である。

裁判所は、チケット金融業者からの売買代金請求に対し、この取引の実質は、高速券売買の名目の下に行われた弱者に対する金員の貸付けであり、3万8000円の借入れに対して1週間後に5万円を支払うという暴利の支払いを余儀なくされる本件売買契約は公序良俗に反しており、無効であるとした。

(6) いわゆる金貨金融について、取引を全体としてみると実質上は金銭消費貸借契約であり、高金利であって公序良俗に反し無効であるとした裁

判例（札幌簡判平23・1・14消費者法ニュース87号89頁）

「お金が必要な方」、「当日即現金化」、「商品代金後払いでOK」、「金・プラチナ・時計・宝飾品販売買取店」などの広告で顧客を勧誘していた金貨金融業者が、5万円の金員が必要な旨を告げた来店者に対し、10日後の代金後払いという条件で6万5600円で金貨を販売し、買取先の氏名および電話番号を教示して買い取らせた、という事案である。

裁判所は、金貨金融業者からの売買代金請求に対し、本件取引を全体としてみると、金貨金融業者が新聞広告等により正当な手段では金員を得ることが困難な被害者を誘い込み、交付した金貨の換金を名目として一定額を融資し、その数日後に売買代金の名目で融資額よりも高額の金員の回収を得ようとするもの、すなわち実質上は金銭消費貸借契約であると認められるとしたうえで、年率に換算して約2000％弱の高利という暴利契約であって、公序良俗に反して無効であるとした。

(7) いわゆるレンタル時計店について、全体として公序良俗違反であり、不法行為であるとした裁判例（神戸地判平20・2・7消費者法ニュース75号296頁）

レンタル時計業者が、以前に金銭を貸し付けたことのある被害者から再度借金の相談があった際に高級時計などの貴金属のレンタル契約を勧め、被害者が生活費に困窮していることを知りながら、品物の所在を確認しないまま次々にレンタル契約を締結し、被害者は品物を質入れして金員を調達して業者にレンタル料を支払っていたという事案。

被害者のレンタル時計業者に対する損害賠償請求訴訟において、裁判所は、業者が商品を質入れして金員を得ることを被害者に示唆したとして実質は金銭消費貸借と変わらないとしたうえで、レンタル料金を利息として利率を計算すると出資法の上限金利をはるかに超える高金利となることなどからこれを不法行為であるとし、損害については、民法708条の趣旨からレンタル商品の価格を損害額から控除するのは相当ではないとして、既払いのレンタル

料金全額を損害額とした。

(8) **不法行為とされた違法年金担保融資による損害額について、被害者の支払った全額を損害とする裁判例**（高松高判平19・12・11消費者法ニュース75号98頁）

被害者が、無登録で貸金業を営むヤミ金融業者から年利60％での借入れに際し、年金証書・年金受給口座の通帳およびキャッシュカードを業者に取り上げられたことについて、不法行為に基づく損害賠償を請求した事案である。

判決は、業者の行為を国民年金法24条、厚生年金保険法41条および旧貸金業規制法20条の2に違反し、年金受給者である被害者の生活を困窮させる反社会的な違法行為であって不法行為を構成するとしたうえで、被害者の損害額について、業者の行為は被害者の生活を脅かす極めて悪質なものであって公序良俗に違反するので、民法708条の趣旨から損益相殺が認められないこと、また、被害者の損害賠償請求権を受働債権とする相殺が民法509条により許されないことから、被害者が業者に対して支払った全額が損害に当たるとし、業者の被害者に対する貸付額を差し引くことはできないとした。

(9) **質屋が年金等受給口座から自動口座振替により返済を受けていた場合について、このような行為は、年金担保禁止規定に実質的に違反して著しく社会的相当性を欠き、不法行為を構成するとした裁判例**（福岡簡判平22・10・27消費者法ニュース86号65頁）

貸金業者から関連会社である質屋からの借入れを勧められ、その質屋からの借入れの際、年金受給口座から自動口座振替の方法により返済されるように設定されていた被害者が、質屋およびその代表者に対し、損害賠償を請求した事案。

裁判所は、質屋は貸金業法の直接の適用は受けないが、上記行為は年金を担保に供することを禁止した厚生年金保険法に実質的に違反し、著しく社会的相当性を欠き、不法行為を構成するものとし、代表者についても、上記行為に加担したものとして共同不法行為責任を負うものとした。

また裁判所は、損害額について、行為自体が公序良俗に違反するもので無効であり、被害者に借入金の返還義務はないとして、口座から引き落とされた全額が損害であるとした。

2 居住関係

▶ 司法書士　堀　泰夫

(1) フォーシーズ土下座強要事件（福岡地判平21・12・3消費者法ニュース83号336頁）

(A) 事案の概要

保証会社であるフォーシーズ株式会社は、控訴人との間の保証委託契約に基づいて訴外賃貸人と保証契約を締結していた。フォーシーズの社員である被控訴人ら3名が、更新保証委託料および家賃立替金の取立てのために、午後9時頃控訴人宅に赴き、翌日午前3時までの約6時間、取立行為を行った。その際、私物すべてを撤去する旨の発言や孫の小学校に行く旨の脅迫的言辞、荷物搬出の委任状および退去届け作成の要求、知人への金策や母親への土下座による金の無心の強要、承諾なく携帯電話の記録を閲覧したり、部屋に侵入して財布の中を見るなどの無承諾行為、車内に監禁状態に置いたうえでの強い口調による執拗な支払要求、控訴人の母親への連帯保証の要求などがされたものである。

控訴人がこれらの行為により精神的苦痛を被ったとして、社員3名については不法行為、被控訴人フォーシーズについては、使用者責任および不法行為責任に基づき、連帯して損害賠償を求めた事案についての控訴審である。

(B) 判旨

身体に対する直接的な脅迫や暴行が行われたものではないものの、その態様が社会通念上是認される限度を超え、控訴人やその同居人等の心身の安全や生活の平穏を脅かすようなものであったと評価できるとして、フォーシーズ社員は不法行為責任を、フォーシーズは使用者責任を負うとした。損害額

資料

として、慰謝料20万円、弁護士費用 2 万円を認めた。

フォーシーズの不法行為責任については、会社が直接の不法行為責任を負う場合があることは否定できないとしつつも、本件においては、違法な取立行為を一般的な業務として行っていたことまで認めるに足りる証拠はない、として認めなかった。

　(C)　判決の意義と課題

原審は、午前零時から 3 時までの取立行為についてのみ不法行為を認め、慰謝料は 5 万円のみを認めた。丁寧な立証により、これを変更させ違法な取立行為について20万円という慰謝料を認めさせた点に大きな意義がある。今後、違法な取立てについて、歯止めとなることが期待される判決である。ただ、一般には立証は困難であり、立法による規制が待たれるところである。

(2)　日本セーフティ貼り紙事件（大阪簡判平21・ 8 ・28消費者法ニュース81号223頁）

　(A)　事案の概要

原告である賃借人は、 3 カ月ほど入院し、2008年 8 月分から11月分までの家賃を滞納したが、退院後、滞納分を含め家賃を支払った。それにもかかわらず、被告である日本セーフティ（家賃債務保証業）は、家賃を滞納した状態であると誤解をし、原告に対し、督促を続けていた。そして、被告は、同年11月20日と26日の二度にわたり、原告の住居の玄関にそれぞれ「退去勧告書」、「催告書」という貼り紙をした。

なお、「退去勧告書」には、原告が家賃を滞納し、被告が催告をしても応じないこと、契約違反があること、これを改めようとしないことから、賃貸借契約を解除し、直ちに退去することを求める旨の記載がなされていた。

「催告書」には、「退去勧告書」の記載に加え、最終通告であることや、使用禁止措置を講じるとともにあらゆる強制手段を行使して、滞納家賃を回収することになるが、その際、被告はいっさい交渉に応じないことをあらかじめ警告する旨の記載がなされていた。

Ⅰ　貧困ビジネスをめぐる裁判例（要旨）

これについて、原告が、日本セーフティに対し、使用者責任を主張して慰謝料を請求した事案である。

(B)　判　旨

貼り紙の内容は、被告が強制的に退去させようとしていると原告が受け取ってもやむを得ないものであり、そのことにより、原告が心理的圧迫を受け、日々不安な生活を送らざるを得ないことになることから、人格的利益を違法に侵害されたとして、被告は不法行為責任を負うとした。

被告は、本件書面に原告の氏名等を記載していないこと、記載が抽象的であることから違法性の程度が軽微であると主張するが、玄関に貼付すれば名宛人は容易に推測できるし、内容から見て家賃滞納をしていることは明らかであり、また、上記のとおり文言が穏当なものではないこと等から、貼付行為は社会的相当性を著しく逸脱すると評価し、20万円の損害賠償を認めた。

(C)　判決の意義と課題

施錠などがされておらず、貼付行為のみが行われた場合について、20万円という慰謝料が認められたことに極めて意義のある判決であるといえる。ただ、判決は、貼り紙の文言が強制退去と受け取ってもやむを得ない内容であったことなども考慮に入れており、単なる支払請求の貼り紙をした場合にはどうなるのか、などについては、明らかにされていない。

(3)　ソフトニーズ貼り紙事件（大阪地判平22・5・28判例集未登載）

(A)　事案の概要

原告は、2008年9月分の賃料を滞納した。原告は、代位弁済した被告保証会社（ソフトニーズ）からの請求に対し、同月25日までの支払猶予を申し入れ、了承を得た。被告回収担当者は、同月25日までに入金が確認できていなかったため電話したがつながらず、居室を訪問したが不在だった。そこで、原告居室ドアに、「督促状」ないし「催告状」との表題が付され、立替家賃8万5000円に5000円を加算した9万円の支払いを督促する旨が記載され、回収担当者の連絡先が記載された書面を、下3分の1ほどを折り曲げて、表題

181

だけが見えるようにして貼り付けた。その後、原告は、10月17日までに3回に分け、請求された9万円を支払った。原告は、①書面貼付による名誉毀損、②暴力的な取立行為、③法律上根拠のない損害金名目の5000円の取立てによる不法行為などを主張して提訴。被告はソフトニーズ。

　(B)　判　旨

　①家賃の支払状況という他人に知られたくない情報を玄関に貼り付けるのは名誉棄損であり、社会通念上相当とされる限度を超える違法な取立行為というべきであるとした。

　②被告担当社員は、高圧的な口調で、かつ自らが本件賃貸借契約の解除権を有しているかのごとく述べて立替賃料等9万円を請求しているが、手持ち資金がないにもかかわらず、かつ損害金名目の5000円について検討することなく支払っているのは、高圧的な取立てがあったからだと考えられるとし、上記態様による取立行為は、社会通念上相当とされる限度を超えるものであって、不法行為を構成するとした。

　③被告は、何らの根拠もないにもかかわらず高圧的な取立行為によって5000円を請求したものであり、原告は退去の不安や法律知識不足から支払ったものにすぎず、任意に支払ったものとはいえないとし、5000円の支払いについては、不当利得にとどまらず不法行為を構成するとした。

　そのうえで、①②③の行為により原告の被った精神的苦痛から、慰謝料として5万円を認めた。また、損害金名目で取られた金員5000円、代理人費用1万円、計6万5000円の支払いを命じた。

　(C)　判決の意義と課題

　原告は、貼り紙を捨ててしまっていて、証拠として提出することができず、貼り紙の具体的な内容や表現については立証することができなかった。そのため、居室ドアに、「督促状」ないし「催告状」との表題が付され、滞納家賃分の支払いを督促する旨の書面を貼り付ける行為が不法行為を構成するかが問題となった。本判決は、これが不法行為を構成するとした点で意義がある。

(4) 木村産業ロックアウト事件（大阪簡判平21・5・22消費者法ニュース80号226頁、判タ1307号183頁、判時2053号70頁）

(A) 事案の概要

被告（木村産業株式会社）は、ワンルームマンション数百室を賃貸する不動産業者である。

原告は、2008年7月末までに8月分の賃料を払えなかったところ、被告は、8月29日、原告の留守中に本件建物玄関の鍵を取り替え、原告は入室することができなくなった。その後、原告は滞納賃料を支払ったので、同年9月26日に開錠された。また、同年9月末までに、滞納分全額を払うことができなかったので、10月31日、被告は再度鍵を交換し、原告は入室することができなくなった。原告が司法書士に相談し、交渉してもらったところ、11月4日に開錠された。

原告は二度にわたり計34日間もの間自宅から閉め出され、ドヤ街などでの起居を余儀なくされた。

(B) 判 旨

被告のこうした行為は、通常許される権利行使の範囲を著しく超えるもので、原告の平穏に生活する権利を侵害する行為であり、原告に対する不法行為を構成するのは明らかであるとした。

また、自力救済が例外的に認められる場合がありうることは認めつつ、本件では、自力救済が許される場合に当たるかどうかを検討するまでもなく違法であるとする。なぜなら、未払賃料債権の請求という観点からは、ロックアウトは間接的な圧力をかけて支払いを促そうとするにすぎず、自力救済の問題ではないからである。

鍵交換は、被告会社の方針で、業務の一環として鍵交換を実施されていたものであり、建物賃貸や管理を業とする被告のこのような法律無視の鍵交換や住居侵入行為は、国民の住居の平穏や居住権を侵害する違法な行為として厳しく非難されなくてはならないとした。

以上より、建物を使用できなかった期間について賃料を日割計算し、4万687円、34日分の福祉マンション宿泊費相当の損害5万1000円、慰謝料50万円、代理人費用6万円、計65万1687円について認容した（控訴審判決の大阪地判平21・11・13判例集未登載はこれを維持）。

　(C)　判決の意義と課題

　50万円という慰謝料を認めた点、建物賃貸や管理を業とする被告のこのような法律無視の鍵交換や住居侵入行為については厳しく非難されなくてはならない、と断じている点で評価される。

　ただ、50万円という慰謝料額は、34日間の閉め出しというによる不法性の高さと比較すると、まだまだ低い。実情を訴えていく努力が必要であろう。

(5)　センチュリー21（姫路リアルティー）事件（姫路簡判平21・12・22消費者法ニュース83号60頁）

　(A)　事案の概要

　原告は、2006年8月分から家賃を滞納し、被告賃貸人は同年12月に契約を解除し、明渡しを認めた判決が確定している。しかし、被告賃貸人は公権力による明渡しを実行せず、原告の居住を黙認し、賃料を受け取り続けたので、再度同条件で賃貸借契約が締結されたものと認められた。被告賃貸人は2007年末頃までは自分で管理していたが、同年末頃以降は、被告である不動産管理業者（株式会社姫路リアルティー）に管理を委託するとともに、個別に原告の滞納家賃の取立等を委任した。姫路リアルティーはセンチュリー21のフランチャイズである。

　被告管理業者は、家賃滞納を理由に数回玄関ドアに貼り紙をし、2008年6月1日頃から3日間、2009年5月1日から同年5月20日まで20日間の合計23日間ドアの鍵にカバーをかけた。

　被告である賃貸人は本件マンションに頻繁に出入りしており、貼り紙や施錠に関しては当然知ったうえで黙認していたと考えられ、自ら貼り紙や施錠はしていないものの、一定の関与は認められる事案である。

(B) 判　旨

　貼り紙の内容は、被告の管理業者が原告宅に入り、無断で原告所有の家財等を持ち出したとのメッセージを原告に与え、原告に強迫観念を植え付けるものであり、また、勝手にドアの鍵部分にカバーをかけ、入室できない状況を作る行為は、社会的行為として許されるものではないとして、被告の管理業者に不法行為責任を認めた。

　また、被告の賃貸人についても原告の滞納家賃の取立て等のため、個別に被告の不動産管理業者にそれを委任した事実が認められ、その結果、被告管理業者の社員が原告に対し不法行為を行ったのであるから、被告の賃貸人にも不法行為責任（民法709条）が存することは明らかであるとした。

　さらに、被告の賃貸人が、個別に家賃の取立て等を被告の管理業者に委任した事実が認められることからすると、委任者と受任者の間に指揮監督の関係が残されている場合と考えられ、民法709条のみならず民法715条によっても、被告の賃貸人に不法行為責任が認められるとした。損害額については、慰謝料36万5000円、代理人費用4万円、計40万5000円を認めた。

　一方、滞納賃料、残存物撤去費用等請求の反訴については、施錠されていた期間の賃料の控除を認め、36万97円の支払いを命じた。

(C) 判決の意義と課題

　直接追い出し行為をしていない賃貸人についても不法行為責任が認められた、おそらく初めての判決である。

(6)　ソフトニーズ私物廃棄事件（大阪簡判平23・3・11判例集未登載）

(A) 事案の概要

　原告は、2006年6月頃から家賃納入が遅れ気味になっており、被告である保証会社の株式会社ソフトニーズが代位弁済していた。原告は、求償金を少しずつ払っていたが、2007年5月頃には2カ月半ほどの滞納となっていた。同年5月10日頃、原告が帰宅すると、本件建物の玄関ドアがロックされ、玄関ドアに「ロック実行いたしました」と裏面にかかれた名刺（被告ソフトニ

185

資料

ーズの取締役のもの）が貼り付けてあった。原告は、被告会社に連絡し、開けてくれるよう依頼したが、わずかな身の回り品を搬出する時間を数分与えただけで、全額払わない限り開けない、との一点張りであった。原告がしばらくして本件建物を訪れると、次の借主が入居していた。被告会社は、しばらくは家財道具を保管していたが、しばらくするとすべて処分した。ソフトニーズ、会社代表取締役および取立て・施錠等を指揮していた取締役を被告として提訴。

　(B)　判　旨

　本件では自力救済が容認されるような事情はなく、鍵交換は不法行為となるし、そもそも違法に家財道具を搬出した被告らが、無断で家財を処分することは、いかなる理由によっても正当化することはできないから、被告会社が行った無断搬出および処分は不法行為となるとした。

　また、被告会社は、ロックアウトや無断搬出などの違法行為を日常的に業務として行っていたと推認されるから、本件鍵の交換も業務の一環として行われたと認められ、したがって、被告代表取締役は、民法719条および会社法429条1項の責任を負うとした。

　さらに、滞納賃料回収業務を統括していた取締役は、他の社員を手足として使用していたと認められ、本人の行為として評価できるから、民法709条の責任を負うとした。

　以上より、家財道具の価格については、使用によりかなり低くなっていると解されるが、家財道具すべてが処分されており、原告に損害が生じていることは明らかであり、原因は被告らにあること、原告はこれらの家財を使用して平穏な生活を送っていたことなどの事情を考慮のうえ、民事訴訟法248条を適用して、損害を40万円と認定し、慰謝料は20万円、代理人費用は6万円と認めた。

　(C)　判決の意義と課題

　家財を廃棄された事案の場合、家財の存在およびその価格の立証が非常に

困難である。仮に立証できたとしても、被害者の生活に与えるダメージに比し、中古物の価値は非常に低いものになる。本判決は、そのことも配慮して、民事訴訟法248条を適用し40万円という金額を算定している点で高く評価されるべきものである。同条を適用したリーディングケースと思われる。

(7) 大阪市ロックアウト事件（大阪簡判平22・10・13判例集未登載）

(A) 事案の概要

原告は、2009年11月分と12月分の賃料を滞納した。被告会社は、賃貸人であり本件物件を管理していた。同年12月5日に、12月10日をもって契約を解除し、鍵を交換し、残留物を処分する旨の書面を原告に渡した。12月11日に被告代表取締役はドアの鍵を取り替えたため、原告は同日夜以降本件建物へ入れなくなり、12月25日に代理人司法書士に鍵を渡すまでの実質14日間にわたって閉め出された。

(B) 判旨

被告代表取締役が管理者としての立場で対応に苦慮していたことは認められるものの、なお正当な法的手段をとる時間的余裕がないほど逼迫した事情は認められず、被告代表取締役の鍵交換は不法行為に当たるとした。

また、鍵の取替えを行ったのは被告代表取締役であるが、同人は被告会社の経営の一環として行ったものと認められることから、被告会社と被告代表取締役は連帯して不法行為責任を負うことを認めた。

原告の損害については、慰謝料30万円、宿泊費相当分として民事訴訟法248条により3万9000円、食費1万4700円、コインランドリー代7000円、ネットカフェ代7400円、代理人費用4万円、計60万8100円について認定した。

(C) 判決の意義と課題

閉め出されたことにより余分にかかった費用を細かく認定している点、損害額の立証が困難な場合に民事訴訟法248条を適用して認定している点などに特徴のある判決である。

(8) ソフトニーズ私物撤去事件（東大阪簡判平22・10・28判例集未登載）

資料

(A) 事案の概要

被告である保証会社のソフトニーズは、2009年3月31日、原告の承諾なく本件居室に入り、原告の家財道具一式を搬出し、同年4月1日原告代理人より連絡を受けたので、翌2日正午頃、一部廃棄したものを除き家財道具を返還した。原告は、家財撤去時には1カ月分の滞納があったが、その後に支払っている。

保証会社であるソフトニーズ、同社の代表取締役、管理会社、賃貸人を被告として提訴。

(B) 判旨

被告ソフトニーズの家財搬出行為の違法性を阻却すべき事情はなく、不法行為に当たることは明らかであるとしたうえで、被告代表取締役は、被告ソフトニーズが業務として賃借人の家財搬出行為を行っていることを認識していたにもかかわらず悪意または重過失によりその任務を懈怠したのであるから、その賠償の責任を負うとした（会社法429条1項）。

また、被告管理会社が、被告ソフトニーズに本件物件の合鍵を渡したことは争いがないが、鍵を渡す以前に被告ソフトニーズの違法行為を認識し、または認識しうる事情があったことを認めるに足りる証拠はないとした。

被告賃貸人については、被告ソフトニーズの使用者に当たると認めるに足りる証拠はなく、被告賃貸人が、被告ソフトニーズの違法行為を認識し、または認識しうる事情があったことを認めるに足りる証拠はないとした。

以上より、被告ソフトニーズおよび被告代表取締役のみについて責任を認め、被告管理会社および被告賃貸人については請求を棄却した。

損害については、慰謝料20万円、居室を使用することができなかった賃料相当損害金として賃料を日割計算し1640円、代理人費用2万円、計22万1640円を認めた。

(C) 判決の意義と課題

会社の業務として違法行為を行っていることを知っていたとして代表取締

役の責任を認めた点では妥当である。

しかし、滞納賃料の取立てを委任していた保証会社に合鍵を渡しているにもかかわらず管理会社の責任を認めなかった点、すべての家財を搬出されて生活に著しい支障を来しているにもかかわらず家財がなくなったことと時価の立証がないとして損害を認めなかった点では不当である。

(9) 茨木市ロックアウト事件（大阪簡判平21・12・25判例集未登載）

(A) 事案の概要

原告は、いわゆる派遣切りにあい、2009年2月分から賃料を滞納した。被告管理会社の従業員が原告に対し、脅迫・強要したり、勝手に開錠して居室に入ったりしたうえ、同年3月19日に被告代表取締役と被告従業員は無断で本件居室の鍵を交換した。原告は同月23日に開錠されるまで入室できず、ネットカフェや公衆便所で寝泊りせざるを得なかった。

管理会社、同社の代表取締役、施錠を実行した従業員および賃貸人を被告として提訴。被告賃貸人は、滞納賃料、原状回復費用の支払いを求めて反訴。

(B) 判　旨

鍵交換や無断での室内立入りは、例外的に許容されるやむを得ない特段の事情が認められない本件では、民法709条の不法行為に当たることは言うまでもなく、管理会社代表取締役と施錠を実行した従業員は共同不法行為者として、被告会社は使用者責任によりそれぞれ責任を負うとした。

被告賃貸人については、事前に管理会社代表取締役と鍵交換について協議して指示を与えた事実、あるいは実行後すぐに報告を受けて追認・承諾した事実を認める足りる証拠はなく、共同不法行為は成立せず、使用者と同様の指揮監督をとるような行為をしたとも認められないから使用者責任も成立しないとした。

損害については、慰謝料35万円、5日分の賃料相当額である1万1290円とネットカフェ代1780円、代理人費用4万円を認めた。

反訴に関しては、46万4034円を認めた。いつ閉め出されるかという不安感

の中で生活の平穏が害されたので、民法611条を類推して賃料の5割程度が減額されるべきである、という反訴被告の主張については、管理会社は賃貸人と同視できないという理由により排斥した。

なお、控訴審で、原告側が10万円を受け取るという内容で和解している。

(C) 判決の意義と課題

5日間にわたる閉め出しについて慰謝料35万円というのは、その間の精神状況などを考慮したものとして評価できる。また、会社および代表取締役の責任を認めた点も評価できる。ただ、賃貸人の責任については、管理会社作成の重要事項説明書に「鍵交換」についての記載があることは認めたものの、責任は否定された。賃貸人が責任を負う場合の条件について明確化していく必要があろう。

(10) J・CCO私物撤去事件（東京地判平22・7・30判例集未登載）

(A) 事案の概要

集金代行業務を委託された被告J・CCOは、2009年2月13日、賃料滞納を理由に本件物件に施錠した。同年3月23日、被告J・CCOは本件物件内の原告所有物をすべて撤去した。4月11日、所有物の一部が返還された。

J・CCO、同社代表取締役、賃貸人である会社と同社代表取締役2名を被告として提訴。

(B) 判　旨

被告J・CCOの従業員またはその指示を受けた者の行為は、J・CCOの業務としてなされたものといえるから、被告J・CCOは使用者責任を負うとした。

一方、被告賃貸人の責任については、被告J・CCOと同一グループに属し、撤去された物の返却の際にも、同一グループ内の別会社であるリース会社のトラックが使用されたことが認められるが、それだけでは被告賃貸人の関与を推認させる事実とはいえないとした。

また、被告J・CCO代表取締役の責任については、同社は2005年頃にも同

様の施錠行為を行ったことがあると認められるが、被告である同社代表取締役は平成20年末に取締役に就任しており、違法行為を容易に認識できたのに止めさせなかったとはいえないとした。

以上より、損害賠償責任に関しては、被告J・CCOに対してのみを認めた。

損害については、慰謝料30万、弁護士費用10万、計40万を認めたが、捨てられた物については、存在した立証がないとして認めなかった。

(C) 判決の意義と課題

東京地方裁判所における、追い出し屋に対する初の判決である。今後、裁判所に対し実情を理解してもらうための働きかけが必要であろう。

(11) 私物廃棄事件（浦和地判平6・4・22判タ874号231頁）

(A) 事案の概要

原告は、被告賃貸人より本件居室を賃借していたが、賃料を滞納した。被告賃貸人は、1ヵ月の滞納で自動的に解除、遺留品の所有権は放棄されたものとする、という特約の有効性を信じ、家財を搬出・処分した。

(B) 判　旨

自力救済は、法律に定める手続によったのでは違法な侵害に対して現状を維持することが不可能または著しく困難であると認められる緊急やむを得ない特別な事情が存在する場合において、その必要な限度を超えない範囲内でのみ例外的に許されるにすぎないが、本件では自力救済が容認されるような事情はなく、不法行為が成立するとした。

損害額については、廃棄の際に作成された家財の一覧表記載の家具その他の物品の存在は認め、単身の成人男子が通常の生活をしていたことは認められるとしたものの、それ以外に特殊または高価な物品が存在したことを認めるに足りる的確な証拠はない、とした。これを前提として、日本火災海上保険発行の「住宅、家財等の簡易評価基準」を参考にしつつ、諸事情を考慮して財産的損害を250万円と認定した。慰謝料は60万円、過失相殺3割で217万円。弁護士費用は50万円とし、計267万円の損害賠償を認めた。

資料

(C) 判決の意義と課題

1996年改正により民事訴訟法248条が規定される以前の判例である。

一定の家財の存在は認められ、また、原告が元暴力団員で、その後不動産業、フィリピン人ダンサーの派遣業などをして暮らし向きがよかったと思われる点なども考慮に入れ、妥当な結論を導くために保険会社発行の「住宅、家財等の簡易評価基準」などを参考にしたものと思われる。民事訴訟法248条が規定された現在では同様の判断がなされるか疑問があり、同条の運用において妥当な判例法を形成していくべきであろう。

3 医療関係

▷ 弁護士　曽我　智史　　弁護士　普門　大輔

(1) 安田病院事件（大阪地裁平成10年4月14日判決・判例集未登載）

(A) 事案の概要

被告人安田基隆（以下、「被告人」という）は、大阪市住吉区所在の安田病院の院長であり、また、同市東住吉区所在の医療法人北綿会大阪円生病院、および、柏原市所在の同会大和川病院を経営していた。被告人は、上記各病院の総事務長および総婦長と共謀のうえ、1994年10月の社会保険制度の改正により、入院患者数に対する看護婦数の割合が4対1以上であれば、保険機関から支払われる看護料が割高になるという「新看護制度」が導入されると、看護婦数を水増し申告して、看護料をだまし取ることを企てた。そして、1995年2月頃から1997年3月頃までの間、前後26回にわたり、社会保険診療報酬支払基金や国民健康保険団体連合会あてに、一般病棟で前記基準による看護を行ったように装った内容虚偽の診療報酬請求書を提出して、看護料を請求し、合計約5億9000万円を騙し取った。

また、被告人は、上記の間に、上記3病院の看護婦ら9名から、合計55万円余りの給料の天引を行った。

このような詐欺および労働基準法違反の各事実により、被告人には、懲役

3年の実刑判決がなされた。

(B) 判　旨

「本件の遂行にあたっては、……3病院の幹部及び職員の総力を挙げて、被告人安田の打ち出した営利本位の経営方針に協力し、専従の看護師を配置して内容虚偽のレセプトを作成提出し、これに見合う水増し診療を現に実施した。さらに、事後的には、……各種の労務関係書類を偽造するなどして隠蔽工作を徹底し、本件の発覚を長年にわたってかいくぐってきた。……その犯行態様は、高度の組織的・計画的、かつ知能犯的なものであり、また、常習性も顕著であ」る。

「本件の被害対象は、国民の拠出による、生活保護事業に向けられた国税や、社会保険事業に供せられた保険料という、社会福祉の公的資金である。すなわち、本件は公金を侵害する詐欺なのであ」る。

「被告人らは、社会保険の点数制度の陰に隠れて、なりふり構わず利潤のみを追求したが、その半面として3病院の看護の質を劣悪なものとし、ひいては多くの終末患者らの健康や身体生命の安全を危険に曝したのである」。

「本件は、国民一般の医療や看護に対する不信を招き、生活保護及び社会保険の各制度に対する信頼を大きく失墜させたものとして、その社会的影響は計り知れないものがある」。

「本件の動機は、被告人安田の私利私欲の充足以外の何ものでもなかった。……賃金不払いの事案も、病院運営の強化と営利を目的とするもので」ある。

(C) 判決の意義と課題

大阪精神医療人権センター編『精神病院は変わったか？』55頁（位田浩弁護士執筆部分。同冊子は、同センターによる安田系3病院事件に関する活動が纏められた冊子である）は、上記事件を通じて明らかになった問題の1つとして、「地域医療・福祉の貧困の問題」をあげている。安田系3病院の事件は10年以上も前の事件である。同事件は、医療貧困ビジネスが、古くからある事象であり、現在でも、改善されることなく残存している問題であることを

明らかにするものである。その意味で、本判決の存在意義は今でも失われておらず、医療貧困ビジネス問題が根深い問題であることをわれわれに突きつけている。

(2) 大和川病院入院患者死亡事件（大阪地判平13・10・5判例集未登載）

(A) 事案の概要

知的障害を有していたが日常生活に支障がなく、自立生活を送ることができていた女性Ｓが、近隣の家から靴を盗ったということで警察署に保護され、警察からの紹介を受けて大和川病院に入院した。同病院は、警察署だけでなく、職員を大阪府や近隣他府県の福祉事務所を回らせ、生活保護による入院患者を紹介するように依頼し、多数の生活保護受給者を入院させていた。

Ｓが入院した翌日、親族が着替えなどを持参して面会を求めても病院側は「面会は当分無理」として面会をさせず、数回、電話による安否うかがいにも「主治医がいない」と返答するのみで、Ｓの容態について答えなかった。

入院して2カ月足らずの頃、Ｓから親族に、以前とは全くの別人のような弱々しい声で「面会にきてほしい」との電話が入った。数日後、親族らがようやくＳと面会した際には、同女はやせ衰えてヘルパーに付き添われ、自力歩行もできなくなっており、目はうつろで口の両端からよだれを流し、指先を小刻みに震わせているなどの状態となっていた。同女の着衣は汚れ、衣服の内側には、衣服とともにめくれるほどの垢がたまっていた。また、病院内での暴行や拘束を受けていること等を訴えた。

親族らがＳを転院させる手続をとるために2回目の面会を済ませたその日の夕方、病院からＳが危篤である旨の連絡を受け、さらにその約40分後、Ｓが死亡したという連絡があった。入院時、Ｓには特段の疾病等はなかったが、入院してから2カ月余りが経過した後に病院内で死亡したのである。

本件は、Ｓの相続人が、病院を経営する医療法人（Ｙ）および病院の実質的オーナー（Ａ）の相続人らに対して債務不履行または不法行為に基づく損害賠償を求めた事案である。

(B) 判　旨

「大和川病院には、4階建ての建物が2棟あり、……病床数は524床であったが、常にほぼ満床の状態であった。常勤の医師は、平成5年5月7日から院長を務めていたK医師を含めて約4名、非常勤の医師が4、5名、看護婦が約30名、看護補助者が約6名しか勤務していなかった。被告は、大阪府知事に対し、平成8年6月24日、大和川病院について、入院患者6名に対し、1名の看護婦を配置する『6対1看護』の届出をし、同届出は同年7月1日に受理されたが、現実に勤務している看護婦数は、上記届出の基準を満たしていなかったので、医療監視対策として、看護婦の数を実際よりも水増ししたタイムカード、勤務表、病棟管理日誌などを偽造していた。平成8年12月19日に八尾保健所が実施した医療監視の結果によれば、大和川病院全体では、医療法で要求されている人員数より医師は5.1名不足、看護師は38.1名不足している状況であった」。

「大和川病院では、現実に患者を診察していないAの指示やAがあらかじめ作成していた治療マニュアルに基づいて、看護婦がカルテに薬の処方や実施する検査の内容を記入し、その記載に基づいて投薬や検査が行われていた。そして、看護婦が、Aの指示ないしマニュアルに従わずに異なる処置をした場合には、Aから罰金を取られることがあった」。

「Yは、大和川病院の経営主体であるから、大和川病院に入院したSに対し、診療契約の内容として、適切な治療および看護を提供すべき義務を負うが、その前提として、適正な人員の医師及び看護婦を配置して、Sに対して十分な治療および看護を実施できる体制を整備すべき義務を負うものと解すべきである。ところが、前記認定した事実によれば、Sは、大和川病院の医師及び看護婦の数が不足していたために、身体を清潔に保つための入浴を十分にさせてもらえなかったこと、薬の大量投与のために自力で立ち上がれない状態になるまで放置されたことが認められ、適切な治療及び看護を受けることができなかったものということができる。したがってYは、上記の義務

資料

(適正な人員の医師及び看護婦を配置すべき注意義務）の履行を怠った」。

「前記認定したとおり、Aは、自ら作成した治療マニュアルないしレセプトの附箋に記載した具体的な指示により、Sに対する投薬の内容を決定していたのであるから、Sに対する投薬について、適切な量の薬物投与を指示すべき注意義務を負う」。「しかるに、Aは、直接Sを診断することなく、前記認定したとおり、Sに対して、入院以来、同じ内容の投薬を続けて、その結果、Sは自ら立ち上がることができない状態に至ったのであるから、Aは上記注意義務（適切な薬物投与を行うべき注意義務）の履行を怠ったというべきである」。

(3) 大阪円生会病院看護過誤死亡事件（大阪地判平12・9・28判例集未登載）
　(A) 事案の概要

大阪市内で自立生活を営んでいた男性Hは、耳が遠く、足腰が弱まってきたことから近所の人や通院先医師の勧めを受けて、平成6年12月26日、大阪円生会病院に入院することとなった。入院時は、医師はHの病状等を全く聞かず、即座に入院手続がとられた。

入院当時、Hには足腰は弱まっていたものの、特段の障害もなく動くことができていたが、容態が徐々に悪化し、平成7年4月以降、おしめを装着され、ベッドで拘束されることもあった。平成8年6月以降には、ほとんど手足を動かすこともなくなり、叩いても目を開閉するだけの状態となった。Hの長女は面会に足を運んだ際、病院内で看護婦の姿を見ることがほとんどなかった。平成8年11月に別の病院に転院することになったが、そのときにはHはほとんど反応を示さず、脱水症状等全身衰弱が著しかった。身体は大変不潔で異臭を放ち、耳孔は垢で塞がり、皮膚はうろこ状態、股は赤くただれ、陰茎の表皮も剥離し、手足もまがって固まっている状態になっていた。

大阪円生会病院では、患者の医療費の不正請求、面会妨害、職員への賃料未払い、職員名簿の偽造、無権限者のカルテ作成等の違法行為が日常的、組織的に行われていた。Hは、転院から1カ月後、肺炎で死亡した。

Hの相続人が、大阪円生会病院を経営する医療法人（Y₁）（ただし、提訴当時はすでに廃院となっていた）、同病院の院長（Y₂）、同病院の実質的オーナーであるY₃に対し、損害賠償を求めたものが本件である。

(B) 判　旨

「医療法は、医療を提供する体制の確保を図り、もって国民の健康の保持に寄与することを目的として、1条の2第1項において『医療は、生命の尊重と個人の尊厳の保持を旨とし、医師、歯科医師、薬剤師、看護婦その他の医療の担い手と医療を受ける者との信頼関係に基づき、及び医療を受ける者の心身の状況に応じて行われるともに、その内容は、単に治療のみならず、疾病の予防のための措置及びリハビリテーションを含む良質かつ適切なものでなければならない。』、20条1項において、『病院、診療所又は助産所は、清潔を保持するものとし、その構造設備は、衛生上、防火上及び保安上安全と認められるようなものでなければならない。』と規定し、医療法施行規則19条1項4号及び19条の2第4号は、医療法21条1項1号及び同号の2を受けて、看護婦及び准看護婦の員数を、療養型病床群を有しない病院においては4対1基準、療養型病床群を有する病院においては6対1基準としなければならない旨規定している。右医療法の各規定の趣旨、目的に鑑みれば、Y₁は被告病院の入院患者であったHとの間の診療契約に基づき、Hに対し、単に治療を行う義務のみならず、清潔の保持、衛生的で安全な病室の提供、適切な数の看護婦や准看護婦の配置などを通じて、同人が個人の尊厳を保持しつつ快適な入院生活を送ることができるような看護療養を行う義務を負っていたものというべきである」。「前記認定のとおり、Hが転院した際、耳が耳垢で塞がり、身体から異臭がしており、陰茎の表皮が剥離、発赤していたことからすると、Y₁は、Hの入浴又は清拭を怠っていたものと推認される。また、被告病院の病室内の壁、床、サイドテーブルの引き出しの中などに虫が数匹這い回り、病室内に異臭がたちこめていたこと、冷暖房設備があるにもかかわらず極めて短時間作動させるにすぎなかったこと及び大阪府の監査

の時以外はナースコールを取り外していたことなどに鑑みれば、Y_1は、病院内の清潔、快適、安全な環境を保持することを著しく怠っていたものと認められる。さらに、被告病院が、Hに対し、普通食の全部のおかずを区別せずミンチ状に混ぜ合わせ、それを粥に混ぜた物を食事として与えたことは、外見、味、臭い等のいずれの点からも食欲を低下させ、治療に悪影響を及ぼすばかりか、個人の尊厳を無視した行為であり、Y_1は、適切な看護療養の義務を著しく怠っていたものというべきである」。「以上によれば、Y_1は、Hに対して適切な看護療養を行うべき債務の履行を怠ったものであり、同人に対して債務不履行責任を負うというべきである」。

Ⅱ 参考書式例

【参考書式例1】 ヤミ金融に対する請求書

　　　　　　　　　　　　　　　　　　　　平成○○年○○月○○日

　　　　　御中

　FAX

　　　　　　　　　　借入時住所　〒○○○-○○○○
　　　　　　　　　　　　　　　　　　　通知人　○　○　○　○
　　　　　　　　　　　　　　　　　　　（昭和　年　月　日生）

　　　　　　　　　　東京都○○区○○町○-○-○　○○ビル○階
　　　　　　　　　　　　　　　　　　　　　　　　　○○事務所
　　　　　　　　　　　　　　　　　ＴＥＬ：03-○○○○-○○○○
　　　　　　　　　　　　　　　　　ＦＡＸ：03-○○○○-○○○○
　　　　　　　　　　上記代理人弁護士・司法書士　　○○○○

　　　　　　　　　　　　　請　求　書

　当職らは、このたび上記通知人の委任を受け、通知人を代理して貴殿に対し以下の通りご通知いたします。
　当職らの調査によれば、貴殿の通知人に対する融資は、出資法5条2項又は同3項に違反する（年20％を超える高金利の契約・受領・要求行為は、5年以下の懲役若しくは1000万円以下の罰金又はそれらの併料、年109.5％を超える高金利の契約・受領・要求行為は、10年以下の懲役若しくは3000万円以下の罰金又はそれらの併料にあたる）ので、刑事的告発等の法的手段をとらざるを得ません。
　出資法に違反する著しい高金利契約がなされているため、金銭消費貸借契約は無効（民法90条）であって貸金返還請求権は存在せず、また、貴殿が通知人に交付した金銭は不法原因給付に該当するため、貴殿が交付した金銭の返還を請求することはできません（民法708条）。よって、貴殿からの金銭支払請求には一切応じられないことを通告します。
　通知人が貴殿に支払った金員は、著しい高利の貸付けという形をとって通知人から元利金等の名目で違法に金員を取得し、多大な利益を得るという反倫理的行為に該当する貴殿の不法行為によって被った損害ですので、その全

199

額を賠償することを求めます（民法709条）。この損害額から貸付金額を控除すべきでないことは，最高裁平成20年6月10日判決（裁判所HP）によって確定しております。振込先口座は下記の通りですので直ちにご送金下さい。

　　　　　　　　　　　　　記
　　〇〇銀行　〇〇支店　普通預金〇〇〇〇〇〇〇（名義）〇〇〇〇

　本件に関する一切を当職らが受任していますので，今後はすべての連絡を当職宛てに下さるようお願いします。万一，貴殿らが通知人やその家族，勤務先への連絡や取立てを継続した場合は，貴殿に対する刑事上，民事上の責任を厳しく追及する所存です。

　本書面に対するご連絡等は，上記の当職事務所あてFAX文書にて願います。

II 参考書式例

【参考書式例2】預金口座の不正利用に関する情報提供シート（財務局宛）

（情報提供日：平成　　年　　月　　日）

預　金　口　座　情　報　　　　　　　　　　　　【受付　　局　　事務所】			
銀行名・支店名※	銀行　　　　　支店		
口座番号※	（普）		
名義人※			
情報提供に関する同意の有無	□ 警察への情報提供について同意する □ 金融機関への情報提供について同意する		
情報提供者区分	□ 一般顧客	□ 弁護士等	
	□ 地方公共団体等	□ その他	
情報提供の内容	情報提供者	氏名（名称）	情報提供者の情報の提供について □ 情報提供可　□ 匿名希望
		住所	電話
	申出人 （被害者）	氏名	申出人氏名の提供について □ 情報提供可　□ 匿名希望
	資料の有無	□ 有 □ 無　□ 請求書　□ 振込明細書　□ DM　□ その他	
	業者名	業者名	参考
		住　所	
		電　話	
	〔被害の状況〕		
	情報区分	□ ヤミ金融に関するもの　　□ 還付金詐欺に関するもの □ オレオレ詐欺に関するもの　□ 架空請求に係る口座に関するもの □ 融資保証詐欺に関するもの　□ その他不正取引に利用されているもの	
	概要		
警察への連絡	警察署へ連絡済み　［連絡先］		

（注）　本シートは、提出いただいた資料とともに、情報提供者及び申出人の氏名等も含め関係金融機関及び警察当局に送付されます。情報提供者及び申出人の情報について、匿名を希望される場合は、匿名希望欄にチェックをお願いします。匿名希望欄にチェックがある場合は、当該項目を墨塗りのうえ関係金融機関及び警察当局に送付いたします。

資料

【参考書式例3】訴状（養子縁組無効確認請求訴訟）

訴　　　状

平成〇〇年〇〇月〇〇日

〇〇家庭裁判所　御中

　　　　原告訴訟代理人　　弁護士　　〇　〇　〇　〇

　　　　本　籍　東京都〇〇区〇〇　〇丁目〇番
　　　　住　所　〒000-0000　大阪府大阪市〇〇区〇〇　〇丁目〇番〇号
　　　　　　　　原　　告　　〇　〇　〇　〇
（送達場所）
　　　　〒530-0047　大阪府大阪市北区〇〇　〇丁目〇番〇号
　　　　　　　　□□ビル□階　〇〇法律事務所
　　　　　　　　　　原告訴訟代理人弁護士　　〇　〇　〇　〇
　　　　　　　　　　　　　　　　電　話　06-0000-0000
　　　　　　　　　　　　　　　　ＦＡＸ　06-0000-0000

　　　　本　籍　大阪市〇〇区〇〇　〇丁目〇番
　　　　住　所　〒000-0000　大阪府大阪市〇〇区〇〇　〇丁目〇番〇号
　　　　被　告　　〇　〇　〇　〇

養子縁組無効確認請求事件

請　求　の　趣　旨

　平成〇年〇月〇日大阪市〇〇区長に対する届出によってなされた，被告を養親，原告を養子とする養子縁組が無効であることを確認する。
との判決を求める。

請　求　の　原　因

1　原告は，昭和〇〇年〇〇月〇〇日生まれの現在〇〇歳の男性であるが，〇〇勤務等を経て失業し，平成〇〇年ころからは，大阪市〇〇区・〇〇公園や同市〇区・〇〇公園などで野宿生活を強いられていた者である。
2　原告は，平成〇〇年〇〇月〇〇日，〇〇仮設一時避難所に入所した。
　　入所後，同避難所の職員の調査によって，平成〇〇年〇〇月〇〇日に原告が被告の養子となる縁組の届出がなされていることが判明した。
　　しかし，この届出は，原告が知らない間に何者かが勝手に行ったものであるから，原告には，これらの縁組の届出意思がない。また，原告は，被

告を名乗る野宿生活者仲間と面識はあるものの，これらの者らと養親子関係を形成する意思（実体的意思）も全くない。
　したがって，これらの養子縁組が届出意思及び実体的意思を欠くものとして無効であることは明らかである。
3　ところで，原告が○○避難所に入所してから同避難所職員の協力を得て調査したところ，別紙一覧表のとおり，原告が知らない間に原告の住民票も勝手に異動を繰り返され，信販会社や消費者金融業者などから身に覚えのない借入がなされていることも判明した。
　これらの出来事は，原告が○○公園で野宿生活をしていた平成○○年○○月，仕事を紹介するとして近づいてきた「甲」と名乗る男から住民票の異動を指示されたことに端を発していること，○○仮設一時避難所には，「甲」に声をかけられて原告と同様の被害に遭っている者が多数存在することからすれば，これらの養子縁組届は，「甲」が実態のない養子縁組を利用して原告らの名字を変え，不法に金融の利益を得るために行ったものとしか考えられない。
4　なお，原告と被告との間の養子縁組は，平成○○年○○月○○日に協議離縁によって解消したため，原告の姓は，現在は元に戻っている（これらの協議離縁も原告不知の間に何者かによりなされたものである）。
　このように縁組が解消した後でも無効確認の利益がある限り，縁組無効の訴えを提起することができるとされている（大判昭13・10・29民集17・2077）。
　しかるところ，将来，原告が被告の姓となっている間に負担させられた身に覚えのない借金の請求を受ける可能性があり，そのときの防御手段として上記の養子縁組が無効であることを確認しておく意味があること，何よりも原告が知らない間にその戸籍が勝手に汚されている状態を元に戻すこと自体に意味があることからすれば，原告には上記養子縁組の無効確認の利益があることが明らかである。
　よって，原告は，上記養子縁組の無効を求めて本請求に及んだ次第である。

　　　　　　　　　　　証　拠　書　類

1　甲第1号証　　　戸籍謄本（原告）
2　甲第2号証　　　戸籍の附票（原告）

資料

【参考書式例４】無料低額宿泊所商法業者に対するクーリング・オフ通知

　　　　　　　　　　　　　　　　　　　　　平成○○年○○月○○日
〒000－0000
○○県○○市○○町○番地○
株式会社　○○○○　御中

　　　　　　　　　　　　〒000－0000
　　　　　　　　　　　　大阪府○○市○○区○○　○番○号
　　　　　　　　　　　　○　○　○　○

　　　　　　　　　　　　〒000－0000
　　　　　　　　　　　　大阪府大阪市○○区○○　○番○号
　　　　　　　　　　　　代理人弁護士　○　○　○　○　　印

　当職は通知人の代理人として，貴所に対し下記のとおり御通知申し上げます。

記

1　貴所は，通知人との間で，平成○年○月○日，住宅・サービス提供契約（以下「本件契約」といいます。）を締結し，同日から通知人を貴所で生活させる一方，通知人に○福祉事務所に生活保護を申請させ，生活保護費の中から住宅費名目で○万円，食費名目で○万円，また○名目で○万円の合計○万円を毎月徴収しており，本日現在，その累積額は○万円となっております。
2　しかし，通知人から聴取したところ，貴所は上記平成○年○月○日，上野公園で起居していた通知人に「生活保護を申請しないか」「屋根付き食事付きで生活できる」などと勧誘し，その後通知人を貴所まで連れて行き，本件契約を締結しております。
　　このようないわゆるキャッチセールスの勧誘行為によって締結された本件契約は，特定商取引法上の訪問販売に該当します。
3　そして，貴所は，以下のとおり，特定商取引法4条，5条及び同施行規則3条ないし6条に定められた法定記載事項がすべて記載された法定の書面を交付しておりません。
　　（記載されていない事項）
　　　①　役務の提供時期（法4条4号）
　　　②　クーリング・オフに関する事項（特定商取引法4条5号，同施行規則6条1項）
　　　③　役務提供契約の申込み又は締結を担当した者の氏名（同施行規則3

条2号，4条2号）
　　　④　……
4　従いまして，本件契約にかかるクーリング・オフ行使期間は開始されていないため，通知人は貴所に対し，本書面をもって，クーリング・オフを理由に本件契約を解除致します。
5　つきましては，通知人がすでに貴所に支払った上記合計○万円を，至急，下記口座宛に振り込む方法によりお支払い下さい。仮に2週間を経過してもお支払いをいただけない場合，法的手続に着手すると同時に監督官庁等にしかるべく措置をとりますので，あらかじめご承知おき下さい。
6　本件については一切を当職が受任しておりますので，問い合わせ等は当職宛に願います。

　　（口座の表示）
　　○○銀行　○○支店　普通　○○○○○○○
　　口座名義人　　○　○　○　○

以　上

資料

【参考書式例5】訴状（無料低額宿泊所商法業者に対する損害賠償請求訴訟）

訴　　状

平成〇〇年〇〇月〇〇日

〇〇地方裁判所　　御中

　　　住　所　〒000-0000　東京都〇〇市〇〇区〇〇　〇丁目〇番〇号
　　　　　　　　　　　　　原　　告　　　〇　〇　〇　〇

　　　住　所　〒000-0000　埼玉県〇〇市〇〇区〇〇　〇-〇
　　　　　　　　　　　　　□□ビル□階　〇〇法律事務所
　　　　　　　　　　　　　原告訴訟代理人弁護士　〇　〇　〇　〇
　　　　　　　　　　　　　電　話　000-0000-0000
　　　　　　　　　　　　　ＦＡＸ　000-0000-0000

　　　住　所　〒000-0000　埼玉県〇〇市〇〇　〇丁目〇番〇号
　　　　　　　　　　　　　被告（Y_1）　　〇　〇　〇　〇

　　　住　所　〒000-0000　埼玉県〇〇市〇〇　〇丁目〇番〇号
　　　　　　　　　　　　　被告（Y_2）　　〇　〇　〇　〇

損害賠償等請求事件
　訴訟物の価額　　金〇〇万〇〇円
　ちょう用印紙額　訴訟救助のため添付しない。

請　求　の　趣　旨

　1　被告らは，原告に対し，連帯して金〇〇万円及びこれに対する平成〇〇年〇〇月〇〇日から支払済みまで年5分の割合による金員を支払え
　2　被告株式会社Y_1は，原告に対し，金〇〇万〇〇円及びこれに対する訴状送達の日の翌日から支払済みまで年5分の割合による金員を支払え
　3　訴訟費用は被告らの負担とする
との判決並びに仮執行宣言を求める。

請　求　の　原　因

第1　当事者
　1　原告について
　　原告は，平成〇〇年〇〇月ころから平成〇〇年〇〇月ころにかけて，被告株式会社Y_1（以下，「被告会社」という。）が管理する施設に入居して生活するようになり，以降，自ら受給する生活保護費を不当に搾取されていた者である。
　2　被告らについて

(1) いわゆる「貧困ビジネス」としての宿泊施設運営業者

　被告会社は，昭和○○年○○月○○日に設立された株式会社であるが，その実態は，東京都内及びその周辺で貧困により路上生活等を余儀なくされている生活困窮者に対し，路上等で声をかけ，あるいはスポーツ新聞に掲載する求人広告を利用するなどして勧誘し，自社の管理する建物に居住させ，同人らをして埼玉県内の各福祉事務所で生活保護を受給させたうえ，生活保護費全額を施設利用料名目で徴収するというビジネスを行っている，いわゆる「貧困ビジネス」業者である。

　被告会社のみならず，近時，生活困窮者をターゲットとした「貧困ビジネス」として，宿泊場所及び食事等のサービスを提供しつつサービス内容に見合わない高額な料金を徴求して，不当な利潤を得る宿泊施設運営業者の存在が社会問題化している。その業態の典型的なものは，使われなくなった社員寮の建物や一般住宅などを宿泊施設に転用し，さらに簡易な間仕切りを設けるなどして収容人数をかさ増しし，そこに生活保護利用者や年金生活者などの生活困窮者を多数入所させて，賃料のほか食事代，光熱費，共益費等さまざまな名目で利用料を徴求するというものである。その金額は1か月の生活保護費より若干安い程度に設定され，本人の手元にはわずかしかお金が残らない。他方，居住スペースの狭さ・設備の劣悪さやプライバシーの乏しい集団生活，食事内容の粗末さなどの点で，概して，提供される居住環境やサービス内容は対価に比して劣悪である。利用者は，退所させられれば住居喪失するため，施設事業者との力の差が大きく，いわば構造的な支配関係にあって，人権問題を引き起こしている。

　このように，「貧困ビジネス」として宿泊施設を運営する業者が，首都圏を中心に全国各地で事業を展開しており，その被害も拡大している状況にある。埼玉県内においても，この「貧困ビジネス」に該当する施設がいくつも見られるところであるが，その中でも，被告会社の業態は著しく悪質である。

(2) 被告会社の業態の悪質性

　被告会社は，埼玉県内に約○○以上もの宿泊所を設けて，およそ○○人もの生活保護利用者などの生活困窮者を居住させている。

　被告会社の悪質性の第1は，提供される居住設備及びサービス内容の劣悪さである。原告が入所した施設は，いずれも築30年ないし50年程度も経った老朽化した木造建物を流用したものであり，かつ，間仕切りによる狭隘な居住スペースで，空調も設けられないなど居住環境として劣悪であった。また，後に触れるように，食事の内容も粗末なものであった。

　被告会社の悪質性の第2は，利用者に対して不当に自由やプライバシーを制約していることである。生活保護費をいったん全額取り上げ

て管理すること，携帯電話や印鑑も取り上げてしまうこと，就職活動を制約していることなど，およそサービス提供や施設管理の目的と離れた，利用者に対する不当な支配・統制を行うとともに，施設への囲い込みを図っている。

被告会社の悪質性の第3は，契約及び運営の公平性・透明性が乏しいことである。被告会社は，入所者に対し契約内容を明らかにした書面を交付しておらず，口頭での説明も十分に行っていない。入所後も，処遇について，入所者は被告会社について説明を求める手段・機会がない。被告会社は，新規の入所者に対して，生活保護申請を妨げたまいたずらに放置することもあるが，その理由等についても本人に対して一切説明がない。

さらに，被告会社は，施設との間でトラブルを起こしたり，その他被告会社の意に沿わない入所者を一方的に退寮させることもあるが，入所者に契約内容を明示しないこととあいまって，入所者側の防御は困難である。

(3) 被告Y_2の立場

被告Y_2（以下，「被告Y_2」という。）は，被告会社の代表取締役であり，同社の「貧困ビジネス」の首謀者である。

第2 原告が本訴に至った経緯

1 原告Xの被告会社施設入所の経緯

(1) 求人広告への応募

原告は，平成〇〇年〇〇月〇〇日の朝，〇〇紙の求人広告欄を見ていると，「〇〇社」という企業の広告を見つけた。そこには，「年齢問わず」，「三食付き」，「寮がある」などと書かれてあったところ，これは，当時失業中であり，ちょうどそれまで居候をしていた知人の家を出て行かなければならなかった原告にとっては，良い条件に思えた。そこで，原告は，同日午後3時頃，「〇〇社」の求人に応募すべく，広告に記載されていた電話番号に電話をかけた。

(2) 勧誘

原告は，「〇〇社」の求人広告に記載されていた番号に電話すると，その電話に出た人物から，埼玉県〇〇市内にある事務所の場所を教えられた。

そこで，原告は，同日午後6時頃，「〇〇社」の事務所とされる場所を訪問したところ，その日は社長が遅れるとの理由から面接は行われず，同社が提供する宿泊場所で一晩過ごした後，同所で同社の関係者らしき人物から面接を受けた。原告は，自己の職歴等を説明すると，関係者らしき人物から，「今，うちは暇なんだ。」などと言われたうえ，グループ会社を紹介された。原告は，ほかに行く当てもなかったので，

グループ会社に行くことになった。
  (3) 契約締結
    原告は，グループ会社において被告Y_2から面接を受けたが，その際，被告Y_2が，「○○社」ではなく，「Y_1」という会社の社長であることを初めて知った。原告は，あらためて事故の職歴等を説明すると，被告Y_2から，「生活保護を受けられるし，1日500円ももらえるし，寝るのと食べるのも心配ないから，うちの施設に入ったらどうだ。」などと言われた。原告は，面接中に，被告Y_2から携帯電話の所持の有無を聞かれ，原告は持っていたため，Y_2は「預からせてもらう」と言い，原告の携帯電話は取り上げられた。
    原告は，所持金が少なく切羽詰まっていたため，被告Y_2の言うとおり，被告会社の施設に入らざるを得なくなり，被告会社との間で，同人が被告会社の施設に入居して同所を利用し，食事の提供を受けることなどを内容とする契約を締結した（以下，この契約を「住居・生活サービス契約」という。）。
    このような面接の後，原告は，○○市内にある被告の「○○荘」に入居して生活を始めた。
6 原告が被告会社の施設に入居した後の状況
  (1) 最低限度を下回る生活
    原告は，被告会社から，1日500円，生活保護を受給するようになってからは，その他に月に5000円を受け取って生活をしていた。すなわち，原告が自由に使える金銭は，それぞれ月に2万円程度しかなかった。
    ところで，生活保護費は，憲法25条の理念に基づいて，健康で文化的な最低限度の生活を送るために必要な額が支給されている（生活保護法1条）。その額は，さいたま市の基準であれば，単身者であれば，住居費を除いておおむね1カ月に8万円程度である。
    被告会社においては，住居の他に，食事が支給されるが，その内容は，朝食は，ご飯と納豆等，昼食はカップラーメンやインスタントラーメン，夕飯は1週間ごとに固定されたメニューで，1日の食費は200～300円程度であると考えられる。そうすると，原告が被告会社から受け取っているものを金銭に換算すると，合計で3万円程度にしかならない。
    すなわち，被告会社においては，文化的で最低限度の生活を送るために必要な額の半分にも満たない金額での生活を強制されていることになる。また，住居についても，生活保護を申請する際に，生活保護から住居費が支給されており，金額については正確に把握できないものの，一人あたり，○○市の上限金額である○万○○円の半額の○万○○円程度が支給されていると考えられる。

　　　　　　ところが，被告会社は，普通の一軒家を寮として借り上げ，原告は，おおむね6畳ほどの部屋に2段ベッドをおいて，一部屋に2人で生活することを強制されていた。かかる住環境をみても，原告が最低限度の生活すらできない状況であったことは明らかである。
　　　　　以上のとおり，原告は，最低限度を下回る生活を強制されていた。
　(2)　金銭等の財産管理ができない
　　　　　原告は，被告会社の施設に入所する際に，携帯電話，預金通帳等を取り上げられた。そして，生活保護を申請する前には，被告会社から1日500円を支給されるのみで，自らが金銭を管理するだけの金銭をそもそも支給されなかった。
　　　　　また，生活保護の申請後，生活保護の受給証は被告会社に取り上げられていた。生活保護の支給日には，被告会社が用意した車で，原告を含む生活保護受給者は，寮ごとに区役所に行った。そして，生活保護費を受け取ったら，そのまま渡すように指示をされ，そのときだけ受給証を返却してもらい，数人の被告会社の監視役がいるなかで生活保護費を受け取り，生活保護費が入っている袋ごと，被告会社の監視役に交付させられていた。その際，もし生活保護費を渡さなければ，被告会社は，何らかの危害をも加えかねない様子であり，実際に，生活保護費を持ち逃げしようとして，監視係につかまった受給者もいた。
　　　　　原告は，生活保護を受給するようになると，その中から，前述のように，1カ月あたり，約2万円を受け取っていたが，それ以外は被告会社から，何らの金銭も渡されていない。
　　　　　このように，原告は，自らの生活保護費その他の財産について，全く金銭管理ができない状態におかれ，自力で脱出する手段を確保できないばかりか，もし被告会社の意向に逆らった場合には，住む場所を追い出され，ほとんど金銭を持たないまま，いわゆるホームレス生活を余儀なくされるという恐怖感を抱きながら生活をさせられていた。
　　　　　かかる経済的管理及び心理的なプレッシャーにより，ますます被告会社の作り上げた搾取の仕組みから抜け出せない構造になり，原告は被告会社の管理する寮での生活を強制されている。
　(3)　就労できない
　　　　　被告会社は，原告ら施設入所者に対して，就職活動をしないことを求めている。前述のとおり，原告は携帯電話すら取り上げられてしまっているので，そもそも，就職活動をするための連絡手段がない。また，1日500円しか支給されないので，面接に行くための服はおろか，交通費すら用意できない状態である。
　　　　　被告会社は，自らが，生活保護受給者から搾取するという構造を維持するため，生活保護受給者の就職活動を禁止し，実際に，携帯電話を取り上げ，金銭的にもできない状況においていた。このような被告

会社の行為により，原告は，就職をして，自立した生活を送るすべを失い，被告会社での生活を余儀なくされている。

(4) プライバシーを確保できない

前述のとおり，被告会社の寮では，2人で一部屋を使用することになっており，原告も一部屋を2人で使用する生活をしていた。トイレと風呂は共同であり，食事の時間も決まっているため，食事も一緒に取らなければならない。

寮で一緒に生活しているのは，そもそも全く面識のない人物達であり，どの人物が，被告会社とつながっているのかということは，原告ら入所者には一切わからない。このような状況下で，寮の中では，一人になる時間というものが作れず，心の安まる時間を作ることができない。共用の空間しかないため，プライバシーもほとんど保たれていない。

さらに，ともに生活している入所者がどのような人物であるかを確かめる手段がないため，お互いの信頼関係を構築することができず，一人だけ不自然な行動をしていると，被告会社に通報され，下手をすると寮から追い出され，いわゆるホームレス生活をせざるを得ないかもしれないという不安が常につきまとう状況で生活をさせられていた。そのため，食事の時間は，一人だけどこかに出かけるというような対応をすることもできず，食事の時間も他の入所者と一緒にいる生活をしなければならない。

このように，被告会社の寮での生活は，プライバシーを全く確保できない生活である。

(5) 転居できない

前述のとおり，原告が被告会社から渡される金銭は，月に2万円程度しか無く，この金銭を貯めて転居をするということ自体，実現可能性が乏しく，また，通帳や金庫等自分で金銭管理をする手段を持たないため，そもそも貯金自体が非常に難しい状況にある。したがって，自分で貯金をするなどして，転居するという方法は，被告会社の寮にいる限り，不可能というほかない。

また，前述のとおり，就労も禁止されており，実際にも就労することが困難であるから，職を得て自立して，転居をするということは不可能である。

さらに，生活保護を利用して転居をしようとしても，被告会社は，施設の実態は無料低額宿泊所と同じであるにもかかわらず，行政に対して届出をしておらず，行政の方でも，十分な調査ができていない。そのため，通常の居宅（アパートの一室）と同じように，敷金や礼金などが，保護費から支給されることになっている。被告会社の施設は，前述のとおり，一部屋を2人で使用するような状況であり，当然，入

居にあたり何らかの補修が行われることはないため，敷金や礼金など発生する余地がないものであるが，行政としては，敷金・礼金を支払っている通常の居宅として扱っているため，「転宅については正当な理由がない限り許可しない」という対応を取っている。原告は，実際にそのようなことを生活保護のケースワーカーから言われ，また，人づてに聞くなどして，生活保護を利用した転居ができないという状況に陥っている。実際にも，弁護士等の外部の人間が介入しないと，転宅は容易には認められない。

　他の無料低額宿泊所は，一時的な入所施設という扱いであるため，本人が希望すれば容易に転宅ができるが，被告会社は，生活保護受給者から搾取を継続するため，あえてかかる仕組みを取っており，原告ら生活保護受給者の転宅を非常に困難にしているのである。

第3　被告らの不法行為
　被告らは，原告に対し，人権侵害かつ特商法違反である住居・生活サービス契約を締結させたことにより，不法行為に基づく損害賠償責任（民法709条）を負う。
　1　人権侵害
　　(1)　生存権（憲法25条）侵害
　　　被告らは，生活保護費が憲法の生存権に基づく支給であり，原告に支給される生活保護費が最低限度の生活を送るためのものであることを知りながら，前記第2項の5(1)で述べたように，原告に支給される生活保護費から，自己が提供する衣食住を超える費用を不当に搾取し，かつ，通常では考えられない劣悪な衣食住環境を強制している。
　　　被告らが行ってきた生活保護費の搾取，劣悪な衣食住環境での生活の強制行為は，個々それぞれはもちろんのこと一連一体のものとして，原告の生存権を侵害するものであり，不法行為を構成する。
　　(2)　財産権（憲法29条1項）侵害
　　　自己の財産を自ら管理する自由は憲法29条によって保障される自由であり，他人の財産を正当な理由なく管理することは許されない。
　　　携帯電話や預金通帳は，原告が生活をしていくうえで，重要な財産であるにもかかわらず，前記第2項の5(2)で述べたように，被告らは，正当な理由なく，原告の携帯電話，預金通帳等を取り上げた。
　　　さらに，生活保護受給日には，原告の行動を監視し，原告に支給された生活保護費も取り上げて，1ヶ月あたり2万円しか原告に渡さず，残りを不当に搾取した。本来，生活保護費は受給者の自立を目的とするものであるにもかかわらず，被告らは，逆に，原告が自立をすることで被告らへの収入源がなくなることを防ぐために，原告の生活保護費を不当に搾取していた。

これら被告らが行ってきた行為は、原告の財産権を侵害するものであり、不法行為を構成する。
(3) 勤労の権利侵害（憲法27条）、職業選択の自由侵害（憲法22条1項）
　生活保護を受ける原告はみな無職である。就職活動をするためには、携帯電話を使用したり、履歴書等の購入費や面接会場までの交通費としてお金が必要となるが、被告らは、勤労意欲、就労意欲のある原告の携帯電話を取り上げ、かつ、1日500円しか支給せず、就職活動できないようにしていた。これは、前記第2項の5(3)で述べたとおりである。
　被告らが行ってきたこれらの行為は、原告の勤労の権利、職業選択の自由を侵害するものであり、不法行為を構成する。
(4) プライバシー権侵害（憲法13条）
　前記第2の(4)のとおり、被告らは、原告から住居費用を徴収していたにもかかわらず、間仕切りのない部屋に2人で生活をさせ、原告のプライバシーを全く確保せず、プライバシーを保てない状況をあえて作出していた。加えて、被告らは、原告がプライバシー侵害であることを訴えることも事実上抑圧していた。
　被告らが行ってきたこれらの行為は、原告のプライバシー権を侵害するものであり、不法行為を構成する。
(5) 居住・移転の自由侵害（憲法22条1項）
　被告らは、原告に最低限度を下回る金銭しか交付せず、かつ、就労を禁止し、就労できない状況を作出することで、原告が転居することを抑圧していた。これは、前記第2項の5(5)で述べたとおりである。
　被告らが行ってきたこれらの行為は、原告の居住・移転の自由を侵害するものであり、不法行為を構成する。

2　勧誘行為の違法
(1) 加えて、被告らは、原告を自己の支配下におき、これまで述べてきた人権侵害を行うために違法な勧誘を行っている。
　つまり、被告らは、原告が得る生活保護費を自分たちの収入源とし、それを確実なものとするために、原告を勧誘するに際し、被告会社の施設で生活させる目的、施設生活の内容、生活保護費を搾取されること、劣悪な衣食住を強いられることやいつでも会社との契約を解除できることを告げなかった。
　これらは、被告らが企図する目的や原告のその後の生活実態をみれば、勧誘行為それ自体も違法なものであり、不法行為を構成する。
(2) 本件は、後述するように、特定商取引法が適用されるが、上記被告らの勧誘行為は、特商法に規定される禁止行為（同法6条2項・同条1項5号、同法6条4項違反）にも該当するものであり、その違法性の程度は、前記人権侵害に匹敵する重大なものである。

3 小括

　以上のように，上記被告らの一連一体の行為は，原告の人権，とりわけ，衣食住という人が人として生きていくという人間の根幹に関わる権利を侵害する行為であり，不法行為を構成する。被告らの不法行為がなければ，原告は生活保護費を自ら全額使用でき，まっとうなアパートに居住し，就職活動をして，収入を得ながら，自立した生活を送れたはずであった。ところが，上記のとおり，被告らの人権侵害行為によって，生活自立の糧となる生活保護費を不当搾取され，最低限度を大きく下回る生活を強いられた。

　よって，被告らの不法行為と後述する損害との間には因果関係がある。

第4　損害

　原告は，被告らにより，平成○○年○○月○○日，人権侵害かつ特商法違反である住居・生活違法の住居・生活サービス契約を締結させられたことにより，一連として，上記第3で述べたような数々の権利を侵害され，多大な精神的損害を受けた。原告の精神的損害の額は○○万円を下らない。

　よって，原告は，被告らに対し，不法行為に基づき，連帯して，金○○万円及びこれに対する不法行為開始の日である平成○○年○○月○○日から支払済みまで民法所定の年5分の割合による遅延損害金の支払を求める。

第5　契約解除に基づく原状回復請求
　(1)　施設利用料の支払
　　イ　生活保護受給

　　　原告は，平成○○年○○月○○日，被告会社の従業員から，「○○月○○日に役所の面接があるので，朝8時に迎えに行くから待っていてね。」と言われた後，同月○○日，○○市○○区役所の福祉事務所を訪問して同所職員と面接し，生活保護の申請をした。その際，被告の従業員は，原告に対し，「○○市役所には，○○社の紹介で来たということだけは隠してね」とか，「田舎に行っていたことは伏せて，派遣会社での貯金で食いつないで，ネットカフェ暮らしをしていたということにしてね」などと注意した。

　　　その後，○○市役所は，平成○○年○○月○○日頃，原告に対し，生活保護の支給決定を出した。ただ，原告は，○○市役所から直接決定通知を受けるのではなく，被告会社を通じて間接的に決定通知を知るに至った。

　　ロ　保護費の交付

　　　原告は，これまで被告に対し，以下のとおり，合計約○○万○○円

程度の現金を，施設利用料の名目で支払ってきた。
- (イ) 初回の30万円程度

　原告は，平成○○年○○月○○日，初めて生活保護費を受領した。そのときの金額は，30万円程度だった。しかし，原告が保護費を受け取ると，それに同行していた被告の従業員名が，すぐに，「(受け取った生活保護費を) 渡してください。」と求めてきたので，原告は，言われたとおり，封を切らずに生活保護費の入った袋を手渡した。

- (ロ) 3月分以降の毎月の生活保護費

　それ以降，3月分から5月分にかけて，原告は，毎月○○万○○円を下らない額の生活保護費を受給してきたが，これらもすべて，上記30万円程度と同様，被告の従業員に求められるままに手渡してきた。

ハ 被告会社から受け取った金銭

　他方で，原告は，被告会社に対し，いったんは生活保護費全額を手渡した後，被告会社から，1日500円，1ヶ月に5000円 (1月は1000円) を受け取ってきた。つまり，原告は，被告から，12月は7500円，1月は1万6500円，2月は1万9000円，3月は2万0500円，4月は2万円，5月は2万0500円を渡されていた。

ニ 被告会社に支払った施設利用料の総額

　そうすると，原告は，被告会社に対し，少なくとも，今日に至るまでの間，生活保護費○○万○○円程度を交付する一方，その中から○○万○○円程度を受け取ってきたのであるから，被告会社が原告から受領した生活保護費の合計額は，○○万○○円を下らないことになる。

(2) 特商法の「訪問販売」に該当する

　被告が原告に施した住居・生活サービスは，特商法上，役務提供事業者が，営業所等において，政令で定める方法により誘引した特定顧客と役務提供契約を締結して行なう役務の提供 (同法2条1項2号) であり，「訪問販売」に該当する。

イ 被告会社は役務提供事業者

　被告会社は，自ら管理する施設に利用者を入居させ，そこで食事を提供するなどしているから，特商法上，「役務の提供の事業を営む者」，つまり「役務提供事業者」に該当する (同法2条1項1号)。

ロ 原告は「特定顧客」である

　被告会社が原告を被告Y_2のいる事務所へ呼んだ行為は，「商品販売の勧誘をする目的を告げずに営業所等への来訪を要請すること」(アポイントメントセールス，政令1条1号) に該当するから，原告は，「その他政令で定める方法により誘引した者」(特定顧客。同法2条1項2号) に該当する。

- (イ) 商品販売の勧誘をする目的を持っていた

　　　　　　被告会社は，原告が「〇〇社」の求人広告を見て電話をかけてきたときから，同人に施設を利用させる目的を持っていた。
　　　　　　このことは，原告において，被告の関係者の指示に従い，「〇〇社」の事務所とされる場所を訪問したところ，その日は社長が遅れるとの理由から面接は行われず，同社が提供する宿泊場所で一晩過ごした後，同所で同社の関係者らしき人物から面接を受けた際，同人から，「今，うちは暇なんだ。」などと言われ，被告会社を紹介されたうえで，本件契約が締結されたという経過からも明らかである。
　　　　　　また，このような経緯で被告会社の施設に入居することになったのが原告だけでなく，他の入居者らも同様だったという事実に照らしても，被告会社が同じような手法で施設利用者を勧誘していること，ひいては，当初から原告に施設を利用させる目的を持っていたことを裏づけるものである。
　　　(ロ)　勧誘目的を告げずに営業所への来訪を要請した
　　　　　　被告会社は，当初は求人広告を出して従業員を募集しているかのように装い，原告が被告の関係者から呼ばれて被告Y₂との面接のために被告会社の営業所にやって来るまで，原告に対し，住居・生活サービス契約を勧誘する目的であることを話していなかった。
　　　　　　このことは，被告会社が原告に対し，勧誘目的を告げずに営業所への来訪を要請したことを意味している。
　　ハ　被告会社の営業所において住居・生活サービス契約を締結して役務提供をした
　　　　　被告Y₂が面接を実施した事務所は，被告会社の営業所である。同所において，被告Y₂は，原告と住居・生活サービス契約を締結した。この契約は，毎月支給される生活保護費から施設利用料を支払い，施設の提供及び食事の提供を受けることを内容とするものだから，特商法上の「役務を有償で提供する契約」，つまり「役務提供契約」（同法2条1項1号）に該当する。そして，被告会社は，その後原告に対し，被告会社の施設である〇〇荘を利用させ，そこで食事を提供するなどした。
　(3)　契約の解除
　　イ　契約書面交付義務違反
　　　　被告会社は，住居・生活サービス契約を締結した際，原告に対し，契約書のコピー等，契約に関する書類を渡さなかった。これは，特商法が訪問販売において役務提供事業者に対し義務付けている書面の交付（同法4条，5条）をしていないことを意味する。
　　ロ　役務提供契約の解除
　　　　以上の次第であるから，原告は，本状をもって，特商法9条1項に基づき，住居・生活サービス契約を解除する。

ハ　契約解除に基づく原状回復請求権の発生
　　上記解除により，原告は，被告に対し，これまでに施設利用料として支払ってきた合計〇〇万〇〇円を下らない金額につき，原状回復請求権を取得する（民法545条1項本文）。
(4)　よって，原告は，被告会社に対し，契約解除に基づく原状回復請求として，金〇〇万〇〇円及びこれに対する訴状送達の日の翌日から支払い済みまで年5分の割合による遅延損害金の支払いを求める。

第6　証拠保全手続の結果について
　　原告は，本訴に先立ち，平成〇〇年〇〇月〇〇日，被告会社を相手方として証拠保全申立てをした（平成〇〇年第〇〇号証拠保全申立事件。甲1）。申立を受けた〇〇地方裁判所は，同年〇〇月〇〇日，証拠保全を認める旨の決定を出した（甲2）うえ，平成〇〇年〇〇月〇〇日，証拠調べを行うべく，埼玉県〇〇市〇〇にある被告会社の事務所へ臨んだが，被告会社は，裁判官が検証物提示命令を発令し，証拠保全手続を拒絶した場合の不利益（民事訴訟法232条1項，224条1項の真実擬制）について説明したにもかかわらず，証拠保全手裁を拒絶した（甲3）。
　　　　　　　　　　　　　　　　　　　　　　　　　　　　以　上

証　拠　方　法

1　甲1号証　　　証拠保全命令申立書
2　甲2号証　　　証拠保全決定
3　甲3号証　　　証拠調べ調書

附　属　書　類

1　訴状副本　　　　　　　　　　　　　　　　　　2通
2　甲1ないし3号証（写し）　　　　　　　　　　各2通
3　訴訟委任状　　　　　　　　　　　　　　　　　1通
4　資格証明書　　　　　　　　　　　　　　　　　1通
　　　　　　　　　　　　　　　　　　　　　　　以　上

資料

【参考書式例6】病院に立入検査を求める申入書

　　　　　　　　　　〇〇病院に対する立入検査申入書

　　　　　　　　　　　　　　　　　　　　　平成〇〇年〇〇月〇〇日

厚生労働大臣〇〇〇〇　殿
〇〇県知事　〇〇〇〇　殿

　　　　　　　　　　　　　　〒〇〇〇-〇〇〇〇
　　　　　　　　　　　　　　大阪市〇〇区〇-〇　〇〇ビル〇階
　　　　　　　　　　　　　　〇〇法律事務所
　　　　　　　　　　　　　　　　弁護士　　甲
　　　　　　　　　　　　　　　　同　　　　乙
　　　　　　　　　　　　　　　　同　　　　丙
　　　　　　　　　　　　　　電　話　06-〇〇〇〇-〇〇〇〇
　　　　　　　　　　　　　　ＦＡＸ　06-〇〇〇〇-〇〇〇〇

第1　申入れの趣旨
　　〇〇病院（住所〇〇）に対し，貴省担当部局が合同で協議検討の上，〇〇県担当部局とともに，
　(1)　医師・看護師・その他医療スタッフの勤務実態
　(2)　入院患者に対する治療，その他処遇の実態
　(3)　病院の医療環境，医療設備の実情
　(4)　〇〇病院の入院患者の通信・面会制限の実態
等につき予告なく立入検査を実施されるよう要請します。

第2　申入れの理由
1　私たちは，これまで〇〇病院の医療実態や医療法違反等の重大な人権侵害の事実，〇〇病院入院患者の通信・面会の自由の制限他の人権問題について種々の活動を行ってまいりました。
　　（略）
2　医療及び看護スタッフの勤務体制について
　　（略）
3　病院内での診療について
　　入院患者に対する診察は，月1回程度医師が見回りに来るくらいで，診察らしい診察は一切なされていないとの職員の訴えです。投薬は患者を診察も問診もしていない病院の〇〇院長がレセプトのみを見て，その指示で

画一的に処方されている実態があります（陳述書。看護師よりの手紙）。
　さらに，治療のために「特別食」が配食されているようにレセプト上請求していますが，実態は，そうした「特別食」を作る人もおらず作るよう指示もされていないとのことです（栄養士よりの手紙）。
　私たちも病院を訪問し，配膳行為を幾度もこの目で目撃していますが，名札はついていませんでした。付添の人も，ミキサーで粉砕してそのフロアの患者の口に次から次へと流していく作業の怖さを訴えてきています。
　また，理学療法行為も，入院患者にガードマンの服を昼間着用させて，老人の身体をさする等させ，夜はベッドの上で患者となる実態のようです。
　これらは，医療法64条1項に抵触するおそれ大であります。
　このように臨床とは無関係に投薬が処方されるため，当然薬漬けになりやすく，また医師法22条に違反して処方箋も交付されません。
　元病院事務職員は，投薬内容は患者を診察していない○○院長が指示し，レセプト請求もそれに基づいて行われるので，パートの医師などは「出しすぎや。あんなに薬を出したらあかん」と現場での判断をしてメモを看護師に渡し，二重のカルテ状態を実務的にこなしていた，とも陳述しています（元病院職員よりの聴取書）。
　これら状況から判断するに，○○病院では患者一人ひとりの病状に見合った医療の名に値する診療がなされていないことは明らかです。
　このような実態は，医師法17条，同19条，同20条，同23条に抵触し，したがって，同31条に抵触するおそれが大です。
4　通信・面会の制限について
　（略）
5　以上のような次第ですから，○○病院について，あらかじめ予告したうえでの医療監視及び立入検査並びにレセプトの書類検査のみでは，……等の事前工作をされてしまい，いくらやっても，その医療実態の把握は困難だと思います。そこで，○○病院の真実の医療実態等を把握するには，職員らの「陳述書」を熟読し，こうした事前工作ができないように，予告なしの立入検査をすることがぜひとも必要です。
　つきましては，医療法に違反する疑いが濃厚な医療実態に鑑み，○○県とともに，医療法25条，同63条に基づいて，○○病院への予告なしの立入検査を実施されるよう要望いたします。

以上

【参考書式例7】訴状（貧困ビジネス医療機関に対する損害賠償請求訴訟）

訴　　　状

平成○○年○○月○○日

○○地方裁判所　御中

　　　　　　〒000－0000　大阪府○○市○○区○○　○丁目○番○号
　　　　　　　　　　　　　原　　　告　　○　○　○　○

　　　　　　〒530－0000　大阪府大阪市北区○○　○丁目○番○号
　　　　　　　　　　　　　□□ビル□階　○○法律事務所
　　　　　　　　　　　　　原告訴訟代理人弁護士　　○　○　○　○
　　　　　　　　　　　　　電　話　06－0000－0000
　　　　　　　　　　　　　ＦＡＸ　06－0000－0000

　　　　　　〒000－0000　大阪府大阪市○○区○○　○丁目○番○号
　　　　　　　　　　　　　被　　告（Y₁）　医療法人○○○○
　　　　　　〒000－0000　大阪府○○市○○町○番○○号
　　　　　　　　　　　　　被　　告（Y₂）　○　○　○　○
　　　　　　〒000－0000　大阪府○○市○○町○○○○番地○○
　　　　　　　　　　　　　被　　告（Y₃）　○　○　○　○

請　求　の　趣　旨

１，被告らは，原告に対し，各自金330万円，及びこれに対する平成○○年○○月○日以降，支払済まで年５％の割合による金員を支払え。
２，訴訟費用は被告らの負担とする。
との判決並びに第１項につき仮執行の宣言を求める。

請　求　の　原　因

一　本訴の概要及び当事者
　本訴は，Ａ（大正○年○月○日生，平成○年○月○日死亡）が亡くなる前に入院していた病院の看護がきわめて劣悪であったことについて，損害賠償として慰謝料を請求するものである。
　原告は亡Ａの長女である。亡Ａの妻はすでに亡くなっており，原告は，長男Ｂと次女Ｃとともに本慰謝料請求権を共同相続し，法定相続分（３分の１）に従いこれを取得している。
　被告Y₁は，医療法人として病院を経営し，後述のとおり平成○年○月○日から平成○年○月○日まで亡Ａを入院のうえ加療し療養看護にあたって

きた。
　被告Y₃は，昭和44年1月，被告Y₁を設立し，理事長に就任した。昭和○○年に同理事長を辞任したものの，顧問にとどまり，被告Y₁の診療・経営等すべてにつき指揮・命令・監督権限を有する実質上のオーナーである。また，D病院の院長であり医師である。
　被告Y₂は，Z病院の院長で医師である。また，亡Aの主治医であった。
二　事実関係
　1　入院
　　亡Aは大阪市○○区で暮らしていたが，耳が遠く，足腰が弱くなっていたため，1人で生活させるには多少の不安もあり，近所の人や亡Aが通院していた医師の勧めもあって，しばらくZ病院に入院することになった。平成○年○月○日，原告は，亡AをZ病院に連れていった。本病院では，亡Aの病状等はまったく聞かれず，即座に入院手続がとられた。
　2　入院後の状況
　　入院後の状況は，甲第6号証（陳述書）記載のとおりである。亡Aは入院当時は特段の障害もなく動き回っていたが，次第に動きが鈍くなり，容体は徐々に悪化していった。平成○年○月以降は，おしめをされるようになり，またベッドに手足を縛り付けられることもあった。その理由も病院側によれば「おしめをはずすから」「うろうろされるから」というものであり，平成○年○月以降は，ほとんど手足を動かすこともなくなり，叩いても目をぱちぱち開閉するだけになった。
　　原告は何度も面会に足を運んだが，病院内で看護師の姿を見ることはほとんどなく，担当のY₂の回診も一，二度見かけただけであった。
　3　転院
　　平成○年○月になってようやく，○○市にあるE病院からベッドが空いたとの連絡があり，同年○月○日に同病院に転院した。
　　しかし，E病院に転院したときには，亡Aにはほとんど反応がなく，しかも，脱水症状が著しく栄養障害のために全身が衰弱していた。傾眠状態にありながら，異常なまでの食欲を示し，眠りながらも食事を摂取しているような状態であった。身体は大変不潔で異臭がしており，耳孔は耳垢でかちかちに固まり，皮膚はうろこ状態，股は赤くただれ，手足も曲がって固まっているような感じで，身体を動かすとひどく痛がっていた（甲3，4，6）。
　　亡Aは，転院して1カ月後の平成○年○月○日に肺炎で亡くなった。死亡後，その遺体は○○市営火葬場で火葬に付されたが，骨はへちまのかすのように繊維状になっており，手足の骨も変形していた。
　4　Z病院での看護
　　本病院では食事も水分も満足に与えられておらず，原告が確認しただけでも，ベッド脇のテーブルに子ども用の小さなプラスチックの茶碗と

スプーンが置いてあっただけであった。その食事も流動食ばかりであり，栄養状態は極めて不十分であった。また，衛生管理も極めて劣悪であり，衣類を着替えさせたり，身体を清拭することもほとんど行われず，入浴も長期間させられなかった。

しかも，Z病院では，亡Aを身体を動かせない状態でベッドに長時間縛りつけていたために，同人に多大な苦痛を与えたばかりか，手足の拘縮によって身体に障害を生じさせた。

5　Z病院の医療実態

Z病院は，Y_3が実質的に経営しており，その悪質な医療実態は，マスコミや大阪府の調査等で次々に明るみになっている（甲5）。しかも，入院患者への医療費の不正受給，面会妨害，職員への賃料未払，職員名簿の偽造，無権限者のカルテ作成等の違法行為が日常的，組織的に行われていた。

またY_3は，職員を大阪府のみならず近隣他府県の福祉事務所を回らせて，医療扶助による入院患者を紹介するように依頼し，福祉事務所からの紹介による多数の入院患者を確保した。

三　被告Y_1の責任

1　債務不履行責任

(1)　看護診療契約の締結

Y_1は，当時，Z病院，F病院を開設して医療業務を営んでいた。

亡Aは，入院にあたり，Z病院を経営する被告Y_1との間で，医療機関として最善の注意義務を尽くして看護し治療する旨の看護診療契約を締結した。

この契約の中には，患者に対する診療行為はもちろん，療養上の世話（療養看護）をなすべき義務も含まれる。

療養看護とは，患者の通常の生活に不可欠なものを提供し，基本的なことがらについて患者を援助することをいう。すなわち，患者の十分な呼吸，飲食，休養，睡眠を提供または援助し，排泄を助け，歩行，座位，仰臥における姿勢の保持及び動作を確保または援助し，衣類の選択，着脱を助け，身体の清潔保持に十分配慮することを意味する。

(2)　Y_1の過失

マスコミ等によってすでに明らかにされているように，Y_1には所定の人数を大幅に下回る看護職員しか勤務しておらず，行政庁に対しては職員数を水増しして架空の出勤簿を提出するなどして事実を隠蔽していた。

このような貧困な職員体制のもとでは到底十分な療養看護を尽くすことはできず，現に，本病院では，前記のように，食事も水分も満足に与えていなかったため，脱水症状は著しく，栄養障害のために全身が衰弱していた。また，入浴や清拭等による身体の清潔保持もまったくなされていなかった。

しかも，本病院は，亡Aを動かせない状態でベッドに長時間縛りつけていたために，同人に多大な苦痛を与えたばかりか，身体の障害を生じさせた。
　　このように，Y₁は，療養看護に必要な人員を病院に確保することを怠り，入院患者に対し通常の食事・水分を与え通常の衛生状態を維持するというもっとも基礎的な療養看護を行わなかったばかりか，亡Aの身体に対する直接的な侵害行為も行っており，契約上の療養看護をなすべき義務を怠っていたことは明らかである。
　　よって，Y₁は，亡Aに対し看護診療契約上の債務不履行責任を負う。
　2　不法行為責任
　　また，前記のとおり，本病院は，亡Aに対する療養看護義務を一切尽くさず，その対応は人間の尊厳を無視し，患者の権利を著しく侵害する極めて悪質なものであった。
　　よって，Y₁は，亡Aに対し不法行為責任を負う。
四　Y₂の責任
　　Y₂は，Z病院の院長であり主治医として，亡Aの診療の診察を担当していたにもからわらず，前記のとおり極めて劣悪な療養看護を看護師に指示しており，あるいは少なくとも患者を診察した際には前記の看護実態を目にしている以上，直ちに適切な療養看護を指示すべき義務があったのにこれを怠った。
　　したがって，Y₂は，亡Aに対し不法行為責任を負う。
五　被告Y₃の責任
　1　冒頭に説明したように，Y₃は，Y₁の理事長職こそ退いていたものの，顧問としての地位にとどまり，また，Z病院の土地建物の所有権もY₃やその関連会社名義に帰属させていた。また，Y₃は，各病院の職員数を常に把握し，職員の配置や設備の管理・変更について指示することもあったし，患者に対する投薬内容を指示したり，治療に関するマニュアルを作成し，レセプトをチェックするなどしていた。現に，Y₃は「オーナー」「会長」などと呼ばれていたものである。
　2　このように，Y₃は，Y₁の診療・経営等すべてにつき指揮・命令・監督権限を有する実質上のオーナーとしての立場にあり，現に，Y₁の理事や職員に対する指揮・命令・監督を行っていた。このため，Y₃とY₁の職員及びY₂との関係は，民法715条に定める使用者と被用者関係を認めることができる。
　　したがって，Y₁の看護師ら職員やY₂が前記注意義務を怠った不法行為によって後記損害を生じさせた以上，Y₃は，使用者としての地位に基づく不法行為責任を負う。
六　損害
　　以上のように，人間の尊厳を無視した劣悪な看護態様であったこと，そ

れが極めて長期間に及んでいたこと，結果として亡Aの身体に重大な症状を生じさせたこと等からすると，同人が被った精神的苦痛は金銭に換算して900万円を下回ることはない。

七　損害賠償請求権の相続

　　亡Aは平成〇年〇月〇日に死亡したので，同人の長女Xと長男B，次女Cがそれぞれ法定相続分に従って本損害賠償請求権各300万円ずつを相続した。

八　弁護士費用

　　原告は被告らの債務不履行ないし不法行為によりやむなく本訴に至ったものであり，そのために要する弁護士費用は金30万円を下回らない。

九　以上の結果，Y_1は民法415条ないし民法709条により，被告Y_2は民法709条により，被告Y_3は民法715条により，それぞれ損害賠償の義務を負うため，原告は請求の趣旨記載の判決を求めて本訴を提起した。

　　　　　　　　　　証　拠　書　類

1	甲第1号証	死亡診断書
2	甲第2号証	紹介状
3	甲第3号証	回答書
4	甲第4号証	戸籍謄本
5	甲第5号証	新聞記事
6	甲第6号証	陳述書

以上

　　　　　　　　　　添　付　書　類

甲号証	各1通
医療法人登記簿謄本	1通
委任状	1通

Ⅲ 「無料低額宿泊所」問題に関する意見書

2010年（平成22年）6月18日
日本弁護士連合会

第1 意見の趣旨

1 第1種社会福祉事業の実体を有する無許可施設が第2種社会福祉事業として営業することを容認する、平成15年7月31日社援発第0731008号厚生労働省社会・援護局長通知「社会福祉法第2条第3項に規定する生計困難者のために無料又は低額な料金で宿泊所を利用させる事業を行う施設の設備及び運営について」は、ただちに廃止されたい。

2 上記社会・援護局長通知を前提とし、さらに現行社会福祉法による規制が可能な事業者を法的位置付けがないものと扱う、平成21年10月20日社援保発1020第1号厚生労働省社会・援護局保護課長通知「生活保護受給者が居住する社会福祉各法に法的位置付けのない施設及び社会福祉法第2条第3項に規定する生活困難者のために無料又は低額な料金で宿泊所を利用させる事業を行う施設に関する留意事項について」は、ただちに廃止されたい。

3 無料低額宿泊所が、「不当に営利を図り」「(利用者の)処遇につき不当の行為」をしていると疑われる場合には、届け出の有無にかかわらず、社会福祉法70条に基づく調査を実施し、同法72条1項または3項に基づいて経営の制限又は停止を命令するなど、適切にその権限を行使するよう、都道府県知事及び指定都市市長に対して地方自治法245条の4第1項に基づく技術的助言としての法解釈指針を社会・援護局長通知などの形で早急に示されたい。

4 ケースワーカーを増員するなど、ホームレス状態にある者に対する居宅確保を援助する体制を整え、生活保護法が要請する居宅保護の原則を徹底されたい。

5 一般住居への転居支援の促進、苦情申出先としての運営適正化委員会の体制整備、当事者への情報周知の徹底などによって、意に反してこのような業者のもとでの生活を強いられている当事者の救済を図られたい。

第2 意見の理由

1 はじめに

近時、ホームレス状態にある要保護者が生活保護を受給するにあたり、業者が、施設の宿泊料や配食などのサービス料名目で、保護費の大半を差し引くため、本人の手元にはわずかな金員しか残らない、という業態が、いわゆる「貧困ビジネス」として社会問題化している。このような業態は、生活困窮者が屋根の下で眠ることと引替えに、対価に見合わない劣悪な居住環境やサービスの利用を事実上強制する結果となっており、看過しがたい人権侵害を引き起こし

ている。
　この問題について、厚生労働省は、平成21年10月20日付けで「無料低額宿泊所のあり方に関する検討チーム設置要綱」を定め、大臣政務官を主査、副大臣を顧問とし、社会・援護局の局長、総務課長、保護課長、地域福祉課長をメンバーとする検討チームを設置し、平成22年3月16日の第5回検討会まで、無料低額宿泊施設等が所在する自治体の関係者やホームレス支援団体等の関係者からのヒアリングを行うなどしている。
　ところで、「無料低額宿泊施設等への法規制のあり方」を検討するためには、その前提として、社会福祉法による現行法規制の内容及びその運用上の問題点を正しく理解し、認識することが不可欠である。
　そこで、当連合会は、社会福祉法による現行法規制の内容及びその運用上の問題点について独自に検討した結果を明らかにすることが、「無料低額宿泊所」問題の真の解決に資するものと考え、本意見書を作成し、公表する次第である。

2　無料低額宿泊所の問題点

　無料低額宿泊所は、生活保護法の適用においては、一般のアパートと同じ「居宅」として扱われており、次のような問題点が指摘されている。

(1)　高額な施設（サービス）利用料

　上記のとおり、無料低額宿泊所は、生活保護の適用にあたっては「居宅」と扱われるため、住宅扶助費の支給対象となるが、その利用料（賃料）は、住宅扶助基準の上限（東京都内など1級地－1の単身世帯で53,700円）に近い金額に設定されていることが多い。
　そのほかにも、食費、光熱費、管理費、共益費等の名目で費用が徴求され、要保護者本人の手元には1～3万円しか残らないことが多いと言われている（厚生労働省の調査では、利用料を控除した残額が3万円未満となる施設が約4割とされている。）。

(2)　対価に見合わない劣悪な居住環境やサービス内容

　上記のような高額な利用料が徴求される一方、提供される居住環境やサービス内容が対価に比して劣悪であることが指摘されている。
　まず、居住環境について言えば、4畳半の普通の居室をベニヤ板で2つに区切ったものや、雑居ビルの一室を複数の二段ベッドで区切ったものなどがあると言われている。
　次に、食事、その他のサービス料として、月額5万円前後の費用が徴求されることが多いが、レトルト食品、カップ麺、調理前の米など、対価に見合わない配食しかされていない例が報告されている。また、配食以外のサービスについては、さしたるサービスがなされていない例が多いようである。

(3)　当事者に選択・離脱の自由がないこと。

　とりわけ問題であるのは、このような施設への入所や、配食等のサービスの利用が事実上強制されていて、当事者に選択・離脱の自由がないことであ

ホームレス状態にある要保護者にとって、ホームレス状態を脱却し屋根の下で眠ることは、その生死や健康に直接関わる極めて切実な要求である。これに対し、無料低額宿泊所等では、当該施設に入所して生活保護を受給する際、徴求される契約書類にあらかじめ、これらのサービス利用が組み込まれており、中には、サービスを利用しないのであれば退去するといった内容の誓約書を書かされる例もある。また、業者が、利用者から生活保護費の振り込まれる通帳を預かり、金銭管理を行う例も少なくない（厚生労働省の調査では、施設型のうち約3割が金銭管理を行っている。）。

　野宿生活に逆戻りしたくない生活保護利用者にとっては、サービス利用を拒否することは到底できないため、事実上、サービスの利用が生活保護利用と「抱き合わせ」となって強制されているのである。このため、生活困窮者は、業者に囲い込まれて離脱することもできず、本来「一時的な宿泊の場」に過ぎないはずの無料低額宿泊所が恒常的な生活の場となっている。

3　平成15年7月31日社援発第0731008号厚生労働省社会・援護局長通知は、社会福祉法の解釈を誤るものであること。

(1) 悪質業者が跋扈する現状を招いた原因

　このような悪質な業者が跋扈する現状を招いた最大の原因は、ホームレス状態にある要保護者の生活保護申請に対し、「住所や家がない者は保護できない」という違法な窓口規制（俗に言う「水際作戦」）が横行し、このような者が一人で福祉事務所の窓口を訪れても追い返してきた、これまでの誤った行政運用にある。そして、悪質な業者に対して行政の規制権限が適切に行使されてこなかった大きな原因は、平成15年7月31日社援発第0731008号厚生労働省社会・援護局長通知が社会福祉法の解釈を誤ったことにある。同通知は、以下のとおり、すでに劣悪な施設の存在が指摘されていた状況下で発出され、本来であれば許可を得なければ第1種社会福祉事業（以下、「第1種事業」という。）を営むことができない者が無許可で同事業を営むことを容認し、これにより生活保護利用者を初め生活困窮者に対する重大な人権侵害を広汎に生じさせてきたのである。

(2) 第1種事業の位置付け

　社会福祉法は、社会福祉事業を、第1種事業と第2種社会福祉事業（以下「第2種事業」という。）とに区別して規制している。このうち、第1種事業に分類される事業の大部分は、人が入所して施設を利用することから、生活の大部分をその施設のなかで営むことになり、そこでの生活の内容が個人の人格に対して非常に大きな影響を及ぼしうる。そのため、経営の適正を欠くようなケースが生じれば、非常に重大な人権侵害を生ずる可能性があり、事業経営の適正性を確保することが不可欠であることから強い公的規制を行うこととされている（社会福祉法令研究会編『社会福祉法の解説』69頁）。具体

には、「国、地方公共団体又は社会福祉法人が経営することを原則と」し（同法60条）、その他の者が経営しようとする場合には、都道府県知事（政令市の場合は市長）の許可を受けなければならず（同法62条2項、126条）、無許可営業に対してはただちに罰則の適用がある（法131条2号）。

無料低額宿泊所に関連する第1種事業には、社会福祉法2条2項1号の定める「生計困難者を無料又は低額な料金で入所させて生活の扶助を行うことを目的とする施設を経営する事業」がある。

(3) 第2種事業の位置付け

これに対し、第2種事業は、事業実施に伴う弊害のおそれが比較的少なく、その事業の展開を阻害することのないよう自主性と創意工夫とを助長することが必要と考えられるため、第1種事業と区別され、比較的緩やかな規制が課されている（前掲『社会福祉法の解説』80頁）。具体的には、国及び都道府県以外の者が第2種事業を開始したときは、事業経営地の都道府県知事（政令市の場合は市長）に法が定める事項を届け出る義務があるが（同法69条1項、67条1項、126条）、届出義務違反そのものには制裁がなく、届出義務に違反して事業を経営する者が、その事業に関し不当に営利を図り、もしくは福祉サービスの提供を受ける者の処遇につき不当の行為をしたときは、都道府県知事（同前）は、その者に対し、事業経営を制限し、またはその停止を命ずることができ（同法72条3項）、さらにこの制限や停止の命令に違反した者に対しては罰則が適用されることとされている（同法131条3号）。

(4) 平成15年7月31日社援発第0731008号社会・援護局長通知の問題点

厚生労働省の平成15年7月31日社援発第0731008号社会・援護局長通知は、ホームレス状態の要保護者を対象とした施設が社会福祉法2条3項8号の「生計困難者のために、無料又は低額な料金で、簡易住宅を貸し付け、又は宿泊所その他の施設を利用させる事業」に該当する第2種事業として届出を行うケースが急増するなか、居室がプライバシーに配慮されていない等利用者の適切な処遇が確保されていない施設がみられたことから、それらの施設が社会福祉法2条3項8号の「生計困難者のために、無料又は低額な料金で、簡易住宅を貸し付け、又は宿泊所その他の施設を利用させる事業」に該当する第2種事業であるとの解釈を前提として、その設備や運営等に関する指針を示したものである。

しかし、社会福祉法2条3項8号の「簡易住宅」とは、「設備規模は通常の住宅とほぼ同様」のものとされ、「宿泊所」とは「一時的な宿泊をさせる場所」とされている（前掲『社会福祉法の解説』96頁）。また、先にも引用した同法2条2項1号は、「その他生計困難者を無料又は低額な料金で入所させて生活の扶助を行うことを目的とする施設を経営する事業」を第1種事業として規定しているが、ここにいう「生計困難者」に生活保護法の対象となる者が含まれることに問題はなく、「生活の扶助」とは、生活保護法上の生

活扶助よりも幅広く、生活に関するすべての扶助を含みうるものとされている（前掲『社会福祉法の解説』70頁）。先に述べたとおり、第1種事業は、人が入所して施設を利用し、生活の大部分をその施設の中で営む場合を規制対象としている。そうすると、一般住宅と設備規模を異にし、一時的な宿泊ではなく、むしろ長期間の入所が一般化している施設型の宿泊所までもが、同法2条3項8号の第2種事業に該当する解釈することには疑問がある。施設型の宿泊所のうち、多数の要保護者を長期間入所させて、食事や日用品等を提供する形態の業者は、実は2条2項1号の第1種事業に該当するものと解される。

ところが、平成15年7月31日社援発第0731008号厚生労働省社会・援護局長通知の別紙「無料低額宿泊所の設備、運営等に関する指針」は、その運営基準において、一時的な宿泊場所の提供に関する事柄にとどまらず、「常時、生活の相談に応じるなど利用者の自立支援に努めること。」や「食事を提供する場合は、各種法令を遵守するとともに、調理者、調理器具、食品、食器類、食堂等の衛生管理に努めること。」などを規定しているほか、費用について、「食事、日用品等を提供する場合は、食費、日用品費等に見合った内容のものとすること。」を求めているのである。

そうすると、平成15年7月31日社援発第0731008号厚生労働省社会・援護局長通知は、社会福祉法の解釈を誤り、同法2条2項1号の定める第1種事業である「生計困難者を無料又は低額な料金で入所させて生活の扶助を行うことを目的とする施設」の実体を有する無許可の施設を、同法2条3項8号の定める第2種事業である「生計困難者のために、無料又は低額な料金で、簡易住宅を貸し付け、又は宿泊所その他の施設を利用させる事業」として取り扱うことにより、本来は許可を得なければ第1種事業を営むことができない者が無許可で同事業を営むことを容認し、これにより生活困窮者に対する重大な人権侵害を生じさせているものであるから、ただちに廃止すべきである。

4 **平成21年10月20日社援保発1020第1号厚生労働省社会・援護局保護課長通知もまた社会福祉法の解釈を誤るものであること。**

また、平成21年10月20日社援保発1020第1号厚生労働省社会・援護局保護課長通知は、第1種事業の許可を得ず、かつ、第2種事業の届出を行っていない施設を「生活保護受給者が居住する社会福祉各法に法的位置付けのない施設」ないし「未届施設」と呼び、社会福祉法による規制が及ばない施設として取り扱っている。

しかし、これは、社会福祉法の解釈を誤り、本来は許可を得なければ第1種事業を営むことができない者が無許可で同事業を営むことを「社会福祉各法に法的位置付けのない施設」として容認するものであり、また、本来必要な届出を行わないまま第2種事業を営んでいる者が「不当に営利を図り」又は「処遇

につき不当の行為」をしている場合であっても同法70条に基づく調査を実施し、同法72条1項又は3項に基づいて経営の制限又は停止を命令することができないと解するものであり、失当である。

上記厚生労働省の検討チームが関係自治体に行ったヒアリング結果を見ても、「届出を指導しても、無料低額宿泊施設の要件が明確でないため、実効性のある指導が困難。要件の明確化をお願いする。」（千葉県）として「定義の明確化」を求める一方で、「施設は1種事業として扱うことが適当」（千葉市）、「事前許可制の導入」や「事業実施主体の制限」（埼玉県）、「ホームレスの方を対象とした現在の事業形態は、そもそもの社会福祉法に規定する『無料低額宿泊事業』とは全く違った形態になっている。」「一般の民間アパート等を利用して、ホームレスの方を入居させ、食事の提供などによりサービス料を徴収する事業者が多数存在している」（大阪市）等の意見が寄せられており、厚生労働省が社会福祉法の解釈を誤ったことによって自治体が混乱に陥り、規制権限を適正に行使していないことが明らかである。

よって、平成21年10月20日社援保発1020第1号厚生労働省社会・援護局保護課長通知についても、ただちに廃止すべきである。

5 現行法上とりうる規制手段

　無料低額宿泊所等の事業者に対する現行法上の規制は不十分であり、特に、無届の業者に対しては、調査や指導の権限が及ばないかのように言われることがあるが、明らかに誤りである。

　すなわち、第2の3で述べたとおり、多数の要保護者を長期的に入所させている施設型の事業者は、本来、第1種事業に該当するのに無許可で経営しているものであるから、社会福祉法131条2号に基づき、ただちに刑事罰を科することもできる。

　また、従来の行政解釈に従い、第2種事業に該当すると解釈するとしても、事業者が、「その事業に関し不当に営利を図り、若しくは福祉サービスの提供を受ける者の処遇につき不当な行為をしたとき」は、都道府県知事（政令市の場合には市長）は、届出業者の場合には同法72条1項に基づき、無届業者の場合には同条3項に基づき、社会福祉事業の経営の制限や停止を命ずることができ、さらに業者が、この命令にも違反した場合には、同法131条3号に基づき、刑事罰の対象となる。

　そして、このような判断を行うに資料が十分でない場合には、都道府県知事（政令市長）は、事業経営者に対し、「必要と認める事項の報告を求め、又は当該職員をして、施設、帳簿、書類等を検査し、その他事業経営の状況を調査させることができる」（同法70条）。先にも指摘したとおり、同法72条3項が、無届業者に対する経営の制限・停止命令を規定していることからすれば、この調査権限は、届出業者のみならず、無届業者に対しても当然に及ぶものと解される。

したがって、このような事業者の事業経営地の都道府県知事（政令市長）は、届出業者、無届業者に限らず、社会福祉法上の調査権限を行使して、その経営実態を把握するとともに、第2の2で指摘したような問題を抱えた悪質業者に対しては、「不当に営利を図り」「不当な行為をした」として経営の制限や停止命令を積極的に発動すべきである。しかるに厚労省の調査では、社会福祉法72条等による行政処分を受けたことのある施設は、一つもない（平成21年6月時点）というのであるから、行政機関の怠慢であると指摘されてもやむを得ない。

6 在宅型の事業者について

厚生労働省の検討チームによるヒアリングに対し、大阪市が「そもそもの社会福祉法に規定する『無料低額宿泊事業』とは全く違った形態になっている。」「一般の民間アパート等を利用して、ホームレスの方を入居させ、食事の提供などによりサービス料を徴収する事業者が多数存在している」と回答している点に関連して、このような「在宅型」と呼ぶべき事業者については、これを規制する現行法がなく、行政は、事業者と生活保護利用者との民間同士の契約内容に立ち入ることができないとの見解が流布している。

上記のとおり、平成21年10月20日社援保発1020第1号厚生労働省社会・援護局保護課長通知が「生活保護受給者が居住する社会福祉各法に法的位置付けのない施設（以下、「未届施設」という。）」と表現しているのも、同様の解釈に基づくものであると考えられる。

しかし、社会福祉法2条3項1号は、「生計困難者に対して、その住居で衣食その他日常の生活必需品（略）を与え、又は生活に関する相談に応ずる事業」を第2種事業と規定している。在宅型の事業は、元ホームレス状態にあった生活保護受給者という「生計困難者」に対して、一般住居で、弁当等の配食サービスを行ったり、見守り支援等として生活全般に関する相談支援を行うことを謳っているのであるから、同号が定める第2種事業に該当すると解される。すなわち、在宅型の事業も社会福祉法上の法的位置付けはあるのであり、厚生労働省の上記見解は、ミスリーディングである。

在宅型の事業者は、第2種事業に該当するが、その届出がされている例はないと思われるから、上記同様、社会福祉法72条3項に基づく経営の制限又は停止を命ずることができ、同法70条に基づく調査を行うことができる。

ただし、在宅型の事業者が第2種事業に該当するとの解釈は従前一般的ではなく、施設型のように事業の運営指針を示した厚労省社会・援護局長通知も発出されていない状況では、関係自治体が権限行使に消極的になることも理解できないではない。そこで、どのような場合に、社会福祉法72条3項にいう、「不当に営利を図り」「不当の行為をした」と言えるかの判断基準となり得る、在宅型の事業者の事業運営指針を社会・援護局長通知の発出等によって早急に示すことが求められている。

7 居宅保護原則の徹底の必要性

資料

　生活保護法30条1項は、「生活扶助は、被保護者の居宅において行うものとする」と規定し、居宅保護の原則を宣明している。同条項ただし書は、「これによることができないとき、これによっては保護の目的を達しがたいとき、又は被保護者が希望したときは、被保護者を（略）適当な施設に入所させ（略）て行うことができる」として、例外的に施設収容ができる場合を規定し、同条2項は、「前項ただし書の規定は、被保護者の意に反して、入所（略）を強制することができるものと解釈してはならない」と注記している。このように法が、居宅保護を原則とし、施設収容が許される場合を限定しているのは、人は施設での集団生活ではなく在宅での生活を望むのが当然であるだけでなく、地域社会の中で自らの意思決定のもと人間らしい生活をおくることこそが「自立の助長」という生活保護法の目的（同法1条）を達成するためにふさわしいからである。これは、高齢者・障がい者問題の領域で、近時、広く認められつつあるノーマライゼーションの理念に合致する考え方でもある。厚生労働省も、ホームレス状態にある要保護者に対し、敷金等を支給して住居確保を援助し、居宅保護を開始する方途を認めている（社会・援護局長通知第7の4(1)キ）。

　しかし、ホームレス状態にある者に対しては、かねてから「住所や家がない者は保護できない」という違法な窓口規制（俗に言う「水際作戦」）が横行し、このような者が一人で福祉事務所の窓口を訪れても追い返されることも少なくなかった。ホームレス状態にある者は、住民票などの身分証明書、連絡先となる携帯電話等を持ち合わせず、保証人も確保できないことが多いことから、独力で入居先のアパートを確保することが困難である。本来であれば、福祉事務所が日頃から不動産業者等と連携するなどして、このような入居先確保を支援することが求められているが（平成21年3月18日社援保第0318001号厚生労働省社会・援護局保護課長通知）、ケースワーカーの担当ケース数が多すぎて、きめ細かいケースワークを行う余裕がないことが、ホームレス状態にある者に対する一般住居における居宅保護開始決定を敬遠する傾向に拍車をかけている。

　そのため、ホームレス状態にある者からの生活保護申請を受けた福祉事務所は、施設型の業者をいわば使い勝手の良い受け入れ先として利用し、施設型、在宅型を問わず、業者が入所先（入居先）を用意したうえで申請の援助をしてきた場合には、その後の処遇内容や当事者の真の希望についてはあえて詮索することなく、業者の描いた絵のとおりの決定を行うのである。

　このように、無料低額宿泊所問題の背景には、ケースワーカー不足などを原因として、居宅保護の原則が形骸化しているという事情が存する。したがって、この問題の解決のためには、ケースワーカー不足を解消し、法が要請する居宅保護の原則に沿った実務運用を定着させていくことが必要である。

8　入居者に対する情報提供と転居支援の必要性

　第2の5及び6で述べた悪質な業者に対する規制、第2の7で述べた保護開始時の居宅保護原則の徹底に加え、現に、このような業者のもとでの生活を意

に反して強いられている当事者を救済するため、以下のような対策を講じるべきである。
(1) 転居支援の拡大
　　無料低額宿泊所等に入所又は入居している当事者に対する支援策としては、在宅型の場合には、サービス利用契約の解約支援のみで満足が得られる場合もあろう。しかし、多くの場合は、当該施設や住居からの転居の支援を要すると考えられ、福祉事務所の担当ケースワーカーは、当事者の希望を慎重に把握し、転居を希望する当事者に対しては、そのための支援を積極的に行う必要がある。
(2) 苦情相談窓口としての運営適正化委員会の活用
　　上記のとおり、施設型・在宅型ともに社会福祉法上の第1種または第2種事業に該当するところ、同法は、「福祉サービスに関する利用者等からの苦情を適切に解決」するための機関として、都道府県社会福祉協議会に運営適正化委員会を設置し（同法83条）、同委員会が、調査のうえ、申出人と福祉サービス提供者の同意を得て「苦情の解決のあっせんを行うことができる」と規定している（同法85条）。
　　無料低額宿泊所等に入所又は入居している当事者が、転居を希望しているが、それがかなわない場合などには、運営適正化委員会に苦情を申し出ることができ、同委員会が苦情解決のあっせんを行うための体制を整備すべきである。具体的には、この種の苦情申し立てがあった場合に、同委員会がなすべき調査の手順や、同委員会が転居支援を相当とする意見を出した場合には福祉事務所はそれを尊重すべきことなどを規定した厚労省通知の発出を検討すべきである。
(3) 当事者に対する情報提供の徹底
　　社会福祉法は、国及び地方公共団体に対し、「福祉サービスを利用しようとする者が必要な情報を容易に得られるように、必要な措置を講ずる」ことを、社会福祉事業の経営者に対し、「（利用者への）その経営する社会福祉事業に関し情報の提供を行う」ことや「契約の内容及びその履行に関する事項について説明する」ことを努力義務として課している（同法75条、76条）。また、事業経営者に対しては、契約成立時に利用者に「福祉サービスの内容」「その他厚生労働省令で定める事項」を記載した書面を交付することを義務付けている（同法77条）。
　　現在、無料低額宿泊所等に入所又は入居している当事者が、転居のための支援を適切に受けるためには、その前提として、正確な情報を把握、理解することが必要不可欠である。そのために、各福祉事務所は、保護決定通知書の送付とともに、以下の情報を記載した文書を全対象者に送付するなどして、必要な情報の周知を図るべきである。また、事業者に対しても、契約成立時に利用者に対して以下の情報を記載した書面を交付することを義務付け、施

資料

　　　設の掲示板に以下の情報を記載した書面を掲示するなどの方法で利用者に情報の周知を行うよう指導すべきである。
　　　　ア　食事の提供、預金口座の管理その他のサービスを利用するかどうかは自由であって、いつでも解約できること。
　　　　イ　法律上、一般のアパートでの生活保護受給が原則とされており、転居希望者に対しては、必要性が認められれば、敷金等の転居費用の支給などの転居支援が行われること。
　　　　ウ　相談先としての担当福祉事務所ケースワーカーの連絡先と苦情申出先としての運営適正化委員会の連絡先。
　9　日常生活上の支援を要する人々に対する支援体制拡充の必要性
　　　無料低額宿泊所等の入所者、入居者の中には、アルコールやギャンブル依存症、知的障がいや精神障がいなどによって、金銭管理に問題があるなど、居宅生活を送るために日常的な支援を必要とする人々が一定割合存在し、このような支援を行っている良心的なNPO等の取組も存在する。
　　　したがって、無料低額宿泊所等に対する規制を強化し、悪質業者を排斥するだけですべての問題が解決するわけではない。中長期的には、生活保護受給者に対する自立支援プログラムや高齢者・障がい者に対する既存の支援策の拡充などによって対応できる範囲とその限界を見極めつつ、こうした人々に対する有効な支援策を構築していくことも重要である。
　10　新規立法のあるべき方向性
　　　前記のとおり、厚生労働省は、「無料低額宿泊所のあり方に関する検討チーム」を設置しているが、検討チーム設置の趣旨について、「無料低額宿泊施設については、生活保護受給者本人の意向に反して生活保護費を施設側に費用徴収されているのではないか、未届施設として放置されているのではないか等の問題が昨今指摘されている。このため、省内に検討チームを設け、自治体等関係者のヒアリングや自治体の当該施設への指導状況等を踏まえつつ、無料低額宿泊施設等（未届施設を含む。以下同じ。）のあり方について検討する。」としたうえで、「主な検討事項」として、「無料低額宿泊施設等への法規制のあり方」や「優良な無料低額宿泊施設の供給拡大」等を挙げており、現行社会福祉法による法規制が不十分であることが主たる問題であるとの認識に基づき、社会福祉法の改正もしくは無料低額宿泊施設問題に絞った新規立法を目指している。
　　　また、本年4月1日の毎日新聞記事は、「不明瞭な経理や金銭管理トラブルが問題になっている『無料低額宿泊所』を巡り、民主党の議員らが規制強化のための議員立法に向け、『無料低額宿泊事業の適正化に関する特別措置法」の骨子案をまとめた。貧困ビジネスに幅広く法の網をかぶせるため、現行法では自治体のチェックが及ばない無届け施設や類似事業も規制対象とした。4月1日に議員連盟を設立して条文化を進め、今国会中の成立を目指す。』と、与党民主党の議員らが議員立法による新規立法の成立を目指していることを報じて

いる。
　しかしながら、既に述べたところから明らかなとおり、悪質な「無料低額宿泊施設」等については、本来、現行社会福祉法の活用によっても相当程度規制できるのであり、「現行法では自治体のチェックが及ばない無届け施設や類似事業」という理解は、現行法の解釈の前提を誤っている。このように誤った理解と認識を前提とした新規立法がなされるとすれば、法体系に矛盾を生じさせるだけでなく、無料低額宿泊所等の問題点やそこで生活する生活困窮者の人権侵害状況を温存・強化することにもなりかねない。
　新規立法を行うとすれば、現行社会福祉法の規定の一部が機能していない現状を打開することを目的とし、社会福祉法の本来の理念に基づき、条項の不明確な点を明確にし、規制が不十分な点を強化するといった方向で、現行法の基本構造との整合性を欠くことのないよう配慮しつつ行う必要がある。

以　上

Ⅳ 大阪府被保護者に対する住居・生活サービス等提供事業の規制に関する条例(案)に対する意見書

2010年(平成22年) 9月13日

大阪府福祉部地域福祉推進室社会援護課社会援護グループ 御中

大阪弁護士会
会 長 金 子 武 嗣

第1 意見の趣旨

1 「大阪府被保護者に対する住居・生活サービス等提供事業の規制に関する条例(案)」(以下「本件条例案」という。)は、社会福祉法、特定商取引に関する法律及び大阪府消費者保護条例による規制よりも規制内容が後退、劣後していると思われる点が散見されるので、これら既存の法令の競合適用を受ける旨を明記するなど、既存法令との整合性に十分配慮し、既存法令よりも悪質業者に対する規制を強化する内容にすべきである。

2 本件条例案には、悪質業者のもとで居住している当事者救済の視点が欠落しているので、生活保護費での敷金・転居費用等の支給による転居支援の促進に関する条項を設けるべきである。

第2 意見の理由

1 はじめに

当会としては、「貧困ビジネス」と言われる悪質業者を規制し、排斥するために、大阪府が新たに条例を制定することの意義そのものを否定するものではない。しかし、条例を制定するのであれば、悪質業者に対する規制の実効性があり、真の被害者救済につながるものでなければならないことは言うまでもない。まして、新たに制定される条例による規制が、現行法による規制よりも緩やかであれば、わざわざ条例を制定する意味がないだけでなく、実務上、現行法による規制を後退させるおそれがある点において有害であるとさえ言える。

しかるところ、今般の本件条例案については、極めて簡略な「概要」が示されているだけで、具体的な条文案については開示されていない。これでは、十分かつ的確な検討を加えることができない。大阪府パブリックコメント手続実施要綱1条が定める「府の政策形成過程における透明性及び公正性の向上を図る」という目的に照らして、府民に対するパブリックコメントの求め方として問題があると言わざるを得ない。

Ⅳ　大阪府被保護者に対する住居・生活サービス等提供事業の規制に関する条例(案)に対する意見書

　また、示されている本件条例案の「概要」を検討しただけでも、以下述べるとおり、既存の法令（社会福祉法、特定商取引に関する法律、大阪府消費者保護条例）による規制よりも規制内容が後退、劣後していると思われる点が散見されるうえ、悪質業者のもとで居住している被害者の転居支援の促進という重要な視点が欠落している。そうすると、本件条例案を制定しても、悪質業者に対する規制と被害者救済の効果があがらず、むしろ、多くの業者を温存することにつながるおそれがないとは言えない。
　条例を制定するのであれば、以下に述べる既存法令との整合性に十分配慮し、既存法令による規制を後退させる内容にならないよう留意することはもちろん、問題となる「貧困ビジネス」の具体的業態に応じて、ある部分においては既存法令の趣旨を推し進めて規制をより強化することが求められる。また、行政による被害者に対する転居支援の促進義務をその内容に盛り込む必要がある。

2　現行社会福祉法との整合性

　無届施設や在宅アパートで食事等のサービスを利用させる形態の業者については、現行法規制が及ばないかのごとき議論がなされることが多いが、仮に今般の「大阪府被保護者に対する住居・生活サービス等提供事業の規制に関する条例（案）」（以下「本件条例案」という。）がそうした認識のもとに制定されるのだとすれば、現行社会福祉法の法解釈を誤っている。
　大阪府下で多い在宅アパートで弁当配食等のサービスを利用させる業態は、社会福祉法2条3項1号（「生計困難者に対して、その住居で衣食その他日常の生活必需品（略）を与え、又は生活に関する相談に応ずる事業」）が規定する第2種社会福祉事業に該当し、行政は、調査権限を有するし（同法70条）、「不当に営利を図り」「処遇につき不当の行為」をしたときには経営の制限・停止命令を出せる（同法72条）。この点は、当会が御庁に対して2010年6月16日付で回答した「『貧困ビジネス』に関するアンケートについて（回答）」においても言及したところであり、詳細は、当会が堺市長に対して執行した本年3月30日付人権救済勧告書をご参照いただきたい。
　仮に、新たに条例を制定するのであれば、上記のとおり、こうした悪質業者に対しては、現行社会福祉法の活用によっても規制が可能であることを前提としつつ、文言が抽象的で解釈の幅が広い、上記の「不当に営利を図り」「処遇につき不当の行為」をしたときの解釈、適用を容易にするために、業者が負うべき義務の内容や、業者がやってはならない行為（禁止行為）をできる限り厳格に、そして豊富に列記することが求められている。この具体化の作業を行ううえでは、次に述べる特定商取引に関する法律や大阪府消費者保護条例などの消費者保護法による規制内容を十分に検討することが有益であり不可欠である。

3　特定商取引に関する法律との整合性

(1)　住居・生活サービス等提供事業には特定商取引に関する法律の適用がある
　　本件条例案が規制対象とする「住居・生活サービス等提供事業」を行う業

者の多くは、公園等で起居する野宿者らに声をかけて、「アパートで生活保護を受けないか。我々が同行すれば保護が通る」などと勧誘し、生活保護の申請に同行して保護を受給させた後、弁当の配食、役所や病院への送迎や同行、金銭管理、家具類のリース、その他の生活相談などといった「生活サービス」の提供を名目にして対価を徴収する業態であると思われる。多くの野宿者は、この「生活サービス」を利用する必要も意欲もないにもかかわらず、一般住宅での安定した生活を失いたくないという「弱み」から、業者の勧誘を断ることが極めて困難な立場にある、というのが問題の本質である。

ところで、この「公園等で声をかけて住居・生活サービスを提供する」行為は、特定商取引に関する法律（以下「特商法」という。）2条1項にいう「訪問販売」に該当する場合がほとんどである。

すなわち、まず、平成21年12月に施行された改正特商法では、事業者が提供する役務の指定制が廃止され、適用除外に該当する以外のあらゆる役務の提供が訪問販売の適用対象となる。

したがって、本件条例案が規制対象としようとしている生活サービス提供という役務提供も訪問販売の適用対象となるし、宅建業者以外であれば建物賃貸借契約についても役務提供として訪問販売の適用対象となると解される。

また、特商法2条1項は、「役務提供事業者」が「営業所等」以外の場所において「役務提供契約を締結して行う役務の提供」（1号）と、「役務提供事業者が、営業所等において、営業所等以外の場所において呼び止めて営業所等に同行させた者その他政令で定める方法により誘引した者（以下「特定顧客」という。）」「と役務提供契約を締結して行う役務の提供」（2号）を「訪問販売」としている（ちなみに、経済産業省の通達によれば、「営業所」とは、①最低2、3日以上の期間にわたって、②消費者が自由に商品を選択できる状況の下で、③固定的施設を備えている場所、とされている）。

とすると、野宿者が営業所等以外の場所で住居・生活サービス契約を締結した場合には上記1号の訪問販売に該当し、公園等で勧誘して営業所等で住居・サービス契約を締結した場合には上記2号の訪問販売（いわゆるキャッチセールス）に該当するものと解される。

(2) 書面の交付義務

　ア　特商法上の書面の交付義務

特商法上の訪問販売を行う事業者は、すべからく特商法4条・5条で詳細な記載事項を規定する法定書面の交付義務を負い、また法定書面の交付なき限り、被提供者はいつでも契約の申込を撤回することができる（いわゆるクーリング・オフ）。

特商法4条が要求する記載事項は、①役務の種類、②役務の対価、③役務の対価の支払時期及び方法、④役務の提供時期、⑤契約の申し込みの撤回（契約の解除）に関する事項（いわゆるクーリング・オフ条項）のほか、

事業者の氏名（名称）、住所、電話番号、法人ならば代表者の氏名、契約の締結を担当した者の氏名、契約締結の年月日などである。さらに、記載の注意事項として、書面をよく読むべきことや、クーリング・オフの事項を赤枠の中に赤字で記載しなければならず、書面の字の大きさは8ポイント以上であることなどが必要とされている（特商法施行規則3〜5条）。

　本件条例案が規制しようとする業態では、先に述べたとおり、弁当の配食、金銭管理、通院やハローワークなどの送迎、家財道具等のリース、その他生活相談などの「サービス」提供がなされることが多いが、特商法は、これらの個別の役務ごとにその対価、支払時期、役務提供時期を個別具体的に明記することを厳格に要請している。したがって、こうした個別的な記載がなされていない場合には（ほとんどの場合はそうであると推測される）、法定書面の交付がないことになり、被提供者は、いつでもクーリング・オフができる。

　イ　本件条例案の問題点

　　しかし、本件条例案では、書面交付を義務づけるも「契約内容の重要な事項」と限定している点で、特商法の書面交付義務の規制内容に劣後している（「契約内容の重要な事項」というのは、消費者契約法に規定されるものと並行して概念されるものと思われるが、特商法上の法定記載事項はこの「契約内容の重要な事項」よりも広範にわたっているものと解される。）。

(3)　契約の解除

　ア　特商法のクーリング・オフ

　　特商法9条によれば、被提供者は法定書面の交付なき限りいつでも契約の撤回（クーリング・オフ）が可能である。のみならず、役務提供事業者は申込みの撤回等に伴う損害賠償又は違約金の支払いを請求することができず（2項）、既に引き渡されている商品等の返還に伴う費用は事業者が負担し（3項）、事業者は既に提供されている役務の使用対価を請求できず（4項）、事業者が金銭を受領しているときは全額を申込者等に返還しなければならない（5項）。

　　例えば、弁当の配食サービスや家財道具のリースを受けている被提供者がクーリング・オフを行使した場合、業者は既に受領した利用料の全額を被提供者に返還しなければならない一方、被提供者に対して、これまでの使用利益を請求することはできないのである。

　　また、前述のとおり、建物賃貸借契約も「訪問販売」の対象役務であると解されることからすれば、例えば、利用者が直ちに住居の賃貸借契約と生活サービス契約の両者を解約して転居したいと希望する場合には、予告期間をおくことなく、賃貸借契約の解除もできると解される（但し、宅建業者は除く。宅建業者の場合には宅建業法上の規制違反の有無を検討することとなる）。

資料

　　イ　本件条例案の問題点
　　　契約の解除の時期については、本件条例案も「いつでも契約を解除できる」としているが、特商法によるクーリング・オフの場合には、上記のとおり、被提供者が支払済みの金員返還ルールが詳細且つ被提供者に有利に定められているのに比べ、本件条例案では、単に「違約金等を支払わせる旨の定めを禁止する」とだけあり、既払金返還ルールが不明で、対価に見合わないサービスが提供された場合でも果たして適正な金員の返還が認められるのかが不明である。
　　　また、本件条例案では、「被保護者等が住居・生活サービス等提供契約を解約するときに１か月を超えない予告期間を求める」ことを許容しているが、これは、上記のとおり、特商法によれば利用者側から直ちに賃貸借契約も解除できることに劣後している。
(4)　禁止行為
　　ア　特商法上の禁止行為
　　　特商法６条は、①役務提供契約の締結について勧誘を行う際、または締結後、申込みの撤回（契約の解除）を妨げるために事実と異なることを告げること（１項）、②勧誘を行う際、または締結後、申込みの撤回（契約の解除）を妨げるために故意に事実を告げないこと（２項）、③勧誘を行う際、または締結後、申込みの撤回（契約の解除）を妨げるために威迫して困惑させること（３項）、④勧誘目的を告げない誘引方法（いわゆるキャッチセールスなど）により誘引した消費者に対して、公衆の出入りする場所以外の場所で役務提供契約の締結について勧誘を行うこと（４項）を禁止している。また、特商法７条４号、特商法施行規則７条は、⑤訪問販売に係る役務提供契約の申込みの撤回若しくは解除について迷惑を覚えさせるような仕方でこれを妨げること（１号）、⑥顧客の知識、経験及び財産の状況に照らして不適当と認められる勧誘を行うこと（３号）を禁止している。
　　　違反については、いずれも行政処分（必要な措置の指示、業務停止命令）の対象となり（７条、８条）、①ないし③については３年以下の懲役または300万円以下の罰金（70条）、④については１年以下の懲役または200万円以下の罰金（70条の３）、特商法７条の指示に違反した者は100万円以下の罰金の対象となる。さらに、民事上の効果としても、訪問販売での不実の告知等（６条１項、２項）に対して取消権を認めている（９条の３）。
　　　例えば、契約書類そのものに利用者側からの契約の解除を禁止、制限する記載がある場合や、担当者が口頭でこうしたことを述べた場合は、明らかに上記禁止行為に違反する。また、利用者が弁当の配食サービスを止めたいと申し出ても、解約はできないと述べたり、その場合には違約金を支払わせるとか、住居から退去しなければならないなどと述べたりする場合にも上記禁止行為に違反することになる。

イ 本件条例案の問題点
　　本件条例案では上記のような禁止行為は何ら定めておらず、特商法による規制に劣後している。問題業者が生活サービス契約の解約を妨害する事態はまま見られることであるから、仮に条例を制定するのであれば、特商法にならって、こうした行為を禁止し、規制する条項を置くべきである。
(5) 取引内容に対する規制
　ア 特商法による規制
　　特商法では、平成21年改正により、過量販売等に関する規制が設けられている（特商法9条の2）。対価性を問題とするものではないものの、被提供者に必要のないと認められるサービスが提供された場合に、必要のない提供契約の解除権を被提供者に認めた規定である。この規定は特にクーリング・オフ等が認められにくい契約形態に有効である。
　イ 本件条例案の問題点
　　本件条例案が規制しようとする業態においては、提供される役務の過量性が問題になるようなケースは基本的に想定されないから、上記の特商法の直接の適用は考えにくい。しかし、新たに条例を制定するのであれば、上記の特商法の規制の趣旨もふまえて、提供されるサービスや対価の内容についての規制も盛り込むべきである。本件条例案には、こうした規制が見られない。
　　特に本件条例案は生活保護受給者を対象とするものである以上、生活に費やすことのできる金額には明確に上限があり、一般消費者よりも強い保護が必要なはずである。
　　取引内容の規制方法としては、たとえば、次のような方法が考えられる。①「社会福祉法の解説」（社会福祉法令研究会、70頁）によれば、同法2条にいう無料低額宿泊所の「低額」とは、「社会通念上必要とされる経費以下の額で、かつ、実際に支出された経費以下ということになるであろう。」と解説されていることに鑑み、実際にかかる経費を超える対価を課すことを規制することが考えられる。あるいは、②徴収される対価の総額が支給される保護費の大半を占める契約を規制したり、③実際に提供されている役務と対価が均衡を欠く契約を規制することなどが検討されるべきである。

4　大阪府消費者保護条例との整合性
(1) 大阪府消費者保護条例による規制内容
　　大阪府消費者保護条例2条は、消費者施策の推進が消費者の①役務やその提供を受ける権利（以下「役務等」という。）によって生命、身体及び財産に危害を受けない権利、②役務等について自主的かつ合理的な選択の機会が確保される権利、③役務等について不当な取引条件及び取引方法を強制されない権利、⑤消費生活において必要な情報が提供される権利の確保を基本とし

て行われなければならない旨定めている。

　同条例16条は、消費者に対し、①不実を告げ、誤信を招く情報を提供し、威迫し、心理的に不安な状態に陥れる等の不当な方法で、契約の締結を勧誘し、又は契約を締結させる行為、②著しく不利益をもたらす不当な内容の契約を締結させる行為、③契約（契約の成立について、当事者間で争いのあるものを含む。）に基づく債務の履行を不当に強要し、消費者の正当な根拠に基づく契約の解除等を妨げ、又は契約若しくは契約の解除等に基づく債務の履行を拒否し、若しくは正当な理由なく遅延させる行為などを「不当な取引行為」として禁止している。

　この「不当な取引行為」が疑われるときには知事は調査を行うことができ（17条）、事業者に対して合理的根拠を示す資料の提出を求めることができ（18条）、禁止行為違反に対しては指導勧告権限（19条）事業者の名称等の府民への情報提供を行うこととされている（20条）。

　すでに述べたような問題のある業態は、上記の消費者保護条例による規制にも違反していることが明らかである。本来、御庁は、こうした既存の消費者保護条例を活用することによって問題業者の行為を規制することも可能なのである。

(2)　本件条例案の問題点

　本件条例案では上記のような「不当な取引行為」を具体化した禁止行為を列記するようなことはなされておらず、既存の消費者保護条例による規制にも劣後している。仮に、新たに条例を制定するのであれば、せめて消費者保護条例と同等の規制内容を盛り込むべきである。

5　被害者救済（転居支援）の視点の欠如

　本件条例案が業者の行為を規制しようとするのは、本来、その業者のもとで不本意な生活を強いられている被害者の救済が目的のはずである。こうした業者のもとでの生活を強いられている被害者は、多くの場合、当該居住場所から転居して、業者の支配力の及ばない安全な場所で生活したいという希望を持っている。とすれば、本件条例案の内容として、こうした被害者に対する転居支援（具体的には、転居先の敷金・保証金、引っ越し代、場合によっては家具什器費、布団代等の支給）の促進に関する条項を置くことが不可欠である。

　しかるに、本件条例案には、かかる項目が全く見当たらない。厚生労働省社会・援護局保護課長は、本年5月21日付で「無料低額宿泊施設等に関する生活保護の運用改善について」と題する事務連絡を発出し、劣悪施設等からの被害者救済のため敷金等の支給を積極的に行う方針に転じているが、大阪府下においても同様の方針がとられるべきである。したがって、自治体に対して、積極的な転居支援（被害者救出）の義務ないし責務を課す条項を創設すべきである。

以　上

Ⅴ 大阪府被保護者等に対する住居・生活サービス等提供事業の規制に関する条例

大阪府条例第61号

　健康で文化的な最低限度の生活を営むことは、すべての人に保障された権利である。
　その理念に基づき、生活に困窮する者の保護について、府をはじめ、それらの者の保護を行うべき実施機関や関係する医療機関、介護機関等は、様々な課題を十分認識し、それぞれの責務や役割を自覚し、共に協力していくことが必要である。
　大阪では、保護を受ける者が住居や生活に関するサービスを提供する事業者との間で自己に不利な契約を締結することを余儀なくされ、結果としてこれらの者の自立が害されるという事態が生じている。
　このような事態の重大性にかんがみ、保護を受ける者と事業者との間における公正な取引ルールを定め、保護を受ける者に不当に不利となる事業活動を規制することにより、これらの課題を解決することを目指して、この条例を制定する。

（目的）
第1条　この条例は、被保護者等住居・生活サービス等提供事業に対し必要な規制を行うことにより、その事業を行う者の被保護者等の処遇についての不当な行為を防止し、もって被保護者等の生活の安定及び自立の助長を図り、福祉の増進に寄与することを目的とする。

（定義）
第2条　この条例において「被保護者等」とは、生活保護法（昭和25年法律第144号）第6条第1項に規定する被保護者及び同条第2項に規定する要保護者であって同法第24条第1項に規定する保護の開始の申請をしているものをいう。
2　この条例において「被保護者等住居・生活サービス等提供事業」とは、次に掲げる事業をいう。ただし、法令により、その開始につき行政庁の許可若しくは認可又は行政庁への届出を要するものとされている事業、その設置につき行政庁の許可若しくは認可又は行政庁への届出を要するものとされている施設に係る事業及び行政庁の指定を受けて開始する事業であって規則で定めるものを除く。
　一　2人以上の被保護者等に対し、住宅又は宿泊所その他の居住の用に供する施設（以下「住居等」という。）を提供するとともに、被服、寝具その他生活必需品、食事又は洗濯、掃除その他役務の提供その他の日常生活上必要なサービスであって1月を超えて継続的に提供されるもの（以下「生活サービス」という。）を提供し、又は生活保護法の規定により保護として給与し、若しくは貸与される金銭若しくは当該金銭が払い込まれる預金若しくは貯金の口座に係る預金通帳等（当該預金若しくは貯金の口座に係る通帳若しくは引出用のカード又は当該預金若しくは貯金の引出し若しくは払込みに必要な情報その他当該預金又は貯金の引出し

資料

又は払込みに必要なものとして規則で定めるものをいう。)(以下「金銭等」という。)の管理を行うサービス(以下「金銭等管理サービス」という。)を提供する事業

二 2人以上の被保護者等に対し、住居等を提供するとともに、自己の指定する者に生活サービス又は金銭等管理サービスを提供させる事業

三 2人以上の被保護者等に対し、生活サービス又は金銭等管理サービスを提供するとともに、自己の指定する者に住居等を提供させる事業

四 前2号の指定を受け、これらの号に規定する生活サービス若しくは金銭等管理サービス又は住居等を提供する事業

3 この条例において「住居等に関する契約」とは、被保護者等住居・生活サービス等提供事業を営む者(以下「事業者」という。)と被保護者等との間で締結される被保護者等住居・生活サービス等提供事業に係る契約であって、当該事業者が有償で住居等を提供することを約するものをいう。

4 この条例において「生活サービスに関する契約」とは、事業者と被保護者等との間で締結される被保護者等住居・生活サービス等提供事業に係る契約であって、当該事業者が有償で生活サービスを提供することを約するものをいう。

5 この条例において「金銭等管理サービスに関する契約」とは、事業者と被保護者等との間で締結される被保護者等住居・生活サービス等提供事業に係る契約であって、当該事業者が金銭等管理サービスを提供することを約するものをいう。

(届出)

第3条 被保護者等住居・生活サービス等提供事業(前条第2項第4号に規定するものを除く。)を営もうとする者は、あらかじめ、規則で定めるところにより、次に掲げる事項を知事に届け出なければならない。

一 氏名又は名称及び住所並びに法人にあっては、その代表者の氏名

二 営もうとする事業の種別(住居等の提供又は生活サービスの提供若しくは金銭等管理サービスの提供の別をいう。)

三 住居等を提供する事業者にあっては、当該住居等の建物の名称及び所在地

四 前3号に掲げるもののほか、規則で定める事項

五 前条第2項第2号及び第3号に掲げる事業に係る事業者にあっては、自己の指定する事業者についての前各号に掲げる事項

2 前項の規定による届出をした事業者は、同項各号に掲げる事項に変更を生じたとき、又はその事業を廃止し、若しくは休止したときは、その日から1月以内に、その旨を知事に届け出なければならない。

(被保護者等住居・生活サービス等提供事業に係る契約の解除に係る規制)

第4条 事業者は、住居等に関する契約又は生活サービスに関する契約若しくは金銭等管理サービスに関する契約の締結に際しては、次に掲げる事項の定めをしなければならない。

一 被保護者等が住居等に関する契約を解除する場合について、予告をしたときは、1月以内で当該契約を解除することができること。

二　事業者が正当な事由があると認められる場合に住居等に関する契約又は生活サービスに関する契約若しくは金銭等管理サービスに関する契約を解除するときは、少なくとも6月前にその予告をしなければならないこと。
　三　被保護者等が生活サービスに関する契約又は金銭等管理サービスに関する契約の解除の申入れをしたときは、直ちに当該申入れに係る契約を解除することができること。
2　事業者は、住居等に関する契約又は生活サービスに関する契約若しくは金銭等管理サービスに関する契約の締結に際しては、次に掲げる事項の定めをしてはならない。
　一　被保護者等が生活サービスに関する契約又は金銭等管理サービスに関する契約を解除することを理由として、事業者が住居等に関する契約を解除すること。
　二　被保護者等が住居等に関する契約又は生活サービスに関する契約若しくは金銭等管理サービスに関する契約を解除した場合について、被保護者等が当該契約の解除に伴う違約金を支払うこと。

（被保護者等住居・生活サービス等提供事業に係る契約締結前の重要事項の説明等）
第5条　事業者は、住居等に関する契約又は生活サービスに関する契約若しくは金銭等管理サービスに関する契約を締結しようとするときは、当該契約を締結するまでに、その相手方である被保護者等に対し、次の各号に掲げる契約の区分に応じ、当該各号に定める事項を明らかにし、当該契約の内容を説明する書面を交付して説明しなければならない。
　一　住居等に関する契約　次に掲げる事項
　　イ　事業者の氏名又は名称及び住所
　　ロ　住居等の提供期間
　　ハ　建物の名称及び所在地並びに居室の室番号及び床面積
　　ニ　居室の賃料、敷金、共益費、管理費その他の住居等に関して被保護者等が支払うこととなる金銭の額
　　ホ　契約の解除に関する事項
　二　生活サービスに関する契約　次に掲げる事項
　　イ　事業者の氏名又は名称及び住所
　　ロ　生活サービスの提供期間
　　ハ　提供する生活サービスの内容及びその対価
　　ニ　契約の解除に関する事項
　三　金銭等管理サービスに関する契約　次に掲げる事項
　　イ　事業者の氏名又は名称及び住所
　　ロ　金銭等管理サービスの提供期間
　　ハ　有償で提供する場合にあっては、その対価
　　ニ　金銭等の管理の方法
　　ホ　被保護者等への報告の方法及び時期

資料

　　ヘ　契約の解除に関する事項
２　事業者は、前項の説明をした者をして、同項の書面に署名又は記名押印をさせなければならない。
（被保護者等住居・生活サービス等提供事業に係る契約締結時の書面の交付）
第６条　事業者は、住居等に関する契約又は生活サービスに関する契約若しくは金銭等管理サービスに関する契約を締結したときは、遅滞なく、次に掲げる事項についてその契約の内容を明らかにする書面を作成して署名し、又は記名押印し、その相手方である被保護者等に交付しなければならない。当該書面に記載した事項のうち、重要なものとして規則で定めるものを変更したときも、同様とする。
　一　前条各号に掲げる事項
　二　契約年月日
（報告の徴収）
第７条　知事は、事業者が前２条の規定に違反する疑いがあると認めるときは、当該事業者に対し、必要な事項の報告又は資料の提出を求めることができる。この場合において、当該事業者が当該報告又は資料の提出をしないときは、当該事業者はこれらの条の規定に違反したものとみなす。
２　前項に定めるもののほか、知事は、この条例の施行に必要な限度において、事業者その他関係者に対し、必要な事項の報告又は資料の提出を求めることができる。
（勧告及び命令）
第８条　知事は、事業者が第４条から第６条までの規定に違反したとき、又は次に掲げる行為をした場合において、被保護者等の生活の安定及び自立の助長を害するおそれがあると認めるときは、当該事業者に対し、住居等に関する契約又は生活サービスに関する契約若しくは金銭等管理サービスに関する契約に関する書面の作成又は交付その他の必要な措置を講ずべきことを勧告することができる。
　一　住居等に関する契約において、予告をしたときは、１月以内で当該契約を解除することができる定めをし、かつ、被保護者等が当該定めに基づいて契約の解除の申入れをしたにもかかわらず、当該契約を解除しないこと。
　二　正当な事由がなくて、又は６月前までに予告することなしに住居等に関する契約又は生活サービスに関する契約若しくは金銭等管理サービスに関する契約を解除し、又は契約の解除の申入れをすること。
　三　被保護者等が生活サービスに関する契約又は金銭等管理サービスに関する契約の解除の申入れをしたにもかかわらず、当該申入れに係る契約を解除しないこと。
　四　被保護者等が生活サービスに関する契約又は金銭等管理サービスに関する契約を解除したことを理由として、被保護者等に対し住居等の明渡しを求めること。

五 被保護者等が住居等に関する契約又は生活サービスに関する契約若しくは金銭等管理サービスに関する契約を解除した場合について、被保護者等に当該契約の解除に伴う違約金の支払を請求すること。
2 知事は、前項の規定による勧告を受けた者がその勧告に従わないときは、その勧告に従うべきことを命ずることができる。

（公表）
第9条 知事は、前条第2項の規定による命令を受けた者が正当な理由なく当該命令に違反したときは、当該命令に違反した者の氏名又は名称、住所及び当該命令の内容を公表することができる。
2 知事は、前項の規定による公表をしようとするときは、当該公表に係る者に、あらかじめ、その旨を通知し、その者又はその代理人の出席を求め、釈明及び証拠の提出の機会を与えるため、意見の聴取の手続を行わなければならない。

（保護の実施機関との連携）
第10条 知事は、事業者に関する情報その他の必要な情報を、生活保護法第19条第4項に規定する保護の実施機関（以下「保護の実施機関」という。）に提供するものとする。
2 知事は、事業者が第4条から第6条までの規定に違反する疑いがあるとき、又は第8条第1項各号に掲げる行為をしたと認めるときは、保護の実施機関に対し、事業者に関する情報の提供その他の必要な協力を求めることができる。
3 保護の実施機関は、事業者が第4条から第6条までの規定に違反する疑いがあると認めるとき、又は第8条第1項各号に掲げる行為をしたと認めるときは、知事に対し、必要な措置を講ずべきことを求めることができる。

（罰則）
第11条 第8条第2項の規定による命令に違反した者は、6月以下の懲役又は○○万円以下の罰金に処する。

（両罰規定）
第12条 法人の代表者又は法人若しくは人の代理人、使用人その他の従業者が、その法人又は人の業務に関し、前条の違反行為をしたときは、行為者を罰するほか、その法人又は人に対しても同条の罰金刑を科する。

（委任）
第13条 この条例に定めるもののほか、この条例の施行に関し必要な事項は、規則で定める。

附　則
（施行期日）
1 この条例は、平成23年2月1日から施行する。
（経過措置）
2 この条例の施行の際現に被保護者等住居・生活サービス等提供事業を営んで

資料

 いる者に関する第3条第1項の規定の適用については、同項中「あらかじめ」とあるのは、「平成23年8月1日までに」とする。
 3 第4条から第6条までの規定は、この条例の施行前に締結された住居等に関する契約又は生活サービスに関する契約若しくは金銭等管理サービスに関する契約については、適用しない。

附帯決議
 平成22年9月定例会に提出の第23号議案 大阪府被保護者等に対する住居・生活サービス等提供事業の規制に関する条例制定の件については、被保護者等を救済し、生活の安定及び自立の助長を図ることの重要性にかんがみ、知事及び執行機関は、今定例会で行われた議論を厳粛に受けとめ、次の点に留意するよう求めます。
 一 特定商取引に関する法律（昭和51年6月4日法律第57号）をはじめとする関係法令の遵守を事業者に徹底するとともに、被保護者や実施機関等の関係機関に周知すること
 二 条例の施行に当たっては、被保護者等の転居支援等必要な支援が適切に行われるよう、保護の実施機関はもとより、関係機関と十分な連携を図ること

〈編者・執筆者一覧（50音順）〉

ありむら潜（釜ヶ崎のまち再生フォーラム・漫画家）
生田　武志（野宿者ネットワーク）
池本　誠司（埼玉弁護士会）
稲葉　剛（NPO法人自立生活サポートセンター・もやい）
河添　誠（首都圏青年ユニオン）
木村　達也（大阪弁護士会）※
後閑　一博（東京司法書士会）
小久保哲郎（大阪弁護士会）※
酒井　恵介（東京弁護士会）
阪田　健夫（兵庫県弁護士会）※
七堂　眞紀（大阪弁護士会）

渋井　哲也（フリーライター）
鈴木　俊志（保証人紹介業問題被害者の会）
曽我　智史（兵庫県弁護士会）
棗　一郎（第二東京弁護士会）
舟木　浩（京都弁護士会）※
普門　大輔（大阪弁護士会）※
堀　泰夫（大阪司法書士会）
増田　尚（大阪弁護士会）
松尾　善紀（大阪弁護士会）
山田　治彦（大阪弁護士会）※
吉川　宏康（大阪司法書士会）
渡辺　和恵（大阪弁護士会）
渡邉　恭子（東京弁護士会）※

※＝編集責任者

あとがき

　貧困ビジネス被害が蔓延している。非正規雇用の増大等による雇用の崩壊、生活保護制度をはじめとする社会保障制度の脆弱性により、この国の貧困問題が拡大する中、制度の弱点に目を付けた貧困ビジネスが様々な領域で市民の生活を食いものにしている。

　貧困ビジネス被害の拡大は、社会保障制度などの欠陥に巣くう病理現象であり、貧困にあえぐ人たちの基本的人権をも侵害していることを理解することが重要である。その根本的な解決法は、ディーセントワークを実現する労働法制・社会保障制度を構築・整備し、貧困の連鎖を断ち切る以外にない。日本弁護士連合会はこうした観点から、多重債務問題、生活保護問題、非正規雇用をはじめとする労働問題（ワーキング・プア）、そして貧困が子どもの成長にまで影響を及ぼし連鎖している問題に取り組んできた。

　そして、2011年10月には、あるべき社会保障のグランドデザインを提示すべくシンポジウムを企画している。

　こうした継続した取り組みのさなかにも、群馬県の無届高齢者入所施設の火災事故で10名の入所高齢者が死亡する事件が発生し、また無料低額宿泊所を運営する団体代表者が2億9000万円の所得隠しで有罪判決を受けるなどの事件が発生している。さらには、家賃を滞納した賃借人に対し苛酷な取立て、鍵交換や私財の搬出・処分によって明渡しの実力行使を迫る追い出し屋業者被害、巧妙化する金融ビジネスや医療領域における貧困ビジネスなど、貧困ビジネスをあげれば枚挙にいとまがない。貧困ビジネスは着実に成長し、その領域を増大させてきたのである。

　一方で、貧困問題、消費者問題そして労働問題に取り組む弁護士の間でもその実態と問題点が十分に理解されているとはいえず、法的問題点と被害救済のノウハウの蓄積も現在進みつつあるものの、広く共有されるまでには至っていない。

あとがき

　本書は、こうした被害や業態を可及的速やかに社会に告発し、被害事例に接しながら対応にあたってきた法律家や支援者らの実践を共有化する必要があるとの認識から企画されたものである。

　本書は、第1章で、総論として、貧困ビジネスの急増とこれから被害救済に取り組む法律家や支援者らがもつべき視点、業態の類型化を試み、こうした業態が出現する原因と特徴について記述した。

　第2章では、貧困ビジネスが、主に、住まい、労働、医療といった社会生活に不可欠な領域に拡大している現状と課題を記述するとともに、貧困ビジネス被害の典型ともいうべき違法金融と性風俗業界の現状、比較的新たな保証人紹介業といった業態について記述をした。

　第3章では、被害救済にあたってきた法律家、支援者らが貧困ビジネス被害への法的対応策を中心に記述した。

　取り上げたテーマの中には司法判断がいまだ示されていないものもあり、法律家に向けたハンドブックという当初の企画趣旨に照らせば、内容やバランス面で不十分なものであることは否めないものの、前述のとおり、本書発刊により、貧困ビジネス被害の実態や対策の必要性を周知し、被害の救済に向けたさまざまな取組みを推し進めることが焦眉の課題として社会的に要請されていることを踏まえ、早期の刊行につなげたものである。他方、旧来からあった貧困ビジネスについてもできるだけ取り上げることとした結果、先人の経験なども盛り込まれ、未知の貧困ビジネスに対峙する手がかりとなるものとなった。今後、事例や裁判例の集積を待って鋭意改訂をしていきたい。

　本書が貧困ビジネスに対する社会への注意喚起となり、貧困ビジネスに立ち向かう法律家、支援者またこの問題にかかわる多くの人たちに活用されることを願う。

　2011年7月

　　　　　日本弁護士連合会貧困問題対策本部長代行・弁護士　　竹下　義樹

貧困ビジネス被害の実態と法的対応策

平成23年8月29日　第1刷発行

定価　本体2,400円（税別）

編　　者	日本弁護士連合会貧困問題対策本部
発　　行	株式会社　民事法研究会
印　　刷	大日本印刷株式会社
発 行 所	株式会社　民事法研究会

〒150-0013　東京都渋谷区恵比寿3-7-16
〔営業〕TEL 03(5798)7257　FAX 03(5798)7258
〔編集〕TEL 03(5798)7277　FAX 03(5798)7278
http://www.minjiho.com/　　info@minjiho.com

落丁・乱丁はおとりかえします。　ISBN978-4-89628-711-0 C2032 ￥2400E
カバーデザイン　関野美香